戊戌变法
的尝试与失败

马勇———

著

新星出版社 NEW STAR PRESS

新版序

在近代中国历史上，还没有哪一个事件如 1898 年戊戌变法、戊戌政变一般如此迷人，能吸引如此众多的研究者。我自然也是其中之一。

翻检目录，我最早一篇关于戊戌的论文《清政府对百日维新的检讨与反省》发表于《人文杂志》1993 年第一期，实际写作时间应该在 1989 年之后不久那段特殊的时期。这篇文章主要讨论清政府在强力镇压戊戌变法之后的政策走向，强调暂时的黑暗并不能消解清政府所面临的变革压力。清政府在镇压之后不过两年时间，重新认同了他们所反对的政治变革，只是清政府强调他们主导的变革与康梁主导的变革有着本质不同，他们是真改革，康梁是伪改革。

这篇文章曾在一个不大的范围内引起一些反响。纯粹的历史研究被解读为基于现实的思考，我从来不反对一切历史都是历史学家基于现实的生命感受，进而反馈于自己的研究对象，或事件或人物。一切历史都是当代史。历史学者之所以研究此课题而非彼课题，一定是研究者在自

1

己的生命体验中感到了此课题的意义。

几十年一晃而逝，但我对戊戌的解读热情似乎持久不衰，逐渐地也形成了与前贤、时贤不尽相同的一些看法。这些看法也大致反映在这本《维新》中，为清晰起见，不妨在此略作提示。

我认为，1898年的政治变革是《马关条约》之后的逻辑展开。在列强的威逼下，《马关条约》大致解决了外国资本进入中国的通路。进入"后洋务"的"维新时代"，先前几十年洋务新政一直无法解决的问题都迎刃而解，诸如基础设施建设的融资问题、外国资本自由进出问题、中国经济真正融入世界的问题、新教育的发生、外国资本所需要的制度保障，乃至在中国境内所需要的土地资源等一系列复杂问题。

而且更重要的是，中国的民族资本在过去几十年不过是官僚资本、政府资本的附庸，一直无法获得工业化发生后应有的地位。那时的先富阶级更高级的不过是红顶商人，他们的成就不是开创、经营了某个现代化企业，而是官品、政治地位。下焉者充其量只是洋行中的买办，尽管手里比一般国人多了些银子，但其社会地位并不高，并不构成一个新阶级。

《马关条约》之后完全不同了。虽然，外国资本不再享有政治上、经济上、税收上的优惠、照顾，只是单纯的资本。但《马关条约》给了外国资本在自由资本主义体制下所能获得的全部权利，外国资本进入中国后就像在自己的母国那样自由，那样可以获得充分的保障。外国资本的国民待遇，加速了国际资本流入中国的速度。先前几十年中国人想建而无法建成的大型基础设施，诸如铁路的建设、矿产资源的开采，都因为外国资本大规模流入而渐渐成为现实。外国资本在中国赢得丰厚的利润，也为中国经济的现代化、工业化，为中国社会城市化、全面转型，提供了一种现实的可能。更重要的是，《马关条约》打开了外国资本进入中国的通道，外国资本所享受的国民待遇，清政府还有什么理由继续

垄断而不向中国人释放呢？中国社会的新阶级——中国的资本家阶级，也就在这一刹那迅即产生。

中国资本主义的发生是幼小的、脆弱的，但是一经发生，也一定会遵循自己的逻辑，展开权利诉求运动。资本一定要寻求法律的、制度的保障，一旦释放了资本，资本本身就有了自己的逻辑和力量。我们清晰地看到，1895年《马关条约》之后中国资本家阶级的成长，同时也看到他们对政治权利的追求，对改善制度的渴望。由此，就不难理解1895年之后渐次开始的维新运动，从而理解1898年的政治变革，新制度建设。

1898年的政治变革需要做的事情太多了。新教育的推展、法律规章的制定、旧衙门的裁撤、新机构的设置、黜旧人擢新人，在在需要新思维新路径，这是前无古人的新事业，挫折、失误在所难免。但是，如果回望1895年之后中国人的心劲，甲午的失败、洋务的畸形，都让中国人有了不曾有过紧迫感、焦虑感，因而朝野各界有不同的看法、不同的思路，都属于正常的社会情形。

然而，此时的康有为一方面具有深沉的忧患意识；另一方面急于求成，希望中国快马加鞭赶上世界先发国家。同时，康有为并不真切了解清政府内部的政治运作，并不知道政治决策、政治运行的实际情形。他只不过是一个充满情怀的"政治素人"。

可惜就是这样一个"政治素人"，却在1898年搅起了阵阵政治涟漪，一方面大幅度、高强度推动了政治变革的进程；另一方面也为政治发展埋下了隐患，预留了炸弹。

中国人自古以来对宫廷内斗充满了好奇，越是不知道的东西越能激活想象力。我们当然不会说1898年宫中的政治传闻都是空穴来风，但是也不会像康有为那样将两宫冲突的传闻想象成你死我活，甚至期待动用军队"围园劫后"。这就将一场和平的政治变革演化成了一场暴力事

件，由此不仅葬送了刚刚开启的政治变革，而且铸就了此后政治环境日趋恶化的基石。1900年的"国变"，粗看起来似乎是民教冲突，是民族主义的崛起、是列强的霸道，但是如果从大历史的视角进行观察，将近代中国政治演变视为一个因果相连的链条，我们也可以清晰地感觉到康有为们的认知、判断与行动，既有可敬可佩之处，也并非毫无瑕疵，完美无缺，对之后的历史产生了深远的影响。

历史是一个不断解释，不断深入的认识过程。这本《维新》只是我基于史料给出的一点解释。仁者见仁，智者见智。相信戊戌的魔力、魅力并不会很快消逝，作为一个历史研究者，我依然期待更合乎历史事实、合乎历史逻辑、合乎日常情理的更多的新解释。

是为序。

马勇

2019年10月26日星期六

目 录

小 引   1

第一章 / 骚动的春天

伏阙忧危数上书   1

开学会振士气   7

爱国的权利   12

第二章 / 问题并非那么严重

西花厅问话   19

警惕"雅各宾主义"   30

"伴食宰相"的西方认知   42

第三章 / 一个亲王之死

晚清政局中的关键人物   48

令人遐想的十三天 54

扑朔迷离的决策内幕 69

闪电击倒了翁同龢 77

第四章 / 待从头，收拾旧山河

感觉错位的一次召见 93

"政治新锐"的失望 104

设译局透露出耐人寻味的信息 108

第五章 / 党争：中国政治的顽疾

变科举为新政第一要义 116

新旧党争拉开了序幕 121

乘胜而进，立废八股 128

"政治边缘人"的权利诉求 133

所谓维新志士 143

第六章 / 其实不是一个新旧问题

以改革的名义 150

结党攻讦，各立门户 153

礼部六堂官"集体下岗" 159

超常升迁的军机四章京 165

废我军机？ 172

| 军机大臣找到了应对办法 | 180 |
| 不仅仅是一个饭碗问题 | 187 |

第七章 / 风起于青萍之末

风乍起	197
一个值得琢磨的细节	202
谁知我心	207
"康不得去，祸不得息"	210
想象中的敌人	219
"非袁莫属"	227
告不告密确实是个问题	235

第八章 / 巧合，还是阴谋

期待客卿	247
一笑泯恩仇	251
觉悟似乎太迟了	264
了无深意的会面	272
列强斗法与宠臣失宠	276
走，还是留？	286
解铃还须系铃人	289
墙倒众人推	294

第九章 / 失望的结尾

"钦差大臣"悄然出走	301
吁请太后出园训政	308
一个值得注意的细节	311
事情正在起变化	315
归复旧制	322

附 录 / 晚清的魅力

从民初看晚清	327
严复思想的启示	330
现代化视角	336

小　引

1894 年的甲午战争对中国人来说是一个难以忘却的痛苦记忆，1895 年签订的《马关条约》更是中国五千年文明史上前所未有的奇耻大辱。堂堂华夏竟然莫名其妙地败在了昔日学生手里。这真是应了中国一句老话：是可忍，孰不可忍。

知耻而后勇。这是先贤一再告诫的道德教诲。中国朝野在《马关条约》不得不签订后，确实有了一番警醒，一番觉悟，上下一心，中外通力，开始了一个"维新时代"。经过大约两年的奋斗，中国的面貌焕然一新，大有"三年初见成效"之气象。

然而当三年之期快要到时，德国人竟节外生枝，挑起事端，出兵强占胶州湾，引发一场令中国人格外尴尬的外交危机。

德国原本是中国的友邦，中国政府对德国人在三国干涉还辽中的义气记忆犹新。随着中德联系特别是贸易往来不断加强，德国政府几年来一直期待中国政府能够在东部沿海选择一个适当地点租借或割让给德

国，作为德国远东舰队储煤屯船基地，以满足日趋增长的中德经济文化乃至军事方面的交流。

中国人是一个知恩图报的民族，中国政府也一直惦记着用怎样的方式回报德国。对于德国政府的要求，中国政府从来没有明确拒绝。

无奈中国的官僚机构实在太拖拉，德国人终于等得不耐烦。于是利用1897年底的巨野教案出兵强占胶州湾，以既成事实迫使中国政府就范。

德国租借胶州湾给中国带来的损害，或许并没有后来想象的那样严重。然而问题在于，随着中国在甲午战争后急剧地对外开放，市场规模越来越大，对世界经济的吸引力越来越强，列强对华贸易剧增，他们在某种程度上也都存在着与德国类似的问题。所以，德国的示范一方面侵害了列强在华利益特别是大国均势，另一方面，德国大胆的军事行动也对各国启发多多。紧接着，俄国人趁火打劫，强占旅顺和大连；英国人不甘示弱，接替日本人占领威海卫；法国人则向中国提出"租借"广州湾。于是中国沿江沿海一些具有军事战略意义的地区在那短短半年时间里成为列强的殖民地，这不能不令中国人感到空前震惊。

这一连串的外交危机破灭了中国"三年初见成效"的美梦，带来了一个郁闷的新年，导致中国政治发展的根本性逆转。中国人深感痛心的是，三年的维新运动刚刚使中国走上正轨，列强却在这时候挑起前所未有的民族冲突。于是中国的民族主义在1898年春天再度高涨，甚至达到了鸦片战争以来的顶点。

第一章　骚动的春天

当胶州湾事件爆发时，中国思想界正在酝酿新一轮变法维新思潮。两年前在北京出尽风头的康有为虽然不知道北部中国发生了什么事，但他恰巧离开差不多隐居讲学两年之久的故里广州，于1897年9月至上海。稍后至杭州西湖泛舟。11月，复还上海。

伏阙忧危数上书

在上海，康有为拜会了文廷式，向他讨教北京官场的情况。文廷式是珍妃的老师，师生关系非同寻常，而且因光绪帝宠爱珍妃，爱屋及乌，皇上对文廷式自然是另眼相看，推崇备至；而文廷式则自以为当今帝师，有时不免不知收敛，无形中不知惹得多少显贵不舒服。

但不管怎么说，文廷式是京城乃至全国范围内的显要名流，只是由于他深深介入了宫廷内部纷争，于是在甲午战争后失宠于慈禧太后，又

受到言官弹劾，遂被驱逐回江西原籍，郁闷中经营煤矿，等待时机东山再起。文廷式不仅对京城官场的人脉了如指掌，而且自认为帝党中坚，当然乐意为帝党物色康有为这样的青年才俊。

康有为与文廷式也不是初次认识，他们于《马关条约》签订前后，一起在京师从事过救亡运动。文廷式在甲午战争后力主追究李鸿章的责任，并予以严惩。对于《马关条约》，文廷式痛心疾首，坚守拒约、迁都、抗战三大原则，这些主张都深刻影响了康有为。

稍后，文廷式为改革现状，挽救国家，在北京发起成立强学会，思开启风气，变法图强。康有为、梁启超闻讯加入，并逐渐成为该会领袖人物。康有为与文廷式政治理念比较一致，因此文廷式也就乐于为康写了密札数通，为其到北京后疏通各方面关系提供方便。

康有为此次北京之行主要是为了请求清政府准许国人移民巴西。康以为中国人满为患，若大规模移民巴西，不仅可以化解这个问题，而且可以在巴西建立一"新中国"。据康说，这个想法由来已久，在1895年公车上书后似乎就已坚定了这一信念，在其当年不得不离开京师南下时，曾与友人陈炽郑重相约："君维持旧国，吾开辟新国。"广东具有移民海外的悠久传统，如果一切顺利，康有为可能会成为海外移民的领袖，在巴西广袤的土地上建立一个以华人为主的新国家。

然而甲午战争后，中国的政治不仅没有多大变化，而且在康看来，简直是一切不变、压制更甚，心虑必亡，于是"欲开巴西以存吾种"的信念更加坚定。与此同时，康遇见葡萄牙人及曾经游历过巴西的中国人，知巴西政府曾来约通商招工，其使至香港，而甲午战争起。巴西使节在香港逗留数月，本计划战争结束后与中国方面进行谈判，不料战事久拖不决，只好空手返国。而香港、澳门的商人获悉此消息后，均愿承担此任，尤以何穗田的计划最为详尽，任雇船招工之事。

何穗田又名何廷光，澳门巨商，且具有非凡的政治眼光，与孙中

山、康有为等人都有不同寻常的交往。康有为此次赴京，其实只是为了这桩移民巴西的生意。

在北京的那些天，康有为主要为移民巴西的事奔波。他通过关系找到当朝大臣李鸿章，向李详细介绍了这个构想。李鸿章原则上表示同意，只是他略感困难的是，此事并非中国政府说了算，而必须待巴西政府委派专使前来谈判乃可行。

李鸿章的表态合乎情理，在这种情况下，康有为再待在京师似乎已经没有多大必要。

在这一短暂时间里，正是中国外交危机急剧发生及变化的关键时刻。由巨野教案引发的胶州湾危机弄得朝中大臣不得安宁，尤其是德国政府不仅不肯让步，反而步步进逼，至12月5日出兵占领即墨城，故意扩大事态，迫使中国政府让步。

康有为有着天生的政治热情，他是不得已才从事移民巴西的商业活动，一旦有机会参与到现实政治中来，政治热情使他很快放弃一切。这段时间，因文廷式等人的关系，接触了不少像李鸿章、翁同龢这样的朝中大臣，他与他们的地位虽然比较悬殊，但这并不影响他发表自己对这些外交危机的看法。因为在过去的若干年里，康有为曾就中国政治发展中的重大问题向清政府表达过意见，这几次上书虽然都没有取得具体效果，但康有为的名字在京城官场似乎并不陌生。所以，胶州湾危机可能是清政府的外交难题，但对康有为来说，无疑使他因此获得了一个难得的发言机会。据他自己后来描述，胶州湾事件确实给他极度脆弱的心灵以致命打击，爱国保种之心油然而生，于是奋笔疾书，上书言事，很快草就《外衅危迫分割洊至急宜及时发愤革旧图新以少存国祚呈》。康有为期待由此重演1895年公车上书故事。

在这份后来被称为《上清帝第五书》的文件中，康有为详尽分析了当时中国所处的国际环境，以为甲午战争后三年来，万国报馆议论沸

3

腾，咸以瓜分中国为言。其分割之图，传遍大地，筹划详明，绝无隐讳。康有为推测，德国出兵强占胶州湾，实在为列强瓜分中国开了一个很不好的先例。德如成功，列强必群起而效尤，诸国咸来，并思一脔，瓜分豆剖，渐露机牙，犹如地雷四伏，导管遍布，一处火燃，四面皆应，胶州湾事件只不过是列强的借口而已。

在康有为看来，中国如欲摆脱被动的国际环境，只有在内政上下功夫，使中国尽快以近代民主国家的形象出现在世界舞台。至于如何变法，康在这份奏折中提出上中下三策：

上策：取法俄、日以定国是，铲除旧制度根基，建立君主立宪体制。

中策：大集群才而谋变政。

下策：中央政府拱手无为，听任疆臣各自变法。

康自信，实行上策，国家可以富强；能行中策，中国还可以维持积弱的局面；仅行下策，大清王朝则不至于尽亡。若徘徊迟疑，因循守旧，上中下三策都不实行，那么幅员日割，手足俱缚，腹心已刲，大清王朝欲为偏安，无能为计，必将人为刀俎，我为鱼肉，任人宰割，终必如前明一样，重演煤山故事①。

康有为此时的官方职务为工部主事，理所当然，这份建议书要想上报清廷政治高层，只能通过工部主管予以转递。不料工部尚书淞溎读到"职恐自尔之后，皇上与诸臣虽欲苟安旦夕、歌舞湖山而不可得矣，且恐皇上与诸臣求为长安布衣而不可得矣"时，以为这些词句尽管说得极为痛心，极为真诚，但无疑具有明显的"犯上"倾向，至少不是吉祥之言。淞溎为此极为震怒，而且决定不能以工部的名义转递。

淞溎字寿泉，满洲镶蓝旗人。原为翁同龢任工部尚书时的属员，据说是翁一手提拔起来的。翁同龢获知康有为上书情形后，觉得有必要通

---

① 《上清帝第五书》，《康有为政论集》上，201—210 页，北京：中华书局 1981 年。

过正常渠道将这份上书送到光绪帝手里，所以他凭借自己与淞湣的交情，先后两次到工部与淞湣交涉，做疏通工作，劝他将这份上书转呈。或许是淞湣受到其他更高层面的压力，或许是他真的认为这份上书没有多少价值，总之他并没有听从翁同龢的劝告。

不过，康有为在呈递给工部的同时，就有意识将这份上书分发出去。京城内外广为传抄，且刊载于报，受到一些士大夫和开明官僚的称赞。而翁同龢大概也是通过外间的流传看到这份上书，才找淞湣进行交涉的。

翁的交涉并没有起到作用，京城官场上关于这件事的各种传言大概也使康有为有点不快。总之，根据他的既定计划，将于1897年12月11日（十一月十八日）离开北京，返回南方，因为"是时将冰河"，不便久留，所以"行李已上车"。

临行前，康有为又草三疏交内阁侍读杨锐分转监察御史王鹏运、给事中高燮曾上之，又与户部主事曾习经（刚甫）相约同赴都察院面呈，并先与都察院主管徐寿蘅言之。就政治理念而言，康有为清楚地知道徐寿蘅本属旧党，不过他的优点也很突出，即"能待士"。徐寿蘅看了康的上书后，并不像淞湣那样以为有什么问题，很爽快地答应将这份文件转呈清政府高层。

当此时，梁启超的内兄、时任刑部左侍郎的李端棻也在胶州湾事件的刺激下，激昂忠愤，欲联九卿上书清廷，于是康有为在临行前也为他起草了一份奏折。不过遗憾的是，当李端棻拿着这份奏折找人联署时，竟然没有人同意。不得已，李端棻将此折转交国子监司业贻谷上之。

处理完这些文件后，康有为前往当今帝师翁同龢的官邸告辞。翁不在家，康"投以书告归"，留个纸条，说他将在今天（12月11日）返回南方[①]。

---

① 《康南海自编年谱》，34页，北京：中华书局1992年。

翁同龢并不是故意不见康有为，这些天他正为胶州湾的事情忙得不可开交①。所以当他退朝回家看到康的留言后觉得有必要劝他留下，以为外援，遂以帝师之尊枉顾南海会馆，明确告诉康不要走，并告诉康，他已在今天早朝时力荐康于上矣，谓康有为之才过臣百倍，请举国以听。相信朝廷不久将"大用君矣，不可行"。

或许是翁同龢知道光绪帝将大用康有为的心迹，或许是其真的爱才如渴，总之，翁期待这位将来终有一日掌握清政府大权的年轻后生要耐得住寂寞，不要计较一时之得失，不要因为这些小小的挫折就放弃多年的追求，更不应该因为上书无法转至高层就意气用事一走了之。他似乎还就自己所知的一些情况做了介绍，甚至向康表白自己也是主张变法维新的新党，与他在本质上是同道。

在翁的劝说下，康有为回心转意。他觉得无论从哪个方面说，自己都应该继续留在京城利用已赢得的机会，更应该对得起翁师傅的厚爱，为国尽力，为国效忠，在政治场上进行一番拼杀，以达到光宗耀祖、留名青史的人生目的。不管怎么说，康此时至少相信，留在京师进行政治投资，肯定要比回到南方进行移民巴西的商业活动有利得多，也有效得多。

对于翁的诚恳挽留，康有为感激至深，他在后来所作的一首诗中比较真切地留存了这次晤面对其后来的深刻影响。诗中写道：

> 胶西警近圣人居，伏阙忧危数上书。
> 已格九关空痛哭，但思吾党赋归欤。
> 早携书剑将行马，忽枉轩裳特执裾。
> 深惜追亡萧相国，天心存汉果何如。

---

① 《翁同龢日记》（6），3067—3068 页。

诗意虽然比较隐晦，但多少透露出他们谈话的信息。他把自己与翁的关系比喻为韩信与萧何，说翁深夜来访并挽留他，就是萧何月夜追韩信，是大清王朝礼聘能够辅佐江山的能臣贤相。他在这首诗的"题记"中说得更明白："胶变，上书不达，思万木草堂学者，于十一月十九（12月12日）晓，束装决归。是日朝，常熟力荐于上，凌晨来南海馆，吾卧未起，排闼入汗漫舫，留行，遂不获归。"[①] 不过这次见面并不见于翁同龢的日记。

开学会振士气

翁同龢的挽留是康有为中止回归故里的原因之一，而康最终决定留在京师的另一背景是另外一位官场朋友、兵部掌印给事中高燮曾的帮助。

高燮曾（1841—1917），字理臣，名楠忠，湖北孝感人。同治十三年进士，授翰林院编修。甲午战败，高燮曾联名上奏折弹劾李鸿章误国，要求惩处，以儆将来，又曾疏指慈禧太后懿旨有"挟朋比私，淆乱国是"之语，具有浓厚的维新思想。

根据康有为自编年谱的记载，他在戊戌年间曾数次为高燮曾代拟奏折，可见他们的关系非同一般。康在准备离京南下时，曾草三疏由杨锐分发给王鹏运、高燮曾寻机上奏清廷。这次草拟的奏疏特别是康转交给高燮曾的那份奏折究竟是什么内容我们不太清楚，但根据他的一贯做法，似乎是借助高的力量推荐自己。12月12日，高燮曾向清政府呈递了一份《请令主事康有为相机入西洋弭兵会片》。这是清政府官员第一次正式举荐重用并请求皇上召见康有为，因而引起了清廷的高度重视。

---

① 《怀翁常熟去国》，《万木草堂诗集》，90 页，上海人民出版社 1996 年。

片上当日，即有上谕责成总理各国事务衙门"酌核办理"[①]。

然而由于高燮曾的建议有违清廷惯例，所以总理衙门在经过研究后并没有采纳。这其中并不像康有为后来回忆的那样有多少阴谋，因为高的建议不仅有违惯例，而且从当时的实际情形看，委派康有为相机参加西洋弭兵会更不是当时之急务，不需要现在就做出决定。总理衙门当时最头痛的事情还是正在进行中的中德、中俄交涉。也正是在这一交涉过程中，康有为不断从旁介入，方有后来故事的发生。

清政府没有很快启用自负的康有为，这其实也在康的预料之中。所以当他决定继续留在京师从事政治活动的时候，政治策略实际上就已形成，即继续采取先前行之有效的政治手腕：既上书求变法于上，复思开学会振士气于下[②]，以双管齐下的老办法，在向清廷上书的同时策动正在京师参加会试的各省举人成立新的政治组织，并以此为阵营，相机联名上书，向清政府施压，重演 1895 年公车上书故事。

1898 年 1 月 5 日，康有为策动在京广东应试举人及各界名流二十余人聚会于南海会馆，宣布成立粤学会，欲续先前强学会之旧，意在团结粤籍维新志士。康又觉得各省会馆皆为各地京官会集的中心场所，因此值得在各省会馆中推广这一以地域方式命名的新学会，于是草疏交江西道监察御史陈其璋上言，请将总署同文馆群书颁发各省会馆，以便各京官讲求。正是在粤学会的影响下，清政府接受陈其璋的建议，下旨办理。各省旅京志士纷纷成立区域性的维新团体，从而使百日维新前的新学会总数急剧上升。

在创办成立粤学会的同时或稍前，康有为还与詹事府中允文焕、翰

---

① 孔祥吉：《康有为戊戌年变法奏稿考订》，见胡绳武主编《戊戌维新运动史论集》，310—311 页，长沙：湖南人民出版社 1983 年。

② 梁启超：《记保国会事》，《戊戌变法》（4），416 页，上海：神州国光社 1953 年。

林院编修夏虎臣等满洲官员数人计划筹组"经济学会",拟将京中八旗士大夫自亲王及各大臣以下集中在经济学会的旗下,"讲求实学,可以为天下风气"。由于该会的组织构成以八旗贵族为主,故曾一度有"八旗学会"之称[①];又由于此会的主体为八旗士大夫,因此康有为等人计划邀请庆亲王奕劻主持,并将已拟定的章程送呈,甚至已代他草就序文。奕劻原则上答应了康有为等人的请求,但对"经济学会"这一名称略有异议,坚持要删除"会"字。奕劻的意见不为康等人所接受,"议不合,事遂已"[②],经济学会最终胎死腹中。

经济学会虽然没有办成,但康有为办学会的想法正浓,于是他令原福建巡抚丁日昌之子,时有"四公子"之誉的丁惠康协助满洲贵族弟子寿富创办"知耻学会",其宗旨是"警顽傲,励自强"。

知耻学会的筹设似乎比较早,至少在1897年9月26日出版的《时务报》第40册上就刊载有梁启超的《知耻学会序》及寿富的《知耻学会后序》。梁在这篇文章中着重强调经过甲午战争的惨败,已经证明中国确实处在危机之中,中国人应该由此而觉悟,更弦易辙,知耻而后勇。然而反观中国现实,官、士、商、兵、民,几无一真知中国所面临的真实处境,无一真知中国之耻。他指出,对于一个国家而言,偶然的失败并不可怕,但举国上下在失败之后而不知耻,则是更可怕的事情[③]。

知耻学会的内部组织及其活动情况和影响,由于史料阙如,现在都已不太清楚。有学者结合寿富的整体活动,认为该会的创设"在当时清朝官僚士大夫间颇有震动,对外地也有影响"[④],而另外一些学者则根据

---

① 《八旗学会》,《湘报》(影印本),210页,北京:中华书局2006年。

② 《康南海自编年谱》,34—35页。

③ 梁启超:《知耻学会序》,《饮冰室合集》文集之二,68页。

④ 汤志钧:《戊戌时期的学会和报刊》,373页,台北:商务印书馆1993年。

梁启超的记载，以为知耻学会之设，"都人士咸以为狂，莫或应也"①，以为此会的参加者寥寥无几，影响不大②。

康有为在京城的政治活动在一定范围内产生了广泛的影响，他以各省会馆为中心成立地域性的政治团体在某种程度上迎合了各地官僚"排排坐，吃果果"的心理，各地政治新人对此格外热心，期待在这种新的政治操作中寻找到脱颖而出的机会。1月31日，闽籍内阁中书林旭遍谒福建省籍旅京同乡贤达，鼓吹成立闽籍旅京人士参加的新学会，一日而成，闽籍旅京知名士大夫云集福建会馆，宣布成立闽学会，福建在京名流张铁君等为领袖。

继闽学会而成立的是关西学会。关西学会又称西学会③，成立于1898年2月8日④，发起人为陕西、山西旅居京师的二品顶戴山西候补道朝邑阎乃竹、山东道监察御史醴泉宋伯鲁和工部员外郎咸阳李岳瑞等，"学会题名"者还有内阁中书渭南雷延寿、户部主事郿县王步瀛、户部主事咸宁王凤文、候选府经历渭南焦连城、举人咸宁张翰等。关西学会当时公布的成立缘起强调主要是基于甲午战败的刺激，欲组织学会，唤醒国人，更要唤醒沉睡已久的关中人民。

根据制定的学规，关西学会确乎为一学术性的维新团体，其目标为推动中国的变法维新运动，其方法则是从学术入手，致力于学习西方及日本的语言文字、自然科学等。对于外省有识之士，关西学会也不拒绝其参加，愿入会者，不分畛域，一律延揽，所有会员，交会费二十金，享有会员同等待遇，每星期聚会一次不少于四小时，各以读书所得，质

---

① 梁启超：《饮冰室诗话》，《戊戌变法》（4），347页。

② 李文海：《戊戌维新运动时期的学会组织》，见胡绳武主编《戊戌维新运动史论集》，61页。

③ 闵杰：《戊戌学会考》，《近代史研究》1995（3），74页。

④ 《康南海自编年谱》，37页。

疑辩难，会员若有著述，也可互相质证，以期相互提高[1]。

3月，由川籍内阁中书杨锐与川籍刑部主事刘光第等人积极奔走，邀集旅京川籍同乡募集巨资，仓促在北京四川会馆发起成立蜀学会，又在北京善堂旧址创办蜀学堂。杨锐、刘光第二人与湖广总督张之洞有着非同寻常的特殊关系，因而他们所创办的蜀学会、蜀学堂虽然也与康有为此时重续强学会之旧有关，但其显然不以康的学说为指导理念，而是以张之洞为其精神导师，以"中学为体，西学为用"为宗旨，强调学会及学堂都应该兼习中学和西学，以"讲新学，开风气，为近今自强之策"贯彻始终。学会定期召集会员聚会，纵谈家国天下事，商讨强中国、强四川的战略方针；学堂侧重于为新政培训人才，为各省养成新学方面的师资。

在康有为等人创办新式学会思想的影响下，特别是在胶州湾危机的深刻刺激下，一度消沉的知识分子再度活跃，形成第二次创办新式学会及学堂的高潮。在1898年春那短短的时间里，直隶、湖南、浙江、江西、云南、贵州等省在京人士都差不多被康有为等人鼓动起来，准备或已经成立各种各样的新政治团体。

新政治团体的相继成立为康有为的民间政治活动提供了广阔的舞台，使他拥有了相当重要的政治背景、丰厚的人脉及人事资源。于是他在利用自己工部主事的官方身份从事政治活动，不间断地通过各种渠道向清廷递交奏折外，更注意利用民间力量向清政府进行舆论方面的施压。3月19日，康有为向总理衙门提交《为胁割旅大覆亡在即乞密联英日坚拒勿许以保疆土而存国祚呈》，坚决反对将旅顺、大连租借给俄国，以免引起英、法等列强的仿效，进而瓜分中国。25日，康有为拟就《俄

---

[1] 《京师关西学会缘起》，《知新报》（影印本），561—562页，澳门基金会、上海社会科学院1996年。

患孔亟所请宜坚持勿允谨陈三策以资抵御折》，建议清政府将旅顺、大连开辟为通商口岸，供各国通商；或联合英日与俄国对抗；或设法向美国贷款数万万以练陆军、创海军，进而与俄国一决雌雄。

这些建议都没有能够阻止清政府将旅顺、大连租借给俄国的既定政策，于是他决定联合各省举人集体上书，继续向清廷施压。3月27日，由康有为口授、其弟子麦孟华笔录的《乞力拒俄请众公保疏》，在其弟子梁启超、龙应中、况士任等人联络下，由两广、云贵、陕西、山西、浙江、江苏等省在京应试的百数举人联名，送达都察院。不过，由于清政府已经决定接受俄国的租借要求，这份上书并没有转送清政府高层。

爱国的权利

零星的请愿活动不足以引起清政府高层的警醒，分散的政治组织也不可能发挥真正的作用。经过甲午战争后三年大体平静的发展，清政府内部和士大夫阶层对于新的政治问题失去了必要的敏感，要想重新唤醒他们的觉悟，促使他们重新关注中国的生存危机，意识到中国犹若鱼烂瓦解，危在旦夕，而举国处于沉舟之下、覆屋之中[1]，康有为觉得有必要联合各个分散的新政治团体组建一个全国性的统一的政治团体，以申国愤[2]，使少数先知先觉的爱国热忱化为全民族的自觉行动。

有这种想法的知识分子和中下层开明官僚在当时也不在少数。江南道监察御史李盛铎当此时也有意联络在京应试举人成立全国性政治团体，以民间外交压力去应对俄国政府要求清廷允诺其租借旅顺、大连的

---

[1] 《开保国会事书后》，《国闻报》光绪二十四年四月初六日。

[2] 《京中士大夫开保国会》，《国闻报》光绪二十四年闰三月十七日。

蛮横主张。经过协商，李盛铎与康有为达成合作的意向，由他们二人作为主要的发起人，开始筹建全国性政治团体保国会。

经过一番紧张筹备，1898 年 4 月 17 日，保国会第一次会议在北京宣武门外菜市口南横街粤东会馆举行，到会的有各省应试举人及京城中央各部上至二三品大员、翰詹科道、各部员郎主事，下及在京之行商坐贾等二三百人①。

粤东会馆的入口处大书保国会的标语，在后院戏楼设置的会场上，人声鼎沸，座无虚席。康有为发表了极富激情、声色俱厉的演讲，历数西方列强在鸦片战争以后短短半个世纪，尤其是进入 1898 年以来这几个月中，向中国提出的一系列无理要求，企图联手瓜分中国，中国当前面临着国土日割、国权日削、国民日困的生存危机。与西方近代国家的国民相比较，康有为认为，当今中国人犹如牢中之囚，为奴隶、为牛马、为犬羊，只能供人驱使，听人宰割。这实在是人类社会的大悲剧，是中国人的奇惨大痛。他期待肩负着民族责任的士大夫阶层能够重新振奋起来，激励其精神，增长其心力，联合全国四万万民众，人人有亡天下之责，人人有救天下之权，卧薪尝胆，人人热愤，惩前毖后，以图保全国地、国民和国教。中国如果不能充分利用目前危机进行政治体制方面的全面改革，那么势必要重蹈缅甸、越南、印度、波兰等国覆辙，或亡国，或沦为西方某一大国的殖民地②。

康有为的演讲极富感染力，当讲到伤心悲痛之处时，泪随声下，听者无不为之动容，甚者随之而泣下，整个会场充满着肃穆庄严的气氛③。在这次会议上，与会者讨论了保国会的章程及组织机构，宣布保国会正

---

① 《免究保国会》，《国闻报》光绪二十四年九月初三日。

② 《京师保国会第一集演说》，《知新报》（影印本），770—772 页。

③ 关于保国会成立大会的气氛，也有相反说法。见《梁启超年谱长编》，112 页，上海人民出版社 1983 年。

式成立，并期待各省迅即响应，成立各省分会。根据当日议定的章程，该会实际上具有明显的近代政党性质。它的宗旨是保国、保种和保教，具体而言就是保全国家之政权、土地，保全中国民族种类之自立，保全孔子圣教之不失。其具体运作方式就是广泛团结全国士大夫阶层，对内共同讲究内治变法之宜，讲究经济之学，以助有司之治；对外讲究外交胜败之故，刻念国耻，激励奋发。其组织形态是在京师及上海两地设立保国总会，各省各府各县皆设立相应分会，形成全国性组织网络。会中公选总理、值理、常议员、备议员、董事各若干人，分别负责会中各项事宜。对于入会会员，章程也有明确规定，既欢迎志趣相投者随时入会，也对那些心术品行不端、有污会事者予以拒绝。会中同人要遵守北宋吕大均兄弟在其家乡奉行的《蓝田乡约》中"德业相劝、过失相规、患难相恤、礼俗相交"等基本原则，努力提高会员道德修养水准，必求心术品行端正明白。至于保国会的经费来源，主要依靠会员的捐赠。

保国会成立后，立即遭到了一些人的攻击。最先发难的是来自康、梁的广东同乡——礼部尚书许应骙及兵部左侍郎杨颐攻击保国会"惑众敛财，行为不端"[①]，必须严加斥逐，警告广东同乡不得再允许康、梁及其所谓保国会在粤东会馆聚会。

刚刚宣布成立的保国会尽管良莠不齐，可能也会有行为不端之徒以及惑众敛财的嫌疑。不过从总体上说，它的成立毕竟合乎当时的实际需要，因此反对者的意见在当时的舆论背景下只是一种政治攻击。粤东会馆不敢再让保国会使用，但这根本无法阻止保国会在堂堂京师继续举行活动。4月21日，保国会假宣武门外达智桥胡同河南会馆嵩云草堂举行第二次大会，公推梁启超等人发表演说。

梁在演说中指出，甲午战败后三年相对平静的政治发展严重麻痹了

---

① 《缕记保国会逆迹》，《戊戌变法》（4），418页。

中国人的心智，使许多中国人以为中国在列强相互竞争的国际环境中必将逐步获得恢复和发展，西方各国在中国相互利用又相互冲突的利益均衡足以保障中国不被他们所瓜分。中国之亡，不亡于贫，不亡于弱，不亡于外患，不亡于内讧，而实亡于中国士大夫阶层之不知真相的空发议论，以自己的善良愿望代替对国际国内环境的真切观察。梁认为，经过甲午战争后三年调整，国际环境、东亚政治格局确实发生了很大的变化，但是中国的民族危机并没有从根本上获得化解，列强瓜分中国的企图一刻也没有停止。最近所发生的一系列外交冲突已清楚地表明民族危机就在眼前，中华民族正处在生死存亡、亡国灭种的关键时刻，中国知识分子应该充分利用这一时刻行动起来，组织新的政治学术团体，以讲究救国之道，唤醒民众，救亡图存。梁启超相信，"人人如是，而国之亡犹不能救者，吾未之闻也"[①]。

梁的演讲说理充分，感情激昂，对于动员激励士大夫阶层组织起来，参加以保国、保教、保种为宗旨的救亡图存运动起到了极为重要的作用，甚至使清廷部分当权者也觉得有必要重新检讨几年来的内外政策。

4月25日，保国会又在贵州会馆举行第三次集会，进一步扩大了政治影响。先后列名参加保国会的人数，仅《京城保国会题名记》就有一百八十六人，而全国各地先后参加的人数则一直没有完整的统计。再加上与保国会具有重要关系的各地及京城相继成立的保浙会、保滇会、保川会等不同名目类似团体，其政治影响确实已不容小视。

保国会的政治影响正在逐步扩大，但反对的力量也开始重新集结。在保国会第一次会议召开的前夕，"恶西学如仇"的体仁阁大学士徐桐就以座师身份将保国会的另一重要发起人李盛铎找来责问，深怪李作为

---

① 《演说保国会开会大意》，《饮冰室合集》文集之三，27—28 页。

国家公职官员不该参与组织这类民间政治组织，致使他在第一次大会召开时借口别有要务而迟到①。此后不久，李盛铎又受到荣禄的责怪，于是李宣布退出保国会，不再参加任何活动。

同时，荣禄还向外放话称，康有为妖言惑众，僭越妄为，成立什么保国会，简直是混账之举。现在许多大臣都未死，即使亡国也轮不到你康有为去保。并扬言对康这样的人非杀不可，以绝后患。对于其他有意参加保国会的人，荣禄警告他们小心自己的脑袋②。

徐桐、荣禄等人对保国会的态度很快传播出来，从而使那些本来就与康、梁等人政治见解有异的反对者更加肆无忌惮。4月26日，浙江籍举人孙浩在吏部主事洪嘉与的指使下向清廷上奏《驳保国会折》及由洪嘉与拟定、由孙浩署名的《驳保国会章程》，对保国会及康、梁等人竭尽谩骂之能事。攻击康、梁等人厚聚党徒，擅自成立什么保国会、保浙会之类的政治组织，是干涉宪典，妄冀非分，务在动摇民心，瓦解国基，形同叛逆。如果真的依从康、梁等人的政治见解进行政治改革，必将天下大乱，华夏糜烂，人民流离失所。他们指出，康等竭力鼓吹的所谓变法维新，就其本质而言是"尽变成法以从海西，是谓客强而非自强"③，根本无法解决中国问题。

5月2日，御史潘庆澜向清廷最高当局呈递《请饬查禁保国会片》，指认康有为等人擅自成立保国会是"聚众不道"，不利于政局的稳定，建议清廷予以查禁，以绝后患。第二天，曾经参与发起保国会的李盛铎

---

① 也有记载称李盛铎参与保国会的发起本身就是为了窃取情报的投机活动，他面对徐桐的指责时曾以"不入虎穴，焉得虎子"相对以媚徐氏。见刘禺世《世载堂杂忆》。这种说法似乎并不太可靠，因为如果李盛铎具有这种投机意识，当他面对徐桐、荣禄的指责时，都很容易解释清楚，并不必公开宣布退出，相反应该继续留在该会搜集情报。

② 苏继祖：《清廷戊戌朝变记》，《戊戌变法》（1），350页。

③ 孙浩：《驳保国会章程》，《觉迷要录》卷四，1901年刊本。

16

见势不妙，担心自己受到牵连，亦"幡然悔悟"，向清廷呈递《会党日盛宜防流弊折》，建议清廷尽快将保国会之类政治组织予以查禁。5月17日，御史黄桂鋆上奏参劾保国会及保浙会、保滇会、保川会等政治组织均是保国会党包藏祸心，乘机煽惑、纠合那些落第举子而成立的非法政治组织，他们逞其簧鼓之言，巧立名目，以图耸听，希望能够博得政府的准办谕旨，便可以此为"揽权生事之计"。如果政府允许并宣布保国会合法，允许各地类似政治组织成立，恐"会匪"等不良人等闻风而起，势必天下大乱，国无宁日①。在这一片严厉查禁的鼓噪声中，军机大臣刚毅甚至准备好了人马，一旦查禁令下，立即将康、梁等人逮捕归案。

查禁保国会的风声甚紧，但光绪帝似乎并没有查禁的意思。在光绪帝看来，保国会的宗旨既为保国，那便不可能有意推翻政府，煽动造反。统观其章程，并非有碍国家，有碍君权，会能保国，岂不大善？任其自由发展，并给予适当的指导，不是比严厉查禁更好吗？②所以当御史文悌当面诋毁保国会"名为保国，势必乱国"的时候，光绪帝不客气地痛斥文悌实在是不负责任的胡说八道，并下令将他革职查办③。对于所有弹劾保国会的奏章，为了防止外泄，特别是为了防止慈禧太后借此动怒，查禁保国会，光绪帝特别嘱咐一律归档封存。保国会终于在光绪帝的直接干预下度过了成立之初的生存危机。

保国会虽因光绪帝的关照而未受到查禁，但实际上在反对者的压力下，保国会在召集了三次会议后于无形中消散，此后并未再以该会名义举行过什么重要活动。

---

① 黄桂鋆：《禁止诱言折》（光绪二十四年闰三月），《戊戌变法》（2），464—466页。

② 《国闻报》光绪二十四年四月十六日。

③ 文悌：《严参康有为折稿》，《戊戌变法》（2），485页。

保国会虽然消散，但它传播了爱国维新的思想种子。各省志士纷纷继起，自是风气大开，人心大振，士大夫阶层在中国必须走上维新变法道路这一问题上有了更多共识。这对于此后光绪帝正式宣布诏定国是起到了直接的推动作用，提供了重要的舆论氛围。康、梁以及康门其他重要弟子也都在这次重要的政治活动中得到了锻炼，为后来的政治变革准备了丰富的人事资源。京城士大夫阶层及官僚阶层中一些开明人士一度以结识康、梁等新派人物为荣，这也为后来他们的政治活动提供了丰厚人脉。

不过，就保国会的内部组织形态来说，也有许多可议之处。虽说保国会是近代中国较早具有政党意义的政治团体，但其内部组织实在无法与后来的政党同日而语，外在形式也确有许多被反对者抓住的把柄。比如说，保国会在成立之初为了扩大影响，在《题名录》中将一些并未参加保国会的人也拉了进来，这就有点"行同诓骗""借众人以自保"的嫌疑了[1]。至于康有为竭力将保国会变成极具个人色彩的派别组织，竭力张扬并非知识界多数认同的保国、保种、保教等，就引起了一些人的反感，无端增加了政治变革的难度[2]。

---

[1] 《缕记保国会逆迹》，《国闻报》光绪二十四年九月三十日。

[2] 严复对所谓"三保"就有很大保留，于是在《国闻报》发表《有如三保》《保教余义》《保种余义》等。

第二章 问题并非那么严重

康有为是一个对政治狂热的天才。1897 年底北京之行原本并不是为政治而来，然而一旦政治向他招手，他便义无反顾地放弃先前的一切，全身心地投入进去。他的《上清帝第五书》因工部主管的胆怯而没有直达高层，但不必怀疑的是，这封上书的广泛流传还是给他带来了无限好处。当今帝师翁同龢屈尊枉顾南海会馆看望并挽留康有为，须知翁同龢出生于 1830 年，那一年已经六十七岁，康有为生于 1858 年，那一年三十九岁。一个六十七岁的当朝大臣去广东佛山南海驻京办事处招待所看望一个并没有什么政治地位的年轻后生，这其中的意蕴确实令人回味无穷，浮想联翩。

西花厅问话

翁同龢的挽留，使康有为留了下来。第二天的早朝上，给事中高燮

曾与翁同龢密切配合，向清廷上了一个保荐人才片，建议清政府委任康有为相机参加西方国家将要召开的弭兵会，并建议清廷特别是光绪帝能够破格召见康有为，听听他对中国改革与发展的意见。不过，这两项建议都遭到了总理衙门的拒绝。但这似乎并没有怎样伤害康有为的自尊，换言之，这个结果应该在康的预想之中。他一方面期待一系列上书能够打动清廷最高决策者，至少能够使他有机会在这些决策者面前表达一下他的见解；另一方面，基于1895年的政治经验，他将投下最大的气力和心智用于"开学会振士气"的"草根政治"，踏踏实实埋首基层，然后以民间力量向政治高层施加压力，如此双管齐下，形成一种良性互动。

1897年12月5日，德国海军舰队武装占据即墨城，掳去清军提督章高元。清政府在李鸿章等人的主导下，委托俄国驻中国公使向德国言和，然而德国公使海靖的态度非常强硬，不仅不愿接受俄国的调停，相反却与俄国人勾结在一起要挟中国。

当此时，日本参谋本部派遣副将神尾光臣、部员宇都宫太郎赴武昌拜访湖广总督张之洞，"语极殷切，意在两国联络"，协商由日本暗中帮助中国联合英国以拒德。然而刚刚经过甲午战争，特别是将台湾割让给日本后，中国方面实在不太清楚日本的真实用意，政府诸公对日本亦多猜疑，恭亲王奕䜣与李鸿章一样，更多地倾向于倚仗俄国，尽量通过和平的手段处理与列强的关系，于是很简单地拒绝了日本联合英国以抵制德国的建议。

获悉神尾、宇都宫的情况后，康有为迅即向翁同龢做了报告，表示日本动机之"可信"。康甚至利用关系找到日本驻华公使矢野文雄，建议日本政府将中国应偿还的赔款延缓十年，并减息。矢野文雄表示原则同意，以为可以作为两国政府继续谈判的基础。然而中国政府主政诸公对此将信将疑，终不信是议。

针对清政府内部的疑虑，康有为以刚刚被任命为山东道监察御史杨深秀的名义草拟了一份奏折，题为《请联英日立制德氛益坚俄助折》，于1898年1月1日上奏清廷，根据自己所了解的外交内幕，揭露沙皇俄国与德国互相勾结，合而图我的阴谋，坚决反对将胶州湾租让给德国，以绝各国"踵其后而瓜分"中国。

联合英、日以制德、俄，这不过是中国传统的外交手腕，是李鸿章等当朝大臣最擅长的"以夷制夷"谋略。所以康有为即便利用了清政府对新任监察御史杨深秀的信任与仰赖，清政府主政诸公也不会认为这个主意有多么高明。这份奏折不了了之，外交危机依然沿着自己固有的轨道发展着。只是康有为联合英日的信念不曾动摇。稍后，康又代江西道监察御史陈其璋草疏，题为《外善邦交内修边备折》，再请清政府联合英、日以制德、俄①。

康将这些建议通过正常渠道上奏清廷的同时，也专门报告给翁同龢，请翁在政府中主持此事，与在外的疆臣如湖广总督张之洞、两江总督刘坤一相呼应、配合，达成目标。与此同时，康又作《联英日策》，广为散发，遍告朝士。

对于康的建议，刑部左侍郎李端棻深以为然，持以示军机大臣兼总理衙门大臣廖寿恒。廖具有一定的维新思想倾向，在各位军机大臣及总理衙门大臣中，也比较欣赏康这样的青年才俊，相对容易认同他的这些主张，因而有意无意地在政府主政诸公中加以散布，似乎也是情理之常。

康的建议在政府内部引起了相当大的反响。甲午战争后，中国政府内部所形成的利益集团对各国确实有着不同的态度，亲近英日的主政者自然容易认同康的主张，而亲近俄德的则未必。所以当这个主张越传越

---

① 《康南海自编年谱》，35页。

广的时候，在清廷中具有重要地位的李鸿章很不高兴，他当面诘问与康有着同乡之谊的同僚张荫桓，于是康的建议胎死腹中，不了了之。

李鸿章的不以为然，特别是外交形势的急剧变化，以及政府内部对德俄两国的看法并没有改变，中国需要的是一种和平发展的环境，而不是以武力与列强进行新的抗争，所以康的建议并没有获得政府的认同。不过正是在这一事件中，康有为的名声获得极大提升，成为政府内部某些势力集团争相延揽的对象。

在各位大臣特别是总理衙门的大臣们看来，胶州湾危机确乎暴露了德国对中国及远东的政治野心。不过自甲午战争以来，德国毕竟一直对中国比较同情，两国政府间的合作日趋广泛，民间交往、双边贸易在那短短的几年间都获得了很大的发展。德国需要在中国沿海修筑一个海军基地以维护其在中国及远东的政治、经济利益，这一点是中国政府内部稍有国际常识的官员们比较一致的看法。中国官僚阶层中的开明者基本上都能够理解德国的处境和心态。问题在于，德国人不能理解中国官僚体制的低效率，中国政府始终没有明明白白地关闭谈判租让、割让沿海港口的大门，中国政府需要谈判时机，需要租让、转让、割让的理由，以便说服国内特别是政府内部的反对派，而德国人无论如何不能理解这一点。于是他们按照自己的行为准则和日程表，动用武力解决问题，造成既成事实，迫使中国政府同意。所以说，让德国人占有或使用胶州湾，甚至将旅顺、大连湾交给俄国，将威海卫交给英国，就社会影响和政府内部的反对势力而言，可以肯定地说是一次外交危机。但是对政府内部那些主张和平发展，主张将中国拉入世界经济发展一体化格局的主政者来说，这最多不过是"外交困难"而已。

当然，既是困难，总需要设法克服。1897年12月31日（光绪二十三年十二月初八日），一天前刚被清廷任命为山东道监察御史的杨深秀向清廷递交了一份《时事艰危谨贡刍议折》，提出"时势危迫，不

革旧无以图新，不变法无以图存"。

杨深秀的建议具有非常重要的象征意义。这份奏折在某种程度上说是对此前三年的维新运动进行了总结，基本上认为这与先前三十年的洋务运动相类似，依然是只变其末，未变其本，所以才有了胶州湾事件这样的"外交困难"。

杨深秀的说法自然很难获得政府主政诸公的认同，但对那些"政治边缘人""政治新秀"或"权力失落者"来说，却是一个批评现实政治的绝佳借口。所以，这份奏折一提出，就引起极大反响和震动。这毕竟是因胶州湾事件而引发的"外交困难"，但由此推导出政治变革的结论，实在有点惊天动地，这预示着新的一年不可能依然如往昔那样风平浪静、浑浑噩噩。

光绪帝和诸位军机大臣、总理衙门大臣已三年之久听不到这样的声音了，他们真的以为中国在甲午战争后知耻而后勇，发奋有为，三年大见成效了。杨深秀的"盛世危言"无疑深深刺激了光绪帝和他的"众爱卿"。痛定思痛，他们将这份奏折上报给已退居幕后颐养天年，但依然不辞辛劳为大清王朝政治决策负最后责任的慈禧太后过目，开始考虑政治变革的可能性和可行性。

刚刚过了半个月，光绪帝于1898年1月16日召见群臣时就外交困难发表了一个比较重要的谈话，倾向于在解决外交难题的同时，能够就内政、外交等领域中的变革进行一些调整，希望各位重臣能够从国家根本利益上进行考量，提出如何变法的系统构想。

光绪帝的谈话太突然了，而且各位重臣此时正忙于胶州湾危机的善后，所以对于皇上的建议无法迅速做出反应。首席军机大臣奕䜣闻言默然，谓欲改革须从内政根本起。翁同龢颇有敷对，诸臣亦默然①。

---

① 《翁同龢日记》（6），3081页。

政治变革的期待并没有获得积极的回应，不过年轻的光绪帝并不甘心。他在退朝后示意翁同龢于第二天连发三道上谕：一是要求改进中央政府各衙门的办事作风，提高效率；二是要求各省督抚切实淘汰冗员，举荐人才，开创新局；三是要求各省根据自己的情况尽快筹款开办制造局厂。总之，光绪帝期待能够在内政方面进行改革。

光绪帝此时的心情很容易使某些朝臣联想到康有为。不日前高燮曾提议由光绪帝召见康有为的事情很可能于此时再被提出，奕䜣碍于清朝的礼仪传统，以为康的级别太低，皇帝不宜直接出面与其交谈，并建议光绪帝如欲向康询问什么问题，可由各位大臣代为询问，然后再根据面询情况决定是否由皇上亲自召见①。

奕䜣的折衷建议化解了矛盾，光绪帝虽然没有能够很快面见康有为，但毕竟使康能够在清廷诸位重臣面前畅谈自己对国事的看法。

旧历新年的第二天（正月初二，1月23日），总理衙门总办书面通知康有为第二天即大年初三到总理衙门接受亲王大臣的面询。1月24日下午三时，康有为如约前往总理衙门所在西花厅，在那里接受了荣禄、李鸿章、翁同龢以及刑部尚书廖寿恒、户部左侍郎张荫桓等人的问话②。

西花厅问话至今没有发现翔实的档案记录，当时参与问话的翁同龢在日记中记道："传康有为到署，高谈时局，以变法为主。立制度局、新政局，练民兵，开铁路，广借洋债数大端。狂甚。"③从内容上看，康有为将自己多年来的见解尽情发挥，各位大臣也就自己所关心的问题与康进行了探讨。但从气氛上看，康似乎并没有在各位重臣面前赢得多少

---

① 胡思敬：《康有为构乱始末》，《戊戌履霜录》卷六。

② 任青、马忠文整理：《张荫桓日记》，507页，上海书店出版社2004年。

③ 《翁同龢日记》（6），3086页。

好感，对他不薄的翁同龢都觉得他"狂甚"，其他几位对他素有成见的大臣如荣禄等人就很难留下什么好印象了。

多年之后，康有为回忆这次问话时，也隐含着这样一种气氛。在他慷慨陈词讲述了自己的变法主张后，荣禄提醒他"祖宗之法不能变"，而康也不客气地回应道："祖宗之法，以治祖宗之地也。今祖宗之地不能守，何有于祖宗之法乎？即如此地为外交之署，亦非祖宗之法所有也。因时制宜，诚非得已。"康的辩论自然有足够的道理，但如果他当时确实以这种口气回应荣禄的提问，即便荣禄有宰相之腹，也很难容忍。由此也为后来的政治发展留下了伏笔。

尽管如此，变法毕竟是当时大势所趋，也是光绪帝当时思考的重点，因此怎样变法就成了这次问话不可回避的问题。刑部尚书廖寿恒让康有为谈谈究竟应该怎样变法，康氏的回答格外简单，即"宜变法律，官制为先"。其中隐含的深意或康氏当时的发挥都是改变中央政府的设置和功能，似乎有尽撤六部、尽弃旧例的含义。于是长期在中央政府主管日常事务的李鸿章问道："然则六部尽撤，则例尽弃乎？"康有为答："今为列国并立之时，非复一统之世，今之法律官制，皆一统之法，弱亡中国，皆此物也，诚宜尽撤，即一时不能尽去，亦当斟酌改定，新政乃可推行。"这就从根本上否定中国已有政治制度的所有价值，也是完全仿效西方制度进行变法。这种激进的观点如果仅仅是理论式探讨还有一定价值，如果用之于实际政治运作，肯定不会有什么好结果。务实的政治家如李鸿章辈怎么能够从容接受康有为的建议呢？

或许是担心康的冒失导致更多的不愉快，甚者影响即将到来的变法大业，翁同龢迅即转移话题，询问康在筹款方面有什么考虑。康答道，解决财政困难也不是多大的难事，只要学习和运用日本之银行纸币、法国之印花、印度之田税，以中国之大，若制度既变，每年新增添的财政收入势必较现在增加十倍。接着，康又大谈法律、度支、学校、农

25

商、工矿政、铁路、邮信、会社、海军、陆军之法，并言日本维新仿效西法，法制甚备，与我相近，最易仿摹。并称自己已经编有《日本变政考》及《俄大彼得变政记》，比较翔实地考察了日、俄两国政治改革过程，对于中国即将开始的政治变革或许具有一定参考价值[①]。

西花厅问话的真实情形我们已经无法复原，但从这些零星的材料中可以明显观察到清廷重臣以及康有为等人的政治趋向及致思路数。对于这些重臣们来说，康的这些建议或许并没有多少新意，他们在政治实践中早已明了这些道理。不过对于康来说，尽管他的狂妄姿态引起了一些重臣的极端反感，但他直率的言辞和极端的见解，尤其是他那种"片面深刻"的致思路数确实给他们留下了相当深刻的印象。西花厅问话成了康有为政治生涯中一个最值得记忆的转折点。

第二天，光绪帝召见枢臣，翁同龢便将西花厅问话的大概情形上报给光绪帝。或许是翁的倾向性描述更加引起了光绪帝的兴趣，光绪帝觉得有必要与康直接谈谈，以便理清中国未来发展的思路。光绪帝的决定再次遭到奕䜣的反对，他依然以祖宗仪礼传统阻止光绪帝召见康，不过他同时也建议光绪帝不妨命令康将书面意见尽早呈报，如果发现确有价值，可以考虑用什么办法安排召见。

很难说奕䜣的建议有什么恶意或成见。年轻的光绪帝虽有满腔热情，亟盼中国尽早进行政治改革，尽早走上近代化道路，自立于世界民族之林，但毕竟他不太懂得传统政治体制中应该遵守的礼数。而奕䜣的建议恰恰从礼数上为光绪帝着想，这种关爱自然使光绪帝不能不接受。于是光绪帝通过总理衙门命令康将看法与建议书面呈递，并将西花厅问话时提及的《日本变政考》和《俄大彼得变政记》一并呈送。

遵照光绪帝的旨意，康有为在这个春节假日里，闭门谢客，奋笔

---

① 《康南海自编年谱》，36—37 页。

疾书，赶写出《请大誓臣工开制度新政局革旧图新以存国祚折》及《日本变政考》《俄大彼得变政记》。随同《日本变政考》，还有一份《为译纂〈日本变政考〉成书可考日本由弱致强之故恭呈御览乞采鉴变法以御侮图存折》，着重强调向日本学习乃为当时中国向西方学习的重要捷径。

1月29日为旧历光绪二十四年正月初八日，总理衙门及各部恢复正常工作秩序。这一天，康有为将刚刚赶写出来的著作呈递到总理衙门。这次上书比先前任何一次都要顺利，他的政治处境已获得极大改善。

《请大誓臣工开制度新政局革旧图新以存国祚折》是康有为的《上清帝第六书》，或简称为《应诏统筹全局折》。这是他在戊戌年间留下的最重要的政治文件之一，是关于中国政治体制改革的总体设计。他以为国际社会正处在一个新的组合分化过程中，中国应该把握机遇，尽快改造成一个近代国家，成为国际主流社会中的一员。中国只有彻底弃旧图新，才能摆脱被动的外交局面；只有从内部发生真正的变化，才能赢得国际社会的尊重与平等。总之，中国只要在国内政治上有办法，外交上就有办法；而国内政治的唯一办法，就是进行政治体制改革，仿行西方近代国家的政治体制进行改造。

在这份奏折中，康没有过多地论述中国应该进行变法改革的理由，因为中国不变则亡的道理在当时已是朝野各界的共识。所以这份奏折的思考重点是中国应该怎样去变，即中国的政治体制改革究竟应该怎样进行。

康指出，中国国情与日本、俄国进行改革前的情况比较相似，日、俄两国通过政治改革极大地动员了国内各方面力量，从而促使经济、社会乃至军事力量等都获得了很大的发展。它们的成功树立了很好的典范，中国应该仿照日、俄两国的政治改革尤其是日本的明治维新所走过的道路。而日本明治维新中最重要的举措实际上只有三点：

一是大誓群臣以定国是，在政府内部形成必须进行政治改革的基本共识；

二是广开言路和征求人才的通道，愿天下所有英才为我所用；

三是开制度局而定宪法，以宪法去约束人的活动，从而使日本一跃成为近代民族国家。

基于日本的经验，康有为郑重建议做好三件事，便可保证变法维新的政治改革获得成功：

第一，由光绪帝在天坛或太庙或乾清门大誓群臣，诏定国是，宣布变法维新正式开始，坚定群臣革旧维新的信心与信念，宣布广采天下舆论，广取万国良法，重建中国全新的政治体制。

第二，由政府最高层在午门设立待诏所，委派两名御史专司此事，允许上下臣工、草民百姓尽自己所知上书言事，对国家的政治发展、经济建设及所有方面提出建议。所有上书不得如旧体制由堂官代递，以免阻挠。凡上书中有可取之处者，可由皇帝或其他相关部门的主管予以召见，量才录用，人尽其能。

第三，开制度局于宫中，征天下通才二十人参与其事，统筹全局，下设法律、税计、学校、农商、工务、矿政、铁路、邮政、造币、游历、社会以及武备共十二个分支机构，将一切政事制度重新商定，改革乃至重建中央行政体制，重建新的政治体制及与之相适应的各项制度章程。至于中央以下各级行政机构的改革及经济、文化等方面的变动，康有为也在这份奏折中提出一些设想，大要不外乎本着政情上通下达、弃旧图新的原则①。

统观《应诏统筹全局折》，其核心是设立专责制度建设的制度局。或许是因为当时对政治变革反对的势力太大，或许是接受了某些人的善

————————

① 《上清帝第六书》，《康有为政论集》上，211—217页。

28

意忠告，康在这份《上清帝第六书》中暂时放弃了先前《上清帝第五书》中提出的开国会、定宪法等比较激进的政治主张，而改为设立制度局这一具有明显渐进色彩的主张。这样或许可以避免许多不必要的争执，便于新政推行。

设立制度局是康有为维新变法思想体系中的重要一环，他认为这是变法维新能否成功的关键所在。所以在提出这一建议之后的一个月左右，康于2月28日又在代宋伯鲁御史拟定《请设议政处折》中，再次强调设立专门议政机构的重要性，为制度局的创立提供舆论支持。此后，康还多次上书催促清廷尽快开设制度局，向光绪帝特别强调皇上不欲变法自强则已，若欲变法，而下手之端，非开制度局不可。在他看来，制度局犹如航行在茫茫大海中的轮船导航仪，有了它才可以克服惊涛骇浪、千难万险，顺利抵达目的地。

《应诏统筹全局折》及同时呈递的《日本变政考》《俄大彼得变政记》深获光绪帝赞赏，他在收到这些文件后，置之案头，日加批览，"于万国之故更明，变法之志更决。日读康书，知之更深"[1]。4月13日，光绪帝命翁同龢将这些文件送到颐和园，恭请慈禧太后御览。及至新政启动，光绪帝再要参阅《日本变政考》时，手头没有书，只好再令康有为誊写进呈。康又趁此机会对原书进行修改润色，令文从字顺，并附表注，以便阅看。由此可见，《应诏统筹全局折》及《日本变政考》等，对于后来的政治发展与演变，曾起到过重要作用。

正如许多研究者所指出的那样，《上清帝第六书》即《应诏统筹全局折》确乎为戊戌年间变法维新的纲领性文件，中国未来发展的政治诉求在这份文件中都有很深入的表达。不过正因为如此，这份文件也受到极为强烈的批评和质疑，反对者对这份文件欲摆脱现行行政运行体制而

———————————

[1] 梁启超：《戊戌政变记》，《饮冰室合集》专集之一，15页。

29

另起炉灶的真实动机不能不怀疑。按照康的设计，他计划开办制度局专责改革要务；设立民政局，有仿行西方近代国家下议院的意思；准备设立的议政局，类似于西方近代国家的上议院。这样一来，原有行政体制势必全部瘫痪或废除，原有官吏队伍也面临着生存危机。于是，原本有意推动政治体制改革的设立制度局构想反而成为阻碍改革进程的馊主意。反对者批评康有为等人动机不纯，斥责他们只不过是一些"权力边缘人"，试图通过新设机构夺取权力，所谓制度局云云，不过是想夺取枢府之权的托辞；所谓十二分局的构造，不过是将原有的中央六部分解功能而已；至于康在《上清帝第六书》中提出各道设立民政局的建议，更是居心叵测，是试图以民政局夺取各省督抚将军之权。他们认为清政府如果听任这些人胡作非为，其最后结果将不是中国走上强盛的发展道路，而是"天子孤立于上，内外盘踞皆康党私人，祸将不忍言矣"[1]。

康等政治新人的心态决不会像反对者所猜测的那样肮脏。然而毫无疑问的是，作为边缘化的政治新人，他们是无法与那些政治老人和睦相处的。他们即便出于对中国未来前途极端负责任的焦虑，也确实希望能够利用光绪帝的政治权威扫除旧人，重用新人。而政治运转的规律从来都不可能按照任何一方的主观意图去行事，作为清廷政治权力的中心，光绪帝受到各方面制约，他不可能甚至也不愿意完全听从康有为等人的摆布。所以康创设制度局的建议尽管获得光绪帝激赏，但操作上却是一拖再拖，从而使他也觉得完全依靠清廷内部力量去推动改革相当困难。

警惕"雅各宾主义"

正如许多反对者批评的那样，康有为在《上清帝第五书》及《应诏

---

① 胡思敬：《应诏陈言记》，《戊戌履霜录》卷六。

统筹全局折》中所提出的维新变法方案过于激进，比较多地注意到了西方近代国家政治体制在社会发展中的重要作用。这些反对者相信，如果真按照康的方案去进行改革，那么中国未来可能不是"自强"，而是"他强"，即帮助列强实现了用武力威胁而没有达到的政治、经济目的。于是在康的方案于1898年春天广泛传播之后，另外一种比较注意中国社会承受力的渐进改革方案也在酝酿之中，这就是张之洞以"中学为体，西学为用"相标榜的维新方案。

张之洞，字孝达，号香涛，直隶南皮人。生于1837年，至1898年，刚好年过花甲，是清廷特别是慈禧太后此时最为信任、最为依赖的重臣之一。

张之洞的曾祖父、祖父及父辈三代为官，不过官都不大，多为知县或道员，属于中下层官吏。这样的家庭背景使他自幼受到良好的教育，1852年在直隶乡试中以第一名中举，1863年成进士。殿试时的文章侧重于时政，且论述方式不落俗套，深受主考官的赏识，当然也使某些考官不悦。文章交由慈禧太后定夺时，张之洞以探花及第即一甲第三名授翰林院编修。

1867年起，张之洞长时期在浙江、湖北、四川等地职掌文衡，也就是主管文化教育方面的事务。其间，张之洞热心奖掖人才，主持创办四川尊经书院，提倡对儒家经典的研究；筹资创办书局，刊刻和传播古代典籍；而他自己也在这一时期著有《輶轩语》和《书目答问》，畅销全国，影响巨大。前者主要为一般初学者讲述治学方法，后者则是根据当时需要和学术界一般共识，对中国文化典籍进行提要式的解读与介绍。

这段经历对张之洞来说，是比较重要的文化财富、思想积累，这使他在晚清政治格局中有机会脱颖而出。1877年，张之洞在四川任满返京，在此后数年中负责编修《顺天府志》，系统整理京畿地方史。1879

年，张之洞升任国子监司业。在这期间，由于前御史、吏部主事吴可读尸谏事件，使张之洞一举成名，获得慈禧太后的信任与重用。

吴可读尸谏事件的原委是：同治皇帝去世后，慈禧太后为了能够继续控制政权，不依祖制选同治皇帝的下辈人承继大统，反而选择同治皇帝的同辈为帝，是为光绪帝。对于这一做法，国内各阶层都有不同程度的不满，但碍于慈禧太后的权威，始终没有人敢站出来公开斥责。过了差不多两年时间，1879年4月17日，同治皇帝下葬东陵。参加葬礼的吴可读却于4月25日自尽，遗书请清廷明降懿旨，预定待光绪帝有子，即择其一承继大行皇帝为嗣，以纠正先前错误。

吴可读的尸谏确实使慈禧太后感到难堪，但也给张之洞留下了极好的表现机会。张之洞上书谴责吴的言论与行动，引经据典为慈禧太后辩护。这不能不使慈禧太后有所触动，并记住他的忠诚。

也是在1879年，中俄伊犁交涉进入高潮，这为张之洞的升迁提供了难得机会。左宗棠1878年收复新疆后，清政府即知照俄国，表示中国准备接收伊犁的行政权和1871年以来被俄国占领的伊犁地区。清政府为此委派总理衙门大臣崇厚前往俄京进行谈判，1879年10月双方签署了一份条约。这个条约包括十八条正文，一个十七款组成的通商章程附件和两份特别议定书，一份关于瑗珲，另一份则是关于补偿俄国"代守"伊犁的费用。条约传至京师，朝臣哗然，认为分界条约丧失领土，通商条款有损主权，签约实乃辱国之举。张之洞呈上一份措辞强硬的奏折，力主废除中俄伊犁条约并处死崇厚。他对中国实力持乐观态度，竭力主张不惜一战解决领土分歧。

张之洞的建议获得清廷认同，崇厚被交刑部治罪。清政府又委派曾纪泽与俄国政府重开谈判，议定新约。张因此崭露头角，声望日增，至1882年初，即被提升为山西巡抚。

在山西巡抚任内，张之洞针对山西实际情况精心设计，认真落实，

做了许多有益工作。仅仅两年时间，他就被提升为权重一时的两广总督。当是时，法国在安南（今越南）的影响日益扩大，中法之间无法避免一场战争。早在两年前，张之洞就主张以军事手段维护中国在安南的宗主权，这大概也是他出任两广总督的原因之一。上任后，张之洞利用刘永福和他的黑旗军攻击在安南的法国军队，以期牵制法国军队对台湾的进攻。由他举荐的冯子材也出其不意获得谅山大捷。然而所有这些并没有从根本上扭转中国"不败而败"的结局，清政府在李鸿章的主导下最终放弃了对安南的宗主权。

张之洞原本属于李鸿藻一系的"前清流党"，以不避权贵相互标榜。不过在1884年的中法战争中，前清流党中的重要人物个个落荒而逃，似乎只有张之洞经得起考验。在此后任期中，他对所管辖的省份进行大刀阔斧的改革，增加税收，创办兵工厂、水陆师学堂，招募年轻留学生做幕僚，以增加对西方的了解。在短短的几年中，他为广东留下一笔充实的库银和一些重大的改革成果，尤其是他创办的广雅书院和广雅书局，更是一笔丰厚的文化成果，张之洞也因此被人们誉为"张广雅"，成为声名显赫的洋务运动重要领导者之一。

1889年，张之洞转任湖广总督，并在那里一干十八年（中间两度短期署理两江总督），取得了许多令人瞩目的经济成就，对武汉及两湖地区的现代化起到了很大的推动作用。两湖地区许多经济成就都与他的名字联系在一起，如汉冶萍公司、棉纺厂、丝厂、制革厂等。在武汉，张之洞还组建一支由德国教官训练的新式小型模范军队，创办多所各种类型的新式学校，并有计划地派遣学生出洋留学。

1894年中日战争爆发，张之洞调任两江总督。他努力加强防御并积极向北方发送给养和新兵，力主抵抗到底，反对议和。

甲午战争后，张之洞回任湖广总督，面对割地赔款的惨局，他深知再不变法，中国确实会有亡国的危险。因此他主张变陈法，雪国耻，曾

激愤上书清廷，建议力变以前积弊，雪此大耻 ①。张之洞在甲午战争后的思想观念产生相当大的飞跃和变化，他不再一味相信先前几十年奉为金科玉律的洋务新政为中国未来发展的唯一出路和不二法门。他虽人在武汉，但积极参与京师和上海等地的维新救亡运动，一度积极"赞助"康有为的强学会，巨额"资助"梁启超主持的《时务报》，与时俱进，由洋务运动的重要首领转而成为维新运动的重要精神领袖之一。这在当时老一代政治家中为数并不太多。

实事求是地说，张之洞很大程度上赞成康有为等人政治体制改革的设想，但在怎样进行改革，以及怎样看待西方近代的思想资源和中国传统文化资源对未来政治发展的作用方面存在着相当大的差异，这是他后来撰述《劝学篇》的主要动机之一。特别是康等新派政治人物逐步受到光绪帝的信任后，张之洞的这种著述愿望更加强烈。据张的助手辜鸿铭回忆，张之洞在有限的直接了解中，原先对康、梁的个人印象都比较好，但张幕僚中的一些人特别是辜本人通过与康等人更多的接触，开始忠告张之洞不要与康、梁等人过于密切，尤其是康，他的个人人品可能并不像他自己所说或人们原先所认识的那样高尚，真实的情况是"康有为人品鄙劣，计划虚夸不实"，辜鸿铭还把"爱国主义是恶棍的最后避难所"这句西方名言尽可能准确地翻译介绍给张之洞，期待他能够主动地与康、梁等人疏远。然而，张并没听从辜鸿铭的劝告，反而责怪具有很深西方背景的辜不懂中国政治，并不了解康、梁这些新人的政治情怀。

随着胶州湾事件引发的外交危机的爆发，康有为发起成立保国会，并提出一系列政治改革方案，而且受到了以光绪帝为代表的清廷内部开明派的欢迎。张之洞如同其他老练的政治家一样，在京城布置有不少耳

---

① 张之洞：《普天忠愤录序》；见孔广德辑《普天忠愤录》卷首，光绪二十一年刊本。

目，能够很快且很清楚地了解到京城正在发生的一切大事。他的幕僚们认真研究了康的这些方案，结论是，如果按照这些方案去进行政治体制改革，必将给中国带来无穷的灾难，康的方案只是一百年前法国大革命中"雅各宾主义"的翻版。

幕僚们的看法深刻影响了张之洞，特别是随着京城不断传出要求查禁保国会的消息后，康有为等人不仅没有受到查处，反而受到光绪帝的信任。光绪帝开始颁布改革法令，但却引来一系列混乱。这时，张之洞觉得不论是为了国家的利益，还是为了冲淡自己曾经与康、梁等人的密切关系，洗刷所谓"康党嫌疑"，他都不能再保持沉默了。于是他召集心腹幕僚在武昌棉纺厂的顶楼会议室举行了一次极端重要的内部会议，专门讨论怎样对付康的雅各宾主义。张之洞在这次会议上情绪激愤，他在来回踱步的时候一遍又一遍地重复着"不得了！不得了"，言下之意是再也不能容忍康的胡作非为，他必须向清廷最高层提出自己的方案了。

这次会议并没有做出任何决定。不过不久，张之洞那部著名的《劝学篇》便"立即写出来"了。按照辜鸿铭的理解，这部重要著作的主要宗旨是反对康有为雅各宾主义的宣言书，也是他的自辩书。这部书告诫他的追随者和中国所有文人学士，要反对康有为的改革办法，凡是此类的改革必须首先从教育入手[①]。

《劝学篇》分为内篇和外篇两个部分，按照张之洞在序言中的说法，内篇主要讨论有关世道人心的问题，即"以正人心"；外篇主要讨论有关工商业、教育、新闻等实际事务层面如何参照西方近代国家的成功经验进行改革的问题，即"以开风气"。从这两个方面看，《劝学篇》虽然

---

① 辜鸿铭：《中国牛津运动故事》，见黄兴涛等译《辜鸿铭文集》上，319—320 页，海口：海南出版社 1996 年。

坚决反对康的激进改革，但也没有完全排斥西方近代国家在政治、法律尤其是教育、经济等方面的成功经验，他提出的口号就是"中学为体，西学为用"。

中体西用的口号提出颇早，然而对这一命题进行系统阐述和发挥的还是张之洞。在承认中国必须向西方学习的前提下，他更充分肯定传统文化在现代化过程中的作用，强调只有在树立健全的民族自信心的基础上才能有效地吸收外来文化。作为清末洋务、维新兼而有之而又都不彻底的张之洞，无论在理论上还是在实践上，都不可能坚决反对中国变法图强。他认为，中国确实到了非变不可的地步，即便孔孟复生，也不会指责变法图强是一种错误之举。他承认向西方学习是不可阻挡的进步潮流，提出一系列向西方学习的废科举、改学制、开矿藏、修铁路、讲究农工商学、发展近代工业的计划和主张，并身体力行，做出许多颇有实效的贡献。张之洞强调从现实需要出发学习西方有益于中国发展的东西，其中包括西方的矿学、化学、电学、植物学和公法学五个方面，以为这些内容皆足以资自强而助交涉[1]。平心而论，这些主张已较早期改良派和洋务派仅仅停留在器物或技术层面学习西方显然前进了一大步。

中体西用的说法虽然是经张之洞的系统论述而为人们广泛了解，但在这之前的几十年里，清政府实际上是按照"中体西用"这一原则进行洋务新政与洋务建设的。而正是在这一原则的指引下，中国从1860年以后在不到三十年的时间里获得了长足的进步与发展，综合国力有了很大增长，因两次鸦片战争及太平天国运动而丧失的元气基本获得恢复。

在张之洞看来，中国的未来与发展，既要学习西方一切有益于我的东西，又不可能全盘西化，采取民族虚无主义的态度，无视中国传统文化在现代化过程中的有益作用。他认为，中国的进步与发展应该建立在

---

① 《增设洋务五学片》，《张文襄公全集》卷二十八，民国十七年刻本。

自己已有文化成果的背景下与基础上，即以稳健的姿态向左右两个方面进行斗争，既反对顽固的守旧，也反对不顾中国国情的激进。应该承认，张之洞的方案比较好的回答了中国社会转型期的外来思想文化与中国传统文化之间应取的关系。

针对那些所谓极端守旧的思想主张，张之洞主要从正面阐述了中国必须学习西方的必要性及唯一原则。对康有为等人激进的政治、学术主张，张之洞持强烈的反对态度。他认为，康、梁对儒家学术精神的曲解，如果任其发展，将危害极大。他说："平生学术，最恶《公羊》之学，每与学人言，必力诋之。四十年前已然，谓为乱臣贼子之资。至光绪中年，果有奸人演《公羊》之说以煽乱，至今为梗。"[1] 这实际上是正面批评康有为所主张的今文经学，以为康凭借《公羊》今文经学的主张，不仅不能救中国，反而会给中国的未来增添无穷的变数。

张之洞对待中国传统文化的态度，无疑是一种保守主义的文化立场。他虽然在相当程度上承认中国文化如科举制度等有改革、废除的必要，但他对中国文化精神尤其是儒家伦理的理解，显然还没有达到时代认识的最高水平。

当然，如果从稳定社会秩序、协调社会发展的角度看，张之洞强调忠孝节义、纲常名教的现实作用也情有可原。基于血缘、地缘关系的中国社会，几千年来之所以能够持久、稳步地前进，且不断地创造并长时期领先世界文化，其最根本的一点无疑在于这个社会的封闭性和稳定性。在这种稳定性的现实基础上创造了纲常名教、忠孝观念，反过来，它们又促进、维护了这个社会的稳定与协调。然而，西方文化特别是民权、自由观念的输入，对中国旧有的纲常名教观念构成了致命的威胁，加上中国近代工业的发展，旧的社会结构虽没有被全部摧毁，但也确实

---

① 《抱冰室弟子记》，《张文襄公全集》卷二二八。

37

受到了强大的冲击。在这旧辙已毁、新轨未立的大变动时代，社会信仰便不可避免地陷入极端危机。试想一下，中国如果向前再走一步，即刻接受西方自由平等的民权思想，开议院，行共和，能行吗？不要说社会基础尚不具备，即使在知识分子阶层也未必行得通。当然，如张之洞那样倒退到纲常名教的旧观念上，恐怕也不是当时的最佳选择，它虽然使儒家伦理一度获得改造和复兴，但总有理论滞后于时代之嫌。

合理的并不一定在现实生活中存在，在现实生活中存在的并不一定合理。然而，历史毕竟这样走过来了。张之洞通过对传统文化特别是儒家伦理的解析，以自己的理解肯定了其中应该肯定的东西，并力图使传统文化与外来文化进行有机的结合，以创造出一种适宜于中国需要的"新文化"，即中学为内学，西学为外学；中学治身心，西学应世事；不必尽索于经文，而必无悖乎经义。如其心圣人之心，行圣人之行，以孝悌忠信为德，以尊主庇民为政，虽朝运机器，夕驰铁路，无害为圣人之徒。显然，他的目的是在坚持儒家伦理不变的前提下，吸收外来文化的合理部分，重新建构民族文化的新体系。这一理念本身并无大错，只是张之洞忽略了社会条件的变化，而仍一味尊崇孔孟程朱，置民权平等、民主共和等西方近代理论于不容讨论之地位，显然为智者之失。

评价一个历史人物，除了要注意他所处的历史背景，也应该设身处地考虑他所处的社会地位。历史上往往发生这种现象，即凡不承担具体的社会责任，或者说那些在野的思想家总是比较容易走在时代潮流的最前列，所发表的见解也往往超越当时社会的实际承受力。而那些担当具体社会责任，或在统治阶层拥有举足轻重地位的思想家、政治家，不论思想如何开明，态度、观点总是较为缓和、较为现实，多少与社会的实际承受能力相一致。张之洞之所以否定开议院等主张在当时中国实现的可能性，大概只可由上述理由来解释。

应该说，中体西用的思路是十九世纪下半叶中国发展的方向。光

绪帝在认真阅读此书后认为,《劝学篇》确实"持论平正通达,于学术人心大有裨益",于是下令军机处所备四十套副本颁发给各省督抚、学政各一部,俾得广为刊布,实力劝导,以重名教而杜厄言①。1900年,在美国纽约出版的《劝学篇》之英译本定名为"中国之唯一希望"(*China's Only Hope: An Appeal by the Greatest Viceroy Chang Chintung*),伦敦会教士各利维斯(Gniffith John)在序文中称赞张之洞是"今日中国一个最伟大的人,中国没有比这位两湖总督更为杰出的真正爱国者与有才能的政治家了"。丁韪良在其《花甲忆旧》中也盛赞《劝学篇》,以为张对日本明治维新之后发展经验的总结具有非常重要的价值,中国应该像日本那样弃东学西,改弦更辙。

而反对张之洞观点的人则以为其书"不三十年将化为灰烬,为尘埃。其灰其尘,偶因风扬起,闻者犹将掩鼻而过之"②。不过直到今天,中国人仍对中国特殊的国情与独特的文化传统充满着高度迷恋,仍期望用旧有的文化传统去整合中西,既为中国的未来发展提供可行性的方案,又能在不远的将来为西方社会提供一种"后现代"的思想资源。

确实,儒学思想资源的多元性是一个客观存在,基于这种多元性便可对儒学的思想价值做出多种解释,既可从中看到其积极的一面,更能从中找到保守乃至守旧的东西。只是思想家的探讨不应与政治家的实际操作混为一谈,思想家更不能期待政治家必须忠实地执行自己的思想创造,并将这种创造及时地转化为实际政治运作。合思想家与政治家为一体的张之洞当然不能理解后来的学、术分途,所以他那些原本有价值的思想贡献一直并不能为人们所理解。

从后来的观点看,《劝学篇》所提出的"中学为体,西学为用"具有

---

① 《清实录》第57册《德宗景皇帝实录》(6),517页。

② 梁启超:《自由书》,《饮冰室合集》专集之二一二,7页。

浓厚的传统主义色彩，似乎也是为了与康有为等人的激进主义变法思想故意立异，甚者如前面已经引证辜鸿铭后来回忆的那样，《劝学篇》的写作本来就是为了反对康有为的所谓雅各宾主义，是作为封疆大吏的张之洞对清廷忠诚的自我表白。

凡此种种立异的说法，如果从发生的时间来考察，应该都是百日维新被残酷镇压下去之后所发生的。这一面可以真的为张之洞进行"自辩"，表明张虽然在过去曾经与主张维新的青年一代知识分子有过密切的来往，但这一切都是因为他对清廷的无限忠诚。仔细阅读《劝学篇》，可以轻易地发现张之洞与康有为的本质区别，一个是大清帝国的忠臣，一个是犯上作乱的贼子。

事实上，如果换一个角度思考问题，还可以发现另外一种矛盾的看法，即《劝学篇》虽然提出了一套与康有为的改革方案全然不同的渐进改革方案，但在当时政治发展中的实际效果并不是阻止或遏制了康的方案，真实的情况可能恰恰相反，即《劝学篇》的发表更进一步促成了康激进改革方案转化为实际政治运作的进程。一个很显然的道理是，像张之洞这样的当朝重臣都已公开表示支持清政府进行改革，其他人还有必要提出什么怀疑吗？所以，光绪帝对《劝学篇》没有丝毫反感，反而高度赞同，以为自己又获得了这位封疆大吏的支持，更进一步激发了他从事政治体制改革的决心。当他仔细地阅读了《劝学篇》之后，并没有像先前处理检举揭发保国会的告状信那样要求密封存档，不得外泄，而是给予高度评价，欣然批示广为刊印，切实力行。

光绪帝没有看到《劝学篇》与康有为激进的政治改革方案之间的区别，是因为这些区别实在太微小，而在许多大的关节点上，张之洞不仅承认了中国进行政治改革的必要性，而且有着另外一种时不我待的紧迫感。他在《劝学篇》的序言里列举了五个"知"的对象，即：知耻，耻中国不如日本等国家一样强大；知惧，惧中国再不改革可能会重蹈印

度、安南、朝鲜、埃及、波兰等亡国灭种的覆辙；知变，中国人如果再不改变自己千百年来形成的习俗，就不能进行真正意义上的变法；知要，特别是要知道西方各国的为政之道、富强之本之所在；知本，不要因多知西方近代的东西而忘记中华民族自己的传统。从这五个必知中，我们能够感觉出张之洞反对变法的思想倾向吗？

张之洞的本意或许是要修正以康为代表的激进主义的政治改革方案，他觉得无论中国进行怎样彻底的改革，中国人都不能、也不应该忘记自己还是中国人，中国还是东方的中国，中国有自己千百年来形成的优良传统，这是立国之本。但是作为近代中国最早一批身体力行洋务实践的优秀政治家，如果说张之洞坚决反对中国进行变革，是无论如何也解释不通的，即便是他本人也不会承认的。这既可以从他既往历史中得到证明，也可以从《劝学篇》中寻找出许多的例证。正如某些研究者所指出的那样，张之洞是戊戌年间开展变法维新运动"最有力的附和者"，他的名著《劝学篇》在中华帝国境内行销了一百万册，普遍为人所阅读。在毫无瑕疵的古典式的行文之下，它对于凡是读过这本书的知识分子都很有号召力，并且在皇帝以下所有人们的心里都起了作用[1]。

从某种意义上说，张之洞只是一个具有文化保守主义倾向的中国道德的维护者，他不反对中国进行必要的变革，只是反对被后来称之为"全盘西化"的彻底的、激进的、不顾中国特殊国情的变革。可以说，张之洞是近代中国变革维新思潮与运动中的"左翼"力量，正是由于他和那些与他具有同样价值观念同道者的坚守，才使近代中国的变革道路一直游走在激进与保守之间。

---

[1] ［美］马士：《中华帝国对外关系史》（3），145—146页，上海书店出版社2000年。

"伴食宰相"的西方认知

《劝学篇》助成了康有为的愿望，使人们一时间觉得中国除了走上变法维新的道路之外已经别无选择，至于如何变、怎样变，那毕竟只是一个技术性的枝节问题。人们已普遍相信随着政治变革的正式开始，这些问题一定会得到妥善解决。清廷内部的各派政治势力已不在要不要变上较劲，而是开始施展本领在如何变、怎样变上角逐。即便是对康有为的个人人格早就表示过反感的荣禄也在那时保举过后来的六君子之一，期待这些年轻的维新者能够带来新的活力，重铸新的辉煌。中国进行政治体制的某些变革不是可能与不可能的问题，而是时机和时间，关键是清廷的实际最高当权者慈禧太后何时启动这一程序。

过去多年的研究一直认为慈禧太后是近代中国最大的保守主义者，这一看法实际上是基于一种非历史主义的史学理念。如果历史主义地去研究慈禧太后，采取知人论世的历史唯物主义立场，就不难发现，这一看法主要是基于辛亥革命前后形成的革命意识形态的影响。那时的革命者为了论证革命的必要性、正义性和正当性，对革命目标不可避免地采用了过度丑化的宣传手段，竭力加以抹黑。这是一个历史性的误会。时间已经过去一百多年，慈禧太后也早已成为一个可以任人评说的历史人物。应该承认在慈禧太后实际统治的差不多半个世纪，是近代中国变化最大、最剧烈的时期。如果说中国有一个从传统走向近代的过程，那么毫无疑问应该是慈禧太后统治的这个时期。她如果是一个彻底的保守主义者，最初就不会同意进行任何变革，更不会同意派遣幼童出洋留学，不会同意开办洋务企业，更不会同意改变八旗的军队建制，去学习西洋的军事。凡此种种，都证明慈禧太后并不是后来人们想象中的那样顽固、那样保守，她实际上是中国走向近代的重要领路人之一。

不过，作为中国的最高当权者以及满洲贵族利益的代表者，慈禧太后对于将发生的任何变革都要三思而后行。政治体制变革不是儿戏，这不能不慎重考虑。

对于光绪帝信赖的康有为等一批"西学小生"的变法鼓噪，慈禧太后不可能听不到，但她不会介意。她所依赖和凭借的还是那些重臣，一旦他们都认为中国必须进行政治体制方面的变革，慈禧太后估计也不会，甚至也不可能反对。张之洞的表态影响了全国的舆论和人心，慈禧太后对于这一点肯定非常清楚，更何况具有强烈变法维新思想且愿意引康有为为同道的李鸿章这样的"伴食宰相"也常在她的身边不断鼓噪呢。

李鸿章与变法维新的关系，过去的研究很少注意。因为在这几年里，承担着甲午战败罪责的李鸿章很少就国内的政治议题发表自己的看法，他在韬光养晦，他在寻求机会。在某种意义上说，正是他的一些看法直接影响了慈禧太后，促使她同意由光绪帝主持变法维新的大业。

和张之洞一样，李鸿章也是先前几十年洋务运动的大将，是清廷在鸦片战争失败后一度获得中兴的重臣之一。几十年与西方打交道的"夷务"经验，使他从来就不反对中国应该学习西方，与时俱进，自立于世界民族之林。早在洋务运动正在进行时，李鸿章就开始注意西方富强的政治、文化方面的因素，除了继续派遣留学生学习西方的科学技术外，他也开始派员考察西方的政治、文化与风俗，注意西方富强与发展的根本之道。马建忠在十九世纪八十年代初期向他介绍的西方君民不隔、政情上通下达的情况，应该给他留下深刻的印象。

不幸的是，本不该发生的甲午战争不仅几乎毁掉了李鸿章几十年创建的北洋海军和洋务大业，而且差不多毁掉了他的荣誉与地位。他从过去受到清廷最高当权者信任的当朝重臣沦为甲午战败的罪人，以一己之身承担了甲午战败的全部责任。

43

清廷最高层尤其是慈禧太后清楚地知道，甲午战败的实际责任并不在李鸿章，如果当时听从他的主张，战争或许不会爆发，即便不幸爆发也应该能够控制在可以接受的范围内。可是当时以清流派为主的主战派不断鼓噪，使慈禧太后在最关键的时刻做了一个错误的决定。所幸的是虽然同意开战，但她没有同意让清流派去主持这场战争，反而委派反对这场战争的李鸿章指挥。

战败后，清流派迅速推卸自己的责任，不承认自己强硬的主战主张有什么错误，反而指责是李鸿章指挥不力。对于战后的议和谈判，主战派也极端恐惧，唯恐在议和协议书上签字影响他们的清誉。满朝文武竟然找不到主动愿意到日本议和的大臣，又是李鸿章忍辱负重前往日本，并代清政府在《马关条约》上签字。

《马关条约》巨大的战争赔款特别是割让台湾及辽东半岛的约定激怒了国人，以康、梁为代表的青年一代知识分子公开指责清政府行政效率低下，知识老化，不仅与人民隔绝，不知下情，而且妄自尊大，不知外情，"顷闻中朝诸臣，狃承平台阁之习，袭簿书期会之常，犹复以尊王攘夷，施之敌国，拘文牵例，以应外人，屡开笑资，为人口实"[①]，实在有损大清帝国的威严。这样的政府必须改革，那些无能的官员必须让出自己的职位，让大批富有真才实学的青年一代承担起振兴大清王朝的责任。更激进的孙中山等人则由失望转向造反，彻底放弃帮助清政府进行任何改革，力主以暴力的手段推翻清政府，重建汉民族的统一国家。而满朝文武大臣也借坡下驴，将战争失败与外交失败的全部责任都推到了李鸿章的头上。于是李在办理完辽东半岛的归还手续后，也就让出了先前承担的直隶总督兼北洋大臣的重要职务，留在北京，借住贤良寺，奉职入阁办事。由"坐镇北洋，遥执朝政"的清廷重臣变为赋闲

---

① 康有为：《上清帝第五书》，《康有为政论集》上，204页。

京师的散员，一生事业、功名，皆因"无端发生"的中日交涉而扫地无余[1]。

知子莫如父，知臣莫如君。李鸿章的忍辱负重，代君受过，慈禧太后乃至主战并亲自修改、亲手批准《马关条约》的光绪帝自然心知肚明。于是在舆论略微平息之后，慈禧太后于1896年2月再次起用李鸿章，委派他以"钦差头等出使大臣"的头衔到俄国代表中国政府参加沙皇尼古拉二世的加冕典礼，并顺道周游列国，"联络西洋，牵制东洋"。从1896年3月28日离开上海出洋，10月3日返回天津，前后共190天，遍访欧美五大强国。

周游列国的特殊经历加深、验证了李鸿章先前几十年与西方打交道时对西方走上富强道路原因与背景的认识，这一点对他本人乃至慈禧太后都是格外重要的。他在回国之后面见慈禧太后和光绪帝时，竭力陈说西方各国富强、中国贫弱的现实与原因，请求慈禧太后和光绪帝能够及早进行变法，使中国早日强盛起来，能够与西方各国并驾齐驱[2]。

那么，李鸿章所认识的西方各国之所以富强的原因与动力究竟是什么呢？这就有必要了解他这长达190天的周游经历中所关注的问题。

李鸿章此次游历，除了所担负的外交使命外，就是要实地考察欧美诸国的发展，直接体认和验证他先前的认识。在莫斯科时，曾有一位法国人问他访问欧洲的目的是什么，李鸿章的回答简洁明了，即借此游历欧美诸国的机会，实地看看各国的真实情况。

1896年6月17日，李鸿章在柏林应德皇的邀请，检阅了德国的御林军。当他看到德国军队装备精良，训练有素，阵法纯熟，不觉联想到

---

[1] 吴永：《庚子西狩丛谈》卷四。

[2] 李鸿章：《寄南京李宫保张学士庐州李经方》，《李鸿章全集》（3），676页，上海人民出版社1986年。

自己辛苦几十年培植的淮军尤其是北洋海军竟然在与日本的决战中不堪一击,不禁喟然长叹:"苟使臣有此军十营,于愿足矣。"当他在英国看到军队行列整肃、军容雄盛时,感慨道:"余在北洋,竭尽心思,糜尽财力,俨然自成一军。由今思之,岂直小巫大巫之比哉?"[①]

李鸿章是近代中国最重要的政治家之一,他比较喜欢人们拿他与德国的铁血宰相俾斯麦相比,当然更喜欢人们直接称呼他为"东方俾斯麦"。所以,他的欧洲之行自然会安排与心仪已久的俾斯麦会面。6月27日,李鸿章专程来到汉堡拜访俾斯麦,向这位在德国历史上曾经发挥过重大作用的前首相讨教重振中国雄风的方略。俾斯麦明确告诫李鸿章,一支强大的军队是国家立于不败的根基,在目前的中国,应该参照西洋诸国的近代方法,彻底改造中国的军队。李鸿章表示俾斯麦的见解正合自己素来的看法,待他回国后,一定建议政府仿照德国的军队体制进行变革,并尽量聘请德国军事教官帮助训练中国军队,使中国尽早建立起一支具有近代特征的强大军队。

一支强大的军队固然是中国未来发展的根基之一,但还需要政治体制方面的保障。1896年8月,李鸿章在英国访问时,有意识地访问英国的议会,在下议院特设的座位上,李鸿章旁听了英国议员是怎样讨论国家大事的;在上议院则与议员交换了一些看法。

在美国,李鸿章除与美国总统、国务卿等政界领袖举行会谈外,还与美国的宗教领袖就宗教、慈善事业以及中西文化异同等方面的问题交换了看法,参观了费城的独立厅、自由钟、华盛顿的美国国会及其图书馆等。

在此次欧美之行中,李鸿章还多次参观了各国的报社、学校、博物馆以及造船厂、钢铁厂、电报局、银行等,西方国家先进的科学技术与

---

① 蔡尔康、林乐知:《李鸿章历聘欧美记》,191页,长沙:岳麓书社1986年。

极高的行政效率都对李鸿章产生了深刻的影响，肯定也是他感到中国不变不行的直接思想动因之一。他在英国访问时曾经谈到自己感受说："生今之世，善教发为善政，其明效大验，有若是哉！"他在回来后写给中国驻美公使伍廷芳的信中说得更明白，那就是通过这次访问，他更觉得中国虽然有必要与西方列强搞好关系，争取外援及良好的外部环境，但从根本上说，中国要想恢复自己的国际地位，在世界舞台上拥有发言权，除了变法自强外，别无出路[①]。

李鸿章出访欧美诸国的经历是近代中国重臣比较早的直接感受西方的经验，他在回来之后向慈禧太后和光绪帝强调中国应该进行变法，走上与西方同样的富强道路，肯定也会在他们的心目中留下极端深刻的印象。不过在此后的一段时间里，李鸿章并没有很快恢复他在甲午战前朝中重臣的地位，依然被冷落着，所以当变法维新运动在中国蓬勃发展之际，李鸿章虽然暗自高兴，但在表面上却不动声色，静观时局的变化和朝廷中各派政治势力的消长。

---

① 李鸿章：《复钦差出使美国大臣伍秩庸》，转引自苑书义《李鸿章传》，351 页，北京：人民出版社 1991 年。

第三章　一个亲王之死

　　李鸿章的欧美游历经验对于慈禧太后、光绪帝乃至清廷最高当局中相当多的人肯定都有不少的触动，但限于他在甲午战败后的尴尬处境，特别是恭亲王奕䜣的存在，李鸿章的主张在当时不可能很快转化为实际的政治运作。他的经验不过与张之洞等人的建议一样，只是在某种程度上促动了变法维新的进行而已，而其真正启动尚有待于机会和时间。

晚清政局中的关键人物

　　恭亲王奕䜣为宣宗道光皇帝第六子，1850 年受封为亲王，三年后，年仅二十岁的恭亲王充任军机大臣，开始了他在清廷最高决策层的政治生涯。当 1860 年英法联军向北京进犯的时候，奕䜣受命留守北京，负责与联军议和，代表清政府签订了《北京条约》，同意外国公使永驻北京，开放天津等为通商口岸。

经过 1860 年的外交危机，奕诉对西方的看法发生了根本的变化。他先前与外国人接触时，总是抱有蔑视的态度，并掺杂着仇恨与恐惧。但自《北京条约》签订后，奕诉的态度改变了。当他对英国人有更多了解时，开始赏识他们，即便不是坦率地赞扬。奕诉首肯李泰国充任海关总税务司，信任李泰国之继任者赫德等，足以证明奕诉对西方的看法已发生根本性转变。1861 年 1 月 20 日，清廷准奕诉所奏，同意设立一主管外交事务的机构，即总理各国事务衙门。在此后的四十年中，奕诉长时期担任首席军机大臣和总理衙门领衔大臣，对于推动古老中国向近代转变发挥过重要的作用。

1861 年 8 月 21 日，在热河病危的咸丰皇帝临终前遗命其子载淳承继大统，并任命御前大臣肃顺、景寿及军机大臣穆荫等八人为顾命大臣，由他们共同辅助年幼的新主。同时也约定，在同治皇帝未成年亲政之前所发布的重大命令，也应该征得孝钦、孝贞两宫太后的同意。然而，这些赞襄政务大臣根本不理会这些限制，遂与两宫太后发生了矛盾。两宫皇太后发觉八大臣难以驾驭，或者根本就无法驾驭，便召奕诉密谋铲除。稍后，在奕诉等大臣的帮助下，两宫皇太后下令将肃顺等顾命大臣予以逮捕，并对清廷的权力结构做出新的安排，由两宫皇太后摄政，恭亲王奕诉为议政王。

新的权力结构导致孝钦皇后即后来的慈禧太后的政治地位逐步上升，成为清廷的最高当权者。不过在最初的那些年里，慈禧太后也非常仰仗奕诉。奕诉不但拥有议政王的头衔，而且继续担任总理衙门的首席大臣，并入主军机处，兼领神机营。

奕诉在朝中的权力过大，在一定程度上对慈禧太后也形成了制约，于是二人遂产生了难以消解的冲突。1865 年，当太平天国运动被平定之后，慈禧太后借机罢免了奕诉的全部职务，含含糊糊地指责他偏袒亲戚及在朝廷中行为欠慎。后因廷臣强烈要求，奕诉得以再充总理衙门领衔

49

大臣和首席军机大臣，不再具有议政王的头衔，不过依然是举足轻重的人物，在一定程度上对慈禧太后起到了约束作用。因而当1884年4月中法战争不可避免时，慈禧太后借口奕䜣处理不善，遂将总理衙门和军机处的大员全部撤职或降级，任命礼亲王世铎领衔军机处，庆亲王奕劻主总理衙门。但实际权力掌握在光绪帝的生父醇亲王奕𫍲手里，直至他1891年初去世。恭亲王奕䜣由先前的朝中重臣竟然一下子成了赋闲的亲王。

1894年甲午战争爆发前夕，为了应付日趋严重的国际局势和内外压力，在朝的一些要员想到了最具世界眼光的老政治家奕䜣。在他们的强烈要求下，慈禧太后同意已经赋闲十余年的恭亲王奕䜣逐步官复原职，主持总理衙门和军机处的日常事务。

权力获得逐步恢复的恭亲王奕䜣是一个比较重视实际的务实政治家，在处理外交事务方面一贯以和解为基础，这也许得自1860年的惨痛经验。所以，重新出山的奕䜣和李鸿章一样，认为当时的中国不应该贸然与日本开战，而是应该尽全力寻求外交解决，依赖列强的干预与调停。当战争在主战派的不断鼓噪下终于爆发后，奕䜣依然期待能够在战争的间隙寻求外交妥协。当这种期待完全破灭后，他坚定地支持李鸿章不惜代价进行议和，以便尽快为中国赢得和平发展的国际环境。

在奕䜣、李鸿章等人艰辛努力下，虽然在《马关条约》中受到了极大的损失，但中国也赢得了短暂的和平，这艘东方漏船在经过简单的修整后又开始了自己的航行。

在甲午战争的善后工作告一段落的时候，恭亲王奕䜣也曾想过利用这次奇耻大辱进行内政改革，改变原来低下的行政效率，重建一个高效、清廉的政府。无奈清政府积弊太重，而且奕䜣也真正老了，不论是体力上，还是精神意志上，他都没有过去十几年前的状态，只是勉为其难地维持着残局，希望中国在他真正退出历史舞台之前不要再出什么乱子。

他甚至考虑过退休，但每当提起这件事情的时候，总是被各种原因羁绊，即便是翁同龢也总是劝他从大清王朝的根本利益着想，宜权衡大势，毋作进退之词①。所以，指望年迈的奕䜣还能像先前几十年那样精力充沛地推动、领导清政府进行变法维新，无疑是困难的。

奕䜣期待中国不出乱子的愿望仅仅维持了不到三年时间。在这相对平静的三年中，奕䜣也做了不少有益的工作，只是改革内政、重建高效廉洁政府的承诺并没有实现。中国这艘漏船随时都有解体的可能。胶州湾事件发生后，这种可能突然加快。

对于奕䜣和李鸿章等具有丰富外交经验的政治家来说，胶州湾危机或许并不像国内激进分子宣扬的那样严重。在他们看来，将胶州湾租让给德国，将旅顺、大连湾租让给俄国，将威海卫从日本手里收回后转交给英国，将西南大部分地区向法国开放，或许并不是一件多么可怕的事情。落后的中国要想后来居上，尽快改变自己的落后面貌，就必须大力发展经济，利用现代手段去开发资源，而要开发资源，修建自己的铁路网，在在需要大量的资金。而资本的本性就是对利润的追求，中国不做出某种牺牲，就指望列强向中国提供贷款、技术，显然是不可能的。所以，德国人制造的胶州湾事件在大清王朝政治高层虽然觉得很不愉快，但也不是根本无法接受，更没有由此引发中国将亡的预感。

然而，胶州湾事件激起了国内民众极其强烈的反对，以康有为为代表的年轻一代知识分子对奕䜣所领导的这个腐朽政府进行了严厉的指责与批评，强调年迈的奕䜣知识偏狭老化，精力不济，并不真正了解国内外的情况，致使中国一误再误，错过了一系列获得发展的良机。他们呼吁清廷尽早进行政治体制方面的改革，重建新的行政体制和政府。

康有为的改革呼吁逐步赢得了清政府政治高层的关注，光绪帝也曾

---

① 董守义：《恭亲王奕䜣大传》，462 页，沈阳：辽宁人民出版社 1989 年。

下令奕䜣应该认真研究康的建议。但年老体衰、精力明显不济的奕䜣不仅无力推动和领导中国的政治改革，甚至他也不认为这种极端激进主义的主张能够拯救中国。1898 年 1 月 11 日，奕䜣主持总理衙门的例会讨论光绪帝要求他们重视康有为及其建议的命令，并建议考虑是否可以派遣康出洋考察各国政治经济的问题。在这次会议上，翁同龢竭力赞成光绪帝的看法，以为康是一个不可多得的人才，他的那些建议尽管有某些不切实际的理想成分，但总的来说还是很有价值的，值得予以重视，至于派遣康出洋考察各国政治经济，既是光绪帝的主张，当然应该可行。而礼部尚书许应骙则认为康的人品极为低下，是"不逞之徒"，是中国传统的叛徒，坚决反对派遣康氏出洋考察。双方的争论相当激烈，奕䜣在后来的裁决中采取折中调和的看法，建议由总理衙门的大臣们先集体向康有为进行一次问话，看看实际效果如何，然后再做出决定①。

事实上，在甲午战争后的三年时间里，奕䜣领导的政府虽然没有在行政体制改革等方面做出多少工作，但对于那些必须进行改革的许多新的举措还是持积极的欢迎态度，比如同意贵州学政严修的建议设特科以广收人才，同意荣禄的建议练新军以固国本，设武科以培养新式军官等，凡此都是基于对甲午战败的反省，具有重要的改革意义。即便对强学会，虽然朝野上下要求严厉查封的呼声很高，奕䜣的处理则比较低调，在某种程度上保护了青年一代维新志士。

青年一代维新志士应该说在某种程度上代表了奕䜣的理想和追求，如果他再年轻些，按照过去的思想倾向，一定会全力支持他们。不过，奕䜣毕竟已经进入最后的岁月，他的老成持重使他不可能对康的激进主义改革方案完全赞同。他似乎已经意识到，清政府如果依照康的方案进行改革，很可能就意味着清朝历史的终结。所以他在弥留之际也不忘谆

---

① 《康南海自编年谱》，34 页。

谆告诫光绪帝，称自己通过对康的观察，总觉得他的人品不太可靠，改革方案不太可行。清政府确实到了不改不行的历史关头，但任何改革都应该慎之又慎，尤其"不可轻信小人言"①，不能因改革而葬送大清王朝，因改革而损害满洲贵族的利益。

几十年的宦海生涯尤其是主持朝政的非凡经历，使奕䜣在晚清政局中居于重要的地位。他虽然多年来与慈禧太后有许多分歧，而他在甲午战争前重新出山据说也是年轻的光绪帝为了制衡慈禧太后过于强大的权力而采取的一个策略。不过，奕䜣毕竟是道光皇帝的亲生子，他不会为了权力斗争而牺牲大清王朝的根本利益，所以重新出山之后他并没有完全听从光绪帝的安排，相反在许多重要问题上诸如甲午战前的主和、战后的议和等等，他却本着自己的信念，倾向于支持慈禧太后，反对光绪帝。他甚至觉得光绪帝身边的几个心腹尤其是翁同龢居心叵测，在生命的最后日子里他肯定将这些见解都告诉了慈禧太后和光绪帝。这也就为后来的政局演变埋下了伏笔。

奕䜣的一生中与慈禧太后确实存在着许许多多的恩恩怨怨，慈禧太后也在许多时候存心打击、折磨奕䜣。这在先前的研究中都有很好的揭示，但是不可否认的是，先前的研究过多地注意到了他们二人之间的冲突，相对忽略了二人之间的一致。事实上，慈禧太后与奕䜣的矛盾是慈禧太后不太喜欢奕䜣对她的一些重要决策的否定与反对，但慈禧太后清楚地知道奕䜣对大清王朝乃至对她个人的忠诚是无须怀疑的，更不会听信任何人的挑拨。

基于这样一种错综复杂的关系，奕䜣在晚清政局中的重要地位不言而喻，他的存在就是政局稳定的象征和保障，一旦他发生什么意外，就很难保证政局的稳定。所以，当奕䜣患病的消息在京城和晚清官场中不

---

① 胡思敬:《戊戌履霜录》卷一。

胫而走的时候，有人高兴，有人失意，有人觉得中国政治必将因此而发生一次大的变化，有人则意识到奕䜣的去世可能会对政局造成极大的冲击，甚至将危及大清王朝的安危。

进入 1898 年之后，奕䜣的身体状况越来越差，而国内的政治局面却因胶州湾事件而闹得沸沸扬扬。奕䜣在勉力处理好日常政务的同时，也在思考着怎样借助于胶州湾事件带来的震动去激起人们的政治热情，重振大清王朝的辉煌。他希望清政府能够借助这个机会把某些制度进一步调整，但是他无论如何也不能赞成康有为那种激进的政治体制改革。他念念不忘的改革与康有为的主张有本质的不同，他当然也希望这种改革能够在他去世之后继续执行。当他病重期间，慈禧太后和光绪帝连续三次前往探望，奕䜣对慈禧太后和光绪帝的政治交代与政治告诫，肯定是自己对当时政局的看法。他特别叮嘱年轻的光绪帝一定要尊重慈禧太后的政治经验，在用人行政上要格外小心，恪守成宪，维系人心，与那些忠诚的大臣们共同商量，治理国家，经武整军，富国强兵，相信大清王朝终有重振雄风的时候，不要急功近利地相信那些政治小人的蛊惑。

1898 年 5 月 29 日（光绪二十四年四月十日）晚戌刻（下午七点至九点），曾被誉为中国第一次近代化运动的重要倡导者之一的恭亲王奕䜣撒手人寰，长达三十余年的洋务运动也就是所谓第一次近代化运动终于谢幕，中国从器物的近代化迈向体制的近代化。急剧性的政治体制改革因奕䜣的去世而突然提速。一个旧的时代结束了，一个新的时代到来了。

令人遐想的十三天

恭亲王奕䜣的政治遗言显然给慈禧太后和光绪帝留下了不可磨灭的记忆，慈禧太后和光绪帝也尽其所能给了他至高的荣誉。只是历史并没

有按着奕䜣的期待发展，一场政治风暴在他去世之后短短的十三天就正式开始。

奕䜣的去世本在意料之中，他在久病了几个月之后去世按理说已经给慈禧太后、光绪帝乃至清廷中的重要决策者们留下了足够的应变时间。但不知道什么原因，慈禧太后和光绪帝并没有急于安排他的继任者，清政府的日常运作实际上因奕䜣的逝世陷入某种程度的混乱。

恭亲王奕䜣作为清末政局中举足轻重的人物，对慈禧太后有某种程度的制衡作用，对年轻的光绪帝有着仁慈的保护功能，对朝廷中各派政治势力更有着一种难得的亲和力。说他守旧，他有新思想，是他主导和推动了中国的第一次近代化运动；说他趋新，他又不相信康有为等人类似于"全盘西化"的政治改革方案，更加怀疑乃至讨厌康这班年轻政治人物的个人操守；他甚至非常讨厌貌似趋新的翁同龢，以为翁对年轻的光绪帝已经产生了不良的影响。日本驻华公使矢野文雄根据与李鸿章、张荫桓的交谈得出印象，慈禧太后原来就喜欢革新派的人，而光绪帝常常受左右守旧派掣肘，反而比较守旧。经过甲午战争的刺激，光绪帝幡然醒悟，倾心于革新，于是帝后之间的感情亦由此而加深。特别是恭亲王奕䜣的逝世，在一定程度上打破了先前帝后之间的权力平衡，权力中心亦由此发生些许偏移，太后的权力明显增大，改革也就在太后的推动下加速进行。所以，如果往深处追溯后来新政的渊源，则不能不考虑恭亲王之死这个偶然因素。

恭亲王之死在朝野内外激起巨大的反响，深刻影响着中国政治的未来走向。朝中比较活跃且与恭亲王生命的最后几年多有接触的大臣张荫桓在日记中写道："恭邸已矣，全受全归，福命不薄，其如时事何哉？"[①]对未来政局走向稍感困惑。四川尊经书院院长宋育仁在得知奕䜣

---

① 《张荫桓日记》，535页。

去世的消息后顿足叹息，以为大局从此危矣①；与翁同龢有师生之谊的张謇在 5 月 30 日得知奕䜣去世的消息后就预测中国政治格局将发生重大变化，但是怎样变，似乎还难预测②。几乎所有关注中国政局演变的人都预感到政随人亡的千年规律不可逾越，中国先前几十年只注重学习西方的技术、发展经济的所谓洋务运动必将随着奕䜣的去世而寿终正寝，中国的政治体制必将随着经济基础的变化而进行调整，政治局面也必将根本改观。特别是那些急于进行政治改革的年轻一代如康有为等人，他们觉得奕䜣的死实在是不可多得的良机，于是利用政治关系，通过翁同龢促使光绪帝利用这个机会从速变法，"勿失时"③，尽快控制住权力。奕䜣去世之后的第三天即 6 月 1 日，康有为就以杨深秀名义上奏光绪帝，建议"明降谕旨，著定国是，宣布维新之意，痛斥守旧之弊"④。稍后，康有为又于 6 月 8 日代翰林院侍读学士徐致靖，6 月 17 日代山东道监察御史宋伯鲁拟折上奏，以为"外侮方深，国是未定，守旧开新，两无所据"⑤，请求光绪帝"速奋乾断，以救艰危"⑥。6 月 6 日，康有为又以个人名义上书清政府，促请清政府和光绪帝大誓群臣，以定国是而一人心，以变法维新为行政方针，天下更始⑦。

康有为的政治敏锐以及密集的行动在当时无人可比，而且这些活动不仅得到了各方面的支持，也获得了相当一部分人的同情。在许多略具新思想的知识分子和开明官僚的心目中，也都认为中国应该利用这段时

---

① 宋育仁：《恭忠亲王》，《问琴阁诗指》，成都：协美印刷公司民国二十年排印本。

② 《张謇全集》（6），409 页，南京：江苏古籍出版社 1994 年。

③ 《康南海自编年谱》，40 页。

④ 《山东道监察御史杨深秀折》，《戊戌变法档案史料》，2 页，北京：中华书局 1958 年。

⑤ 《请明定国是疏》，《康有为政论集》上，258 页。

⑥ 《掌山东道监察御史宋伯鲁折》，《戊戌变法档案史料》，3 页。

⑦ 《请告天祖誓群臣以变法定国是折》，《康有为政论集》上，256—257 页。

间，好好地反省过去几十年的政策得失，调整既往的政策，以便为未来的健康发展提供制度性的保证。而先前几十年洋务政策的主要问题经过康有为等人自甲午战败之后几年来的不断张扬，具有维新思想的进步知识分子和开明官僚也都承认是只注重了发展经济、创建近代化的实业，以及为经济体制的近代化提供法律保障等方面，而相对忽略政治体制方面的改革。这种跛足的近代化运动主要是在奕䜣、李鸿章等人主导下进行的，现在奕䜣死了，李鸿章也因为甲午战败的原因而被冷落了，清政府还不应该乘此良机调整政策吗？

可以相信，所有这些议论、上书都曾引起光绪帝乃至慈禧太后的高度关注，他们肯定也曾设想过利用这一事件调整大清王朝的内外政策，因为他们太清楚中国千年帝制下的政治运转规律了，哪一次重要政策的调整不是随着帝王或重要执政者的去世而发生呢？所以，在奕䜣去世之后的那些天里，光绪帝和慈禧太后也在进行紧张的谋划，期待政策的调整能够有助于大清王朝的稳定与发展。

奕䜣去世的第二天，即1898年5月30日，光绪帝奉慈禧太后驾临恭王府看视、祭奠恭亲王。慈禧太后在恭王府召见了御前、军机、内务府大臣，太后"大感恸"，随谕恭亲王奕䜣勋德最隆，唯配享太庙始足以昭崇报，并对恭亲王的后事做了一些原则性的指示。下午，光绪帝奉太后返回颐和园，再返回自己的居所养心殿①。

这一天，慈禧太后与光绪帝商量了不少的事情，至少这一天由翁同龢拟就且以慈禧太后和光绪帝的名义分别发布的褒扬恭亲王的两道谕旨，以及次日再以慈禧太后的名义发布的一道同意恭亲王配享太庙的懿旨，都应该经他们二人商量，应该能够代表他们的共同看法。因为对恭亲王的评价，不只是对他的个人评价，实际上牵涉对他过去几十年中主

---

① 《翁同龢日记》（6），3129页。

持政府事务的看法。除此之外，他们还应该讨论过朝廷中的人事安排，因为尽管先前已经安排了庆亲王奕劻代替病中的恭亲王主持政府事务，但恭亲王的去世，不能不在政府人事安排方面引起连锁反应，因为恭亲王毕竟是清廷中枢中举足轻重的人物。

5月31日，发恭忠亲王配享太庙的懿旨，翁同龢又拟就申谕廷臣以贤王为法的谕旨，第二天发布，再次表彰恭亲王对大清王朝的贡献与忠诚，意欲借此契机推动变革的想法实际上已经明显露出端倪。

6月1日，晴热无风。根据翁同龢在日记中的记载，这一天在城内宫中早朝的时候，政务似乎"内外极多"，共十八件，其中与内政有关的有杨深秀的两件封奏，"一定国是，守旧图新二说交持恐误事，暂留；一厘正文体，明发；片，王公游历，又译洋书，又令学生赴日本游学，均交总议"[1]。

杨深秀在这一天所上的全部奏折，现在已基本清楚都出自康有为之手。按照康在自编年谱中的说法，因为保国会的事情，弄得他稍有狼狈，灰头灰脸，"谤言塞途，宾客至交皆避不敢来，门可罗雀"，与其三月风光时"成两世界"，形成鲜明的对比。康有为的心情自然非常郁闷，所以又生离开京师返回故里的想法。恭亲王的突然逝世，使康有为在突然间又似乎看到了新的希望，他立马上书翁同龢，促其亟变法，勿失时。翁也是一个只知自我保护的人，他清楚政治高层确有人对康有为的作为举止不太感冒，当然也不会被他牵着鼻子走。因此，他对康的建议并没有表态，但对康心生退意，则顺水推舟，干脆坡下驴，以谤言鼎沸，亦欲他离开京师这个是非之地。

翁同龢期待康有为离开京师的另外一个背景，似乎是他自己的日子现在也不太好过。恭亲王在生命的最后日子里向政治高层表示了自己对

---

① 《翁同龢日记》（6），3130页。

58

翁的怀疑，这在后面还会专门讲到。而现在他面临的最大困难是，由于他一手处理的胶州湾事件后患多多，反对党一点也不客气，频频弹劾。他一方面希望康离开京师以缓解自己的压力，另一方面也担心康等一干政治新人都走了，自己更加势单力薄。因此，在康离开京师已不可改变的前提下，翁同龢希望他能够在临行前做几件大事。这就是杨深秀连续上书的背景①。

康有为是一个有情有义的人，不论翁同龢此时的心态如何，康念着翁过去对自己的抬举、举荐、保护，自然有责任在离开京师之前再为他做几件漂亮事。于是在弟子梁启超等人的协助下，乃代杨深秀等言官草拟了几份奏折，"言当定国是，辨守旧开新之宗旨，不得骑墙模棱"②，在以杨深秀名义于当天所上的《请定国是而明赏罚折》中，建议光绪帝仿赵武灵王之胡服、秦孝公之变法，师法俄国彼得大帝及日本维新之变法，明赏罚、定国是，能行新政③。这些奏折直接导致了光绪帝后来《明定国是诏》的颁布，推动了1898年政治变革向纵深发展。

按照翁同龢日记中的说法，可能由于这份奏折涉及的问题太过敏感，当天早朝中并没有就这个问题展开讨论，也没有批转下发，而是"暂留"，待有合适机会时再处理④。

6月1日以杨深秀的名义上的《请厘定文体折》，也是康和他的弟子们所拟定的。这份奏折对1898年后改科举、废八股等一系列争论影响甚大，甚至在某种程度上说1898年后的政治变动，都可以在这份奏折中找到蛛丝马迹。

科举考试已有数百年的历史，积久成弊，各级考官有些人为了炫耀

---

① 《康南海自编年谱》，40—41页。

② 梁启超：《致夏曾佑书》，见《康有为政论集》上，245页。

③ 《请定国是而明赏罚折》，《康有为政论集》上，245页。

④ 《翁同龢日记》(6)，3130页。

自己的本事，故意刁难考生，出些难题怪题，截上截下，无情巧搭，割裂经文，渎侮圣言。此种文体，惟讲手法，不顾经义，遂使天下千百万之生童，日消磨精力于此等手法之中，结果真正的人才也被这种考试形式给扼杀掉。这份奏折从国家选拔有用人才的立场上建议清廷特下明诏，斟酌宋元明旧制，厘定《四书》文体，凡各试官命题，不能再出偏题、怪题、难题，如此则观听一新，人务实学，有经义取士之效而无其弊矣①。这个建议合乎当时大多数人的期待，因此当天"明发"，并没有遇到什么挫折。

当天早朝时杨深秀提交的第三个建议是《请议游学日本章程片》，这个文件为《请厘定文体折》的附片一，也是由康有为主持代拟的。片中建议清政府速议游学日本章程，选举贡生监生之聪敏有才、年未三十者，在京师听人报名，由译署给照；在外听学政给照，庶于成人才以济时艰，纳邻好而泯猜嫌，必非小补②。

这个建议的提出，主要是因为康有为早前与日本使臣矢野文雄的洽商。该年闰三月间，日本使臣矢野文雄函称：日本政府拟与中国政府倍敦友谊，藉悉中国需才孔亟，倘若中国政府选派学生赴日本留学，日本政府答应支付其学费。稍后，矢野文雄前往总理衙门面称：中国政府如欲派遣留学生前往日本肄业，人数可控制在二百人以内。总理衙门对矢野文雄的好意表示感谢，并告诉他东文学堂甫经成立，俟酌妥办法，再行函告。矢野文雄也表示，此事须预筹章程。于是有康有为代杨深秀拟就的这个奏片。

以杨深秀名义上的这个建议无疑是建设性的，所以当天的廷议是交给总理衙门议处。总理衙门在第二天就对这个建议复奏。

---

① 《请厘定文体折》，《康有为政论集》上，248—249 页。

② 《请派游学日本折》，《康有为政论集》上，251 页。

60

《请厘定文体折》的附片二为《请派近支王公游历片》，这也是康有为代为起草的。如文题所示，这个建议的主旨就是希望清政府能够在目前的条件下，多选派近支王公之妙年明敏有才志者，如德皇威廉二世的弟弟来华游历一样，分赴东西洋游历，以广见闻。其有美志良才，自愿游学，习政习兵者，尤有裨益，乞准其所请。凡此，于培宗干而练人才，似非小补[①]。这个建议虽有新意，但实在说来在当时有这种认识的也非少数。5 月 23 日（四月四日），兵部左侍郎荣惠就上有《请特设商务大臣及选派宗支游历各国折》，其大意与康拟定的这个文件基本相同。所以在当天的廷议中，光绪帝最后的决定也是将此片并入荣惠的建议中一并处理，由总理衙门通盘考虑。

《请筹款译书片》为《请厘定文体折》的附片三，其主旨如标题所示为多筹款，多译书。以为若一铁舰一克虏伯炮之费，动需百数十万矣，若能省一炮之费，以举译书之事，而尽智我民，其费至简，其事至微，其效至速，其功至大，未有过于此者。这个看法无疑是正确的。只是此片所刻意强调的不是从西文中直接翻译，而是将日本作为效法的对象，致力于日文图书的汉译，大有一种速成的味道和焦灼的情绪在内[②]。由于此片牵涉财政拨款问题，所以当天的面谕是交给总理衙门议奏。

康有为在临离开北京时所成数事或许真的如翁同龢所期待的那样，有助于改变其被动的局面。不过这些建议除了第一个牵涉"守旧图新二说交持"外，其他大体上并不太出格，尚在各方面所能够接受的范围内。所以除了《请定国是明赏罚以正趋向而振国祚折》被暂时扣留外，其他各折均于当天"随事递上，次日下发，随旨交"总署，并均"恭呈

---

① 《请派近支王公游历片》，《康有为政论集》上，253 页。

② 《山东道监察御史杨深秀片》，《戊戌变法档案史料》，446—447 页。

慈览"①。当天并没有发生什么波折。

6月1日退朝后，光绪帝按照计划前往颐和园。由于这一天晴热无风，翁同龢为了避热，比较早地赶往颐和园。

光绪帝抵达颐和园后，先是在倚虹堂稍坐片刻，大概是为了等待慈禧太后，随后即到乐寿堂给慈禧太后请安。然后奉慈禧太后来到景福阁，侍太后早餐和晚餐。这一天，光绪帝都在颐和园，全天的大部分时间也都与慈禧太后在一起。当天晚上，光绪帝也没有返回城里，而是住在颐和园的玉澜堂。

当天，朝廷以光绪帝的名义发布了几道人事变动的命令：宗人府宗令著奕劻兼署，正白旗领侍卫内大臣著魁斌署理，镶红旗满洲都统著熙敬署理。这都是例行公事，应该没有什么值得关注之点。

恭亲王去世之后的第四天即6月2日，早霞旋阴，晚，风云往来。薄暮闻雷，小雨洒洒，入夜稍密，微闻澹滴，夜半时分（子正）止②。这一天，光绪帝依然与慈禧太后一起住在颐和园。除了谕内阁命礼部议奏杨深秀所上的并由康有为代拟的《请厘定文体折》外，也就是循例向慈禧太后请安。

6月3日，恭亲王去世之后的第五天，经过昨夜微雨，凉爽怡人。光绪帝继续与慈禧太后一起住在颐和园，这一天风平浪静，内外折均无，重要的政务活动见诸记载的还是向太后请安，惟谕内阁著瞿廷韶补授湖北按察使。

6月4日，晴，无风。光绪帝先是到乐寿堂循例向慈禧太后请安，之后奉太后到景福阁。稍后，返回宫中处理政务。这一天的政治活动主要有，陕西布政使著李有棻补授，袁昶著补授陕西按察使。

---

①　参见《戊戌维新运动史论集》，332页。

②　《翁同龢日记》(6)，3130页。

6月5日，晴，午前微阴，午后炎曦灼人。这一天是恭亲王去世之后的"一七"，慈禧太后在光绪帝的陪同下，来到恭王府参与祭奠。礼毕，光绪帝奉太后返回颐和园，之后返回养心殿。光绪帝闵雨甚殷，遂谕内阁安排后天的祈雨活动。又谕内阁著徐寿朋补授安徽徽宁太广道，谕令各省督抚通行晓谕停收铺税药牙捐。

6月6日，阴，无风，早霞，晚郁热。光绪帝继续居住在养心殿，这一天发布的谕旨有著郭宝昌补授安徽寿春镇总兵。

6月7日，晴，极热，无风。光绪帝继续居住在养心殿，这一天的政务活动有祈雨，谕旨有著新进士将在保和殿朝考。

6月8日，阴，晚又风。这一天朝中无大事，惟侍读学士徐致靖上书言外患已深，国是未定，略如山东道监察御史杨深秀6月1日所上《请定国是明赏罚以正趋向而振国祚折》中说③。按照康有为自编年谱及梁启超致夏曾佑信中的说法，徐致靖的这份上书也是康有为及其弟子梁启超所拟。由于这份奏折涉及"守旧开新"等重大问题，因此早朝时决定宜定从违，随事递上，并由军机大臣将此折封奏恭呈慈览。

6月9日，阴。午正黑云垂垂，雨只数点，地未湿，而城中下午雨大。这一天，光绪帝先在宫中保和殿仿历代故事策问新进士三百四十二人，从这篇策问中可以感到光绪帝目前所思所想几乎都是怎样才能有效地发现人才，怎样才能有效地改革兵制，建立强大的近代化军队，怎样处理日趋复杂的外交事务，怎样办理税收与理财，使国家财政能够有一个根本的好转，"凡此皆宰世之宏纲，经邦之要务也。朕以藐躬膺祖宗付托之重，宵旰忧勤，辟门吁俊，尔多士各殚见闻，毋泛毋隐，朕将亲览焉"④。策问了这些新进士之后，光绪帝于午前匆匆从城里赶往颐和园，

---

③ 《翁同龢日记》(6)，3131页。

④ 《清实录》第57册《德宗景皇帝实录》(6)，481页，北京：中华书局1987年。

先在倚虹堂稍坐，遂至乐寿堂向慈禧太后请安，之后奉太后至景福阁，侍太后中餐及晚餐。晚，光绪帝住在颐和园玉澜堂。这一天，光绪帝处理的政务还有，谕内阁著前国子监祭酒王懿荣仍在南书房行走。

6月10日，晴，早凉晚热。这一天，光绪帝继续住在颐和园，曾到乐寿堂向太后请安。所处理的政务有：著荣禄补授大学士，兼管户部事务；著刚毅调补兵部尚书，协办大学士；著崇礼补授刑部尚书。这三项人事调整虽然与后来的变法与政变有着直接的关系，但光绪帝既然是在颐和园所发布，想必他不可能不与太后商量。实际上，这几项人事调整可能正是慈禧太后的意思。强硬的荣禄与刚毅实际上都是慈禧太后的心腹，由他们来掌管内阁，协助光绪帝进行后来的变法，应该说能够获得慈禧太后的同意。

6月11日（光绪二十四年四月二十三日），晴朗，热。光绪帝先是到乐寿堂向慈禧太后例行请安，之后奉太后到景福阁，侍太后早餐毕，光绪帝离开颐和园，返回皇宫的养心殿召集群臣，宣布奉慈谕，以前日监察御史杨深秀、侍读学士徐致靖言国是未定良是，今宜专讲西学，明白宣示等因，并御书某某官应准入学，圣意坚定。接着连续发布两道命令，宣布从即日起实行变法，震动中外的百日维新就是从这一天正式开始的。

对于光绪帝的这一番宣布，翁同龢似乎有所保留，于是他对曰："西法不可不讲，圣贤义理之学尤不可忘。"[1]

翁同龢的"纠偏"似乎得到了光绪帝的认同，于是翁在退朝之后拟旨一道，又饬各省督抚保使才，不论官职大小旨一道。

从上述短短的十三天时间安排看，光绪帝在恭亲王奕䜣去世之后，除了有四天时间是独自居住在皇宫，其余时间差不多都与慈禧太后在一

---

[1] 《翁同龢日记》（6），3132页。

64

起。这些天他们究竟讨论了什么问题，由于档案史料的匮乏，我们不得而知。但是有一点可以断定的是，6月11日光绪帝发布的变法维新命令，绝不可能是光绪帝的自我主张，更不可能是避开慈禧太后的监控而发动的政治运动。可以肯定地说，这些天他们二人甚至还应该有皇族中其他一些人在一起讨论的问题，都是怎样利用恭亲王的去世这一事件，弃旧图新，刷新政治，应对民间的呼声，救国图存，富国强兵。光绪帝将杨深秀、徐致靖的奏折作为宣布新政的引子，在某种程度说就是对朝廷内外变革呼声的善意回应。

总之，我们不必夸大所谓帝党与后党之间的冲突，更不必完全相信康、梁在戊戌维新失败后强调的帝党与后党之间的冲突，以为后党是绝对的保守派，正是他们出于个人利益的考量，扼杀了可以拯救中国的维新运动。康、梁在政变之后的政治处境使他们可以那样认为，但事实上，在面对大清王朝的空前危机方面，慈禧太后、荣禄、刚毅乃至整个满洲贵族中的清醒者，几乎没有一个人不认为中国应该进行某些方面、某种程度上的变革，以适应新的条件与环境。他们绝不愿意看到大清王朝这样颓废下去，更不愿意看到已有二百多年历史的大清王朝断送在他们手里，因为大清王朝说到底是他们这些满洲贵族的天下。事实上，在荣禄、刚毅、崇礼获得新的任命，并重新组成新的内阁的消息传出来之后，那些新派人物几乎无一例外地表示欢迎，以为清政府在慈禧太后和光绪帝的主导下组成的新内阁气象一新[1]，似乎真的准备如他们期待的那样开始进行政治体制变革了，中国这艘东方巨大的漏船终于要靠岸修复了。

当然，我们也不必因此而彻底否认在戊戌年间的政治活动中存在着帝党和后党这样的事实。实际上，只要在有人群的地方，总会有左中右

---

① 《张荫桓日记》，537页。

之分，总会有各种各样的利益集团，总会对同一件事情有着各自不同的看法。

在甲午战前一个相当长的时间段里，两宫之间应该说是比较协调的。那时的光绪帝在慈禧太后的照顾下，登基亲政，国家在经过几十年的洋务运动之后，经济实力大为增长，在经过1884年的中法战争之后，十余年间既无外患，更无内乱，朝中大臣、各省督抚各司其职，也算是一片太平景象。清政府如果那时居安思危，利用天下太平的良机有意识地向西方近代国家学习，在发展经济的同时，进行某些方面、某种程度的政治体制改革，逐步扩大新生的中国民族资产阶级和受西方近代影响的新一代知识分子在政治上的参与权力，相信清政府的内部即便有清流派这些人不断地弹劾，但至少不会使政府内部的人事发生大的分裂，更不会在慈禧太后与光绪帝之间产生裂痕，形成后来所谓两宫对立的政治格局。

甲午战争的爆发使清政府内部陷入了空前的混乱，十几年的太平生活使军队已经不太习惯于艰苦的作战，而朝廷内部也因长期的和平环境而在战与和之间反复摇摆。这种摇摆终于使清廷内部形成了主战派与主和派的分野，更不幸的是，慈禧太后与光绪帝分别成了这两派的领袖或者说是靠山。太后主和，皇帝主战。

如果甲午战争以胜利而结束，可以相信这两派便不会像后来那样势同水火。而甲午战败的后果毕竟需要有人来承担责任，于是原先的主战派便只能承担责任。而主战派的首领毕竟是当今的皇上，无论如何也不能让皇上承担责任，于是找到受命于危难之中担当指挥责任的李鸿章。而李鸿章在历次的政治事件和外交冲突中从来都是唯慈禧太后马首是瞻，在甲午战前、战中乃至战后他实际上都是一个主和派的代表，由他这样一个主和代表承担主战失败的责任，虽然有点冤枉，但如果再从派系分野的角度进行分析，也是实至名归。

不错，在战前、战中与战后，光绪帝都是一个主战派的领袖，他的内心或许也想像他的祖先康熙大帝、乾隆大帝那样御驾亲征，打退强敌，建功立业，不仅要亲政，而且要有自己的权威，有自己的一套人马，中国传统政治体制之下的宫廷斗争，在这一事件中应该说表现得淋漓尽致。可惜的是，李鸿章虽然是清廷的命官，但他并不完全听命于光绪帝。作为战争的主要决策者和指挥者，他除了要听从光绪帝的命令外，更要听从慈禧太后的意见，而慈禧太后的意见往往是最后的不可更改的决定性意见。

这样一来，甲午战败的全部责任便不能由曾经主战的光绪帝一派来承担，时人对李鸿章的指责也是贻误战机与卖国、误国，而贻误战机暗含的就是不能有效地执行光绪帝的命令，而卖国、误国则是指《马关条约》的签字与执行。

贻误战机有慈禧太后的牵制，而《马关条约》的议和条款虽经光绪帝过目与用宝，实际上也是慈禧太后意志的体现。条约签订后，御史安维峻在《请诛李鸿章疏》中公开声称甲午战败以及《马关条约》的和议条款均出自慈禧太后，正是久已归政、在颐和园颐养天年的慈禧太后不甘寂寞，遇事牵制才使得战争失败、和议得逞："皇太后既归政皇上矣，若犹遇事牵制，将何以上对祖宗，下对天下臣民？"这就将战争失败及议和的责任全部推到了慈禧太后身上。

根据这种分析，年轻的光绪帝实在是觉得没有面子。他既然已经亲政，但并没有多少实际权力；他每日辛勤地处理政务，实际上也不过是替慈禧太后代劳，体现太后的意志而已。所以，光绪帝在甲午战败之后开始对太后有所不满，也是情理之中的。

就光绪帝与慈禧太后二人的关系来说，应该承认，光绪帝在甲午战前确实是以太后的意志为意志，很少在重大问题上表现出自己的见解。特别是由于他得以继承皇位还是慈禧太后的恩典，因此他长时期对太后

有一种敬畏的心理，甚至见到太后就会发抖。遇到事情总是不厌其烦地往返于皇宫与颐和园之间向太后请教，每天的奏折及重要文件处理完毕之后，也都封存送往颐和园供太后参考，并接受太后的指教。不过随着年龄的增长，特别是甲午战争前后一系列事件的刺激，光绪帝逐步产生了一种意识上的自觉。他觉得自己既然已经亲政甚久，就应该能够自主地处理一些问题，就应该拥有一定的权力；更觉得太后既然归政甚久，就应该在专门为她建的颐和园里颐养天年，不要过多地干预朝政，从而维系皇权中心的一元体制，以免被那些居心叵测的政治小人所利用。他曾通过慈禧太后比较信任的庆亲王奕劻表达过这个意思，并声称"我不能为亡国之君，如不与我权，我宁逊位"。但当庆亲王将这个意思向慈禧太后转述时，太后勃然大怒，以为光绪帝是在向她进行要挟，宣称"他不愿坐此位，我早不愿他坐之"①。

慈禧太后的愤怒是完全可以理解的。试想她几十年如一日视如己出地照顾光绪帝，并郑重承诺且履行了让光绪帝继承大位，她作为一个对大清王朝、对满洲贵族负责任的老政治家，自愿在退休之后考虑国家大事，并为皇上出主意、想办法，分担责任，这有什么不好？这或许应该是慈禧太后的真实想法②。不过冷静思考之后，慈禧太后似乎也觉得应该让光绪帝经受些锻炼，她也在一定程度上担心，如果自己一味不放手让光绪帝独立地处理政务，那么自己百年之后势必造成新的混乱，自己对大清王朝便犯下了不可饶恕的罪责。所以，她在冷静之后向庆亲王奕劻表示，同意光绪帝独立自主地处理朝廷的政务，当然也希望大清王朝在光绪帝的执掌下走向富强，如果出了什么问题，到时再说。

奕劻转述的慈禧太后的意见彻底缓和了两宫之间的矛盾，光绪帝在

---

① 苏继祖：《清廷戊戌朝变记》，《戊戌变法》（1），331 页。

② 瞿鸿禨：《四种记略》，《戊戌变法》（4），223 页。

得知慈禧太后的这些想法之后不是疏远了太后，真的独立自主地处理所有朝政。恰恰相反，由于两宫关系的缓和，使光绪帝更加敬重慈禧太后。所以我们看到在 1898 年 6 月 11 日光绪帝正式发布变法维新命令之前的那些天，他除了与身边的心腹商量怎样推动变法维新外，更多的时间是在陪同慈禧太后的过程中征询她的意见。慈禧太后在这一过程中对光绪帝的姿态自然也比较满意，据说她在听了光绪帝一系列的新政构想后，曾当面向光绪帝明确表示："凡所实行之新政，但不违背祖宗大法，无损满洲权势，即不阻止"；"苟可致富强者，儿可自为之，吾不内制也"[①]。如果没有慈禧太后的首肯和同意，相信光绪帝无论有多大的胆量，也不敢贸然发动旨在改变大清王朝政治体制的变法运动。

扑朔迷离的决策内幕

有了慈禧太后的首肯和支持，光绪帝在奕䜣去世之后短短的十三天就对如何改革朝政，怎样才能振兴中国，重建大清王朝的雄威，以及对民间日趋高涨的改革压力做出了积极的回应。1898 年 6 月 11 日，光绪帝正式颁布《明定国是诏》，向中外宣布清政府将进行变法维新。这份文件是后来百日维新运动的总纲领，但实在说来也不过是一份一般宣示变法的必要性和预示成立京师大学堂的诏书。

在 6 月 11 日第二道诏书中，光绪帝指出，方今各国交流越来越多，外交人才已成为当务之急。兹命各省督抚于平日所知品学端正、通达时务、不染习气者，无论官职大小，酌情保荐一批交总理各国事务衙门带领引见，以备政府选用。

从内容上看，6 月 11 日发布的两道诏书，虽然标志着百日维新运动

---

① 费行简：《慈禧传信录》，《戊戌变法》(1)，464 页。

的正式开始，但这两份诏书实在是再平常不过了，除了决定设立京师大学堂这一具体事项外，不外乎是朝廷有意刷新政治，渴求人才，希望中外大小臣工能够体察朝廷的深意，各司其职，发愤为雄。在怎样对待西学与中国传统文化方面，这两道诏书立论平实，不偏不倚，既强调要博采西学之长为我所用，也反对徒袭西学之皮毛的食洋不化；既强调要以代代相传的圣贤义理之学植其根本，也反对徒蹈宋明儒学之积弊，空谈性命义理，无补于时艰。这样两份诏书实在很难引起一般社会公众和外国政治观察家的注意①，只是到了随后几天翩然而至的另外一批诏书的颁布，方才引起社会各界的广泛议论以及外国观察家的密切关注，或以为这些诏书将极大地损害他们的利益，或以为中国将从此进入一个体制创新的艰难过程。

第二天（6月12日），光绪帝就总理衙门报来的兵部左侍郎荣惠5月23日《请特设商务大臣及选派宗支游历各国折》的建议发布上谕，称商务为国家富强之要图，命各省督抚率员绅认真研究，从速妥善筹备，总期联络商情，上下一气，勿得虚应故事。至于选派宗室王公游历各国，开阔眼界，似乎也是一件值得重视的事情，命宗人府察看保荐、

---

① 康、梁在戊戌政变后竭力夸大所谓《明定国是诏》在当时的影响力，康有为《自编年谱》中以为这两道诏书是在他的多次影响下颁布的，所以他个人或许在当日确实"欢欣"鼓舞，但很难说"举国欢欣"。山东道监察御史宋伯鲁在一份奏折中称"臣民捧读（《明定国是诏》）感泣，想望中兴。"（《戊戌变法档案史料》，3页），但这份奏折实际上是康有为代笔，只是反映了康的个人感受，并不足以说明什么问题。至于梁启超在《戊戌政变记》中绘声绘色的描写，更是小说家言，不足信。比如他说光绪帝"召军机全堂下此诏书，宣示天下，斥墨守旧章之非，著托于老成之谬，定水火门户之争，明夏葛冬裘之尚，以变法为号令之宗旨，以西学为臣民之讲求，著为国是，以定众向，然后变法之事乃决，人心乃一，趋向乃定。自是天下响风，上自朝廷，下至士人，纷纷言变法，盖为四千年拨旧开新之大举。"这种描述显然不能当作历史来读。从比较密切关注中国政局演变的赫德的记录看，他在当时似乎并没有注意到这两份诏书具有什么特别的意义，而马士的《中华帝国对外关系史》更是称这两份诏书是一般性的宣示变法的必要性和预示京师大学堂成立的诏书，并不具有更多的意义。见该书第144页。

听候有关部门的选派和统一安排①。

这份上谕今天看来似乎并没有什么了不起的，但却在满洲人中间引起了相当大的反响。一部分比较敏感的满洲贵族认识到，选派宗室成员游历各国，考察各国政治体制，似乎有意于改变大清王朝已有体制。再加上 11 日成立京师大学堂及命各省督抚保荐外交人才的两份诏书，如果真的在汉人中间无限度地选拔人才，这一切都势必影响到满洲人在大清王朝政治格局中的地位。所以，这批满洲贵族中有办法的人向清廷乃至慈禧太后进行了反映，表达了他们的担心。不过这份上谕和先前的两份诏书一样，都是经过老佛爷的批准，因此反对无效。

来自满洲贵族内部的反对并没有引起光绪帝的重视，他相信随着更多改革措施的相继出台以及改革成果的不断呈现，这些反对的声音自然会销声匿迹。6 月 13 日，光绪帝在读翰林院侍读学士徐致靖《国是既定用人宜先谨保维新救时之才请特旨破格委任折》时，对折中奏保的"通达时务人才"康有为、张元济等人甚感满意，遂宣布将于三天后召见工部主事康有为、刑部主事张元济；令湖南长宝盐法道黄遵宪、江苏候补知府谭嗣同送部引见；广东举人梁启超由总理衙门察看具奏。

奏保人才，原本是光绪帝在新政开办之初提出的一项建议，也是得到慈禧太后同意的。按理说徐致靖保荐康、梁等人也是为国家发现人才，功莫大焉。不过这件事情的曲折复杂，以及由此而引起那些本来就对康、梁等人个人人格甚为反感的一些人的反弹，这也与后来变法运动的挫折有着相当密切的关联。

原来，徐致靖保荐康有为等所谓"通达时务人才"的奏折并不是出于徐本人的手笔，根据比较可信的资料，这是康、梁密谋合作，自己写的保荐书，然后利用与湖南学政徐仁铸的关系，请徐以其父徐致靖的名

---

① 《清代起居注册（光绪朝）》（60），30774 页。

义上奏的。这一消息传出后，京城官场、士大夫哗然，既笑康、梁作文自保之无耻，又笑徐致靖之文品 ①。这对康、梁显然具有相当大的负面影响。

不过，康、梁等人作文自保的事实毕竟当时尚未立即传出来，清廷内部是否有人知道此事的秘密，也不得而知。但一个明显的事实是，光绪帝6月13日将召见康有为的上谕发表后，仅仅宁静了一天，光绪帝就在6月15日发布了几道极端令人困惑的诏书。

这一天，光绪帝住在颐和园，这几道上谕也都是从这里发布的。我们之所以格外强调是在颐和园，是想说明这几道上谕肯定也是经过与慈禧太后商量，或者经过太后过目，或者根本就不是皇上的意思，而是太后的旨意。

第一道上谕称，从此以后，凡被授予文武一品暨满汉侍郎者，都应在向皇上谢恩后具折恭诣皇太后前谢恩；各省将军、都统、提督等官也应一体具折至皇太后面前奏谢。这个规定在慈禧太后明确宣布光绪帝亲政之后不曾有过，它的含义自然是太后又从后台走到了前台，拥有极大的人事权力。这究竟是光绪帝的本意，还是慈禧太后胁迫的结果？

第二道御旨称，从今之后，只要皇帝住在颐和园，那么朝廷各部门遇有应行引见之员，也应一体带领向皇太后引见。这一道上谕的含义与第一道相同，表明不仅重要的人事变动要经过皇太后的同意，即便是各衙门的事务，只要是皇帝在颐和园办公，皇太后也有权知道。

第三道上谕是宣布免去协办大学士、户部尚书翁同龢的职务，理由

---

① 梁鼎芬在戊戌政变后作的《康有为事实》中说："康有为好求人保举，此次徐致靖保举康有为、梁启超等一折，系康、梁师徒二人密谋合作，求徐上达。徐文理不通，不能作也。疏上，都下哗笑，既笑康、梁作文自保之无耻，又笑徐之无文也。"梁鼎芬的说法或许稍有夸张，但基本事实应该不错。参见孔祥吉：《康有为戊戌年变法奏议考订》，见胡绳武主编《戊戌维新运动史论集》，335 页。

是翁近来办事多未允协，以致众论不服，屡屡有人参奏，且每于召对时咨询事件，任意可否，喜怒见于词色，渐露揽权狂悖情状，断难胜任枢机重任。如果这些指责都成为事实，将翁同龢开缺回籍，免官为民，不再录用也就算了，可是上谕中却说翁的这些问题本应查明究办，予以严惩，然而念其在毓庆宫行走有年，不忍遽加严谴，最后的决定仍是将他开缺回籍，以示保全。这道上谕的事情极为简单，但含义却最为复杂，解释更是五花八门。

第四道上谕是就 6 月 12 日关于责成宗人府就宗室王公游历各国的上谕做出的说明和修正。强调各位王公贝勒都是满族中最为尊贵的人，前次让宗人府负责选派、保荐游历各国的人选，确实考虑不周，多少有点伤害各位王公贝勒的尊严，现在加以改正，所有愿意出国考察游历的王公贝勒，不必再经过宗人府的选派、保荐，由朕亲自察看、决定。其王公贝勒以下及闲散宗室内如有志趣远大、才具优长者，仍由宗人府随时保奏。这一更改实际上是在满洲贵族的压力下进行的，虽然并没有更多的伤害光绪帝的尊严和体面，但由此可见在这群满洲贵族的包围中光绪帝所能发挥的独立自主作用极为有限。

第五道上谕发布了两项人事调整，一是召王文韶迅速来京陛见，一是命荣禄暂时署理直隶总督。

在这五道上谕中，第四道上谕的内容不必再解释，其他四道都涉及人事问题，第一、第二道上谕是说人事问题的一般原则，第三、第五道上谕发布的是具体人事调整。前二者过去的记录与研究都说是慈禧太后在荣禄、刚毅等人的鼓动下，开始对光绪帝不放心，有意识地通过对人事权的干预，限制光绪帝。这种说法的最早版本是，早在甲午年正月，有内务府大臣某，私自跑到慈禧太后面前谢恩。光绪帝得知此事后，怒斥这位大臣不懂得规矩。原来自从皇太后归政之后，凡大臣遇皇太后有赏，一律由皇上代奏谢恩，以此表达对皇太后的尊崇。这种办法的本意

是为了尊崇慈禧太后，但却因小人的挑拨而导致慈禧太后对这项举措甚为不满，以为是光绪帝故意对自己进行限制。她在戊戌年初曾与某位亲信大臣谈到这些，这位大臣便乘机告状，称康有为等政治小人蛊惑乱政，大小臣工竟有向康等人附和求荣的行为。这样下去实在可怕，他恳请太后即便不肯再次垂帘听政，也应该接见臣下，以制约他们的妄为之心，否则日久更无忌惮，到了那时再想收束，恐怕为时已晚。这番道理深深地打动了慈禧太后，于是太后让光绪帝颁布了这些规定，要求新任命的高级官员在向皇上谢恩的同时，也应该向慈禧太后谢恩[①]。慈禧太后由此夺回了人事权力。

这种说法虽然也说得通，但未免将慈禧太后说得太随便了点，而且在牵涉未来重大变革的历史关头，她既然已放手让光绪帝大胆去试验，又何必在这时出来限制他的权力呢？她此时即便下令光绪帝不许进行任何改革，相信也不会被拒绝。事实上，这种解释都是戊戌政变之后康、梁一派所散布出来的，距离历史的真实可能相差甚远。

历史的真相应该是，两宫既然对将要进行的改革达成共识，慈禧太后不论是当面，还是背后都表示希望光绪帝能够抓住时机大胆地实验，大胆地闯。鉴于慈禧太后对自己前所未有的信任，光绪帝有意借助于太后的经验，让其在归政多年之后重出江湖，为自己将要做出的许多决策尤其是最敏感的人事决策提供咨询又有什么不可能呢？事实上，新的办法也只是要求获得任命的新官员在向皇帝谢恩的时候也要向慈禧太后谢恩，慈禧太后既不能在这一礼节性的谢恩过程中否决已有的任命，那么她与这些新官员的谈话及其所做的考察，也只是向光绪帝提供参考而已。怎么能说是有意识地从一开始就限制光绪帝的人事任免权呢？所以当那些比较关心中国政局演变的外国观察家在得知这个新规定之后，最

---

① 苏继祖：《清廷戊戌朝变记》，《戊戌变法》（1），333—334页。

初反映是慈禧太后正在夺得大权，奇怪的事情和新奇的做法完全可能发生[1]。甚至认为将翁同龢免职实质上构成一次政变，它的重要性在于即使不是真正废黜了、也实际上废黜了皇帝，这样说不算夸大。恭亲王之死，已经使光绪帝失去了一位老一辈的庇护者，而慈禧太后又立刻进了一步，胁迫这位可怜的年轻皇帝革去了他最忠诚的支持者、保护者翁同龢的官职。同时，慈禧还强迫光绪帝下令，受任新职的高级官吏必须到慈禧面前谢恩。这就意味着，她将亲自垂询这些高级官吏对当前事件的见解，并亲自向他们颁发怎样处理这些事件的谕旨。"据说，慈禧曾说，恭亲王去世了，光绪帝的亲政已经使大清国濒于毁灭，再也不能听任光绪去办朝政了，而她必须重新临朝听政。"有的外国观察者在混乱的局势下还听说，清政府内部高层"已经在议论真正的废黜皇帝而不止是实际上的废黜了，但是又惧怕牵涉外国列强而引起复杂的局面，似乎已经放弃了这种设想"。他们根据这些传言甚至得出这样的结论，6月15日一系列诏书表明"这次政变的两个次要结果将是：前景是非常严重和不平静的；但是，起初事态也许进展得很缓慢，也就是说，在王文韶和张之洞到达和新的改组安排妥当以前，还需要一些时日"[2]。不过在经过几天的观察与详细了解之后，他们已经同意当时许多中国人的说法，以为目前采取主动的是光绪帝，而不是慈禧太后[3]。两宫之间的一致性远远大于分歧，不应因后来的两宫冲突去看待在宣布变法之初的两宫关系。

6月15日这批诏书还引起了另外一种截然不同的反映，即认为不管在这件事情的决策上是谁占据主动，其结果都意味着新改组的政府已经摈除原先的保守与暮气。将翁同龢免职不是削弱光绪帝的权力，更不是

---

① 赫德致金登干函件第 687 号，《中国海关密档》(9)，211 页，北京：中华书局 1996 年。

② 《清末民初政情内幕——泰晤士报驻北京记者，袁世凯政治顾问乔·厄·莫里循书信集》上，106 页，上海：知识出版社 1986 年。

③ 赫德致金登干函件第 686 号，《中国海关密档》(9)，211—212 页。

保守派对革新者的打击，恰恰相反，是清除了这个极端的保守主义者，是为将要进行的改革扫清人事上的障碍。完全可以相信，没有翁的新政府在光绪帝的带领和慈禧太后的协助下，一定会采取许多有意义的改革。美国新任驻天津领事向美国国务院报告称，被开缺回籍的翁同龢多年来一直身居要位，且深得皇帝宠信。他相当诚实，心地善良，但极端排外，"是顽固派中的顽固派"①。对于中国政局的未来，美国领事一方面忧虑慈禧太后与光绪帝在治国理念上的差别迟早会引出麻烦；另一方面对中国的政治前途充满信心，相信随着慈禧太后重新掌握权力，李鸿章将很快复出并恢复其影响力，而李是中国高级官僚中少有的具有世界眼光的政治家。他们相信李主导的政府一定会进行一些有意义的改革，促进中国的进步与发展，缩小与西方文明世界的距离。

英国驻华公使窦纳乐根据与翁同龢直接交往的经历得出结论：翁的出局不会影响中国的改革，相反，是为改革扫除了一个坚定的、受人尊敬的保守派。因为翁的政治理念虽然极端保守，但在个人人格方面，他却无可挑剔，受人尊敬，有学者风度，是一位守旧的中国政治家最优美的典型②。

与翁同龢有着很多直接交往的赫德也表达了类似的看法。赫德说，翁同龢被开缺回籍是意味深长的事件，"它意味着一种过于守旧的政策的放弃。这可能表明了宫廷内的争吵；皇太后要废掉光绪帝——但是中国人说并非如此。我为可怜的翁老头难过。他有很多卓越的见解，但是据说他利用了作为太傅的职权，过多地干预了这位皇帝关于实行民众参政的主张。可惜的是，这位皇帝没有把它实行得更温和一些"③。他既为

---

① 美国新任驻天津领事给美国国务院的报告，《戊戌变法文献资料系日》，699 页，上海书店出版社 1998 年。

② 窦纳乐致英国外交大臣，《戊戌变法》（3），544 页。

③ 赫德致莫里循函，《清末民初政情内幕》上，105—106 页。

翁的如此结局感到遗憾与惋惜，也庆幸中国终于放弃了过去过于守旧的政策。这大概就是当时人们的一般看法。

至于国内年轻一代的知识分子，他们并不认为开除翁已经意味着慈禧太后对维新变法运动不满，意欲制约光绪帝的权力。真实的情况或许正相反，他们差不多都对清廷如此严厉地处分翁同龢觉得有点过分，但也似乎承认翁可能真的代表了守旧的一面，翁的出局或许有助于维新变法运动的深入开展。所以，在翁被开缺的第二天，康有为按照既定的安排觐见光绪帝，他不仅没有对翁的免职提出任何异议，相反却鼓励光绪帝为了能够顺利推行变法新政，应该更多地将那些守旧的高官剔除出局。甚至在他等候皇帝召见的时候巧遇荣禄向他咨询怎样才能够补救时局、顺利推行变法时，康有为明确表示仅仅将那些守旧的高官免职出局还不够，最好能够杀几个一品大员 ①。由此可见康有为似乎并不同情翁同龢的遭遇。

闪电击倒了翁同龢

1898 年 6 月 15 日第三、第五两道上谕所发布的具体人事变动案，确实应该从善意的角度去理解，否则很难自圆其说。这一人事案的关键是将翁同龢开缺回籍，王文韶、荣禄的调动都与此有关。

在过去的著述中，人们普遍相信康、梁在戊戌政变后的说法，以为变法之初将光绪帝的师傅翁同龢开缺回籍，是以慈禧太后为首的保守派意欲斩断光绪帝的左膀右臂，是慈禧太后、荣禄等人早在变法正式开始之前的一个大阴谋。最近几年又有新的说法，以为翁同龢之所以被开缺不能归罪于慈禧太后，而是光绪帝本人的意思，即便慈禧太后有责任，那也只是默许而已。

---

① 苏继祖：《清廷戊戌朝变记》，《戊戌变法》（1），354 页。

诚如梁启超在《戊戌政变记》中所指出的那样，翁同龢之被开缺是戊戌年间政治改革成败的一大关键，因此明了翁氏何以被开缺，以及这一事件所导致的直接后果，确为戊戌维新运动史研究中的一大课题。

作为光绪帝的师傅，翁同龢不仅长期受到光绪帝本人的信赖和倚重，也实际上为慈禧太后所信任。试想，如果慈禧太后不信任翁同龢，她会让他长时期在年轻的皇帝身边充当老师吗？所以说，翁的被开缺，不必从更远的背景去寻找，还是应该回到光绪帝所宣布的上谕上来。通过这份上谕的主线去贯穿大家都能看到的史料，看看哪些符合逻辑，哪些属于康梁系政治势力戊戌政变后的政治宣传。

上谕所列原因主要是两项，一项是从远处说，另一项则从最近期的责任上说。先看第一项，该上谕开篇第一句说翁同龢"近来办事多未允协，以致众论不服，屡经有人参奏"。显然，翁的免职是因为"近来"的工作实绩及效果不佳。那么这个近来究竟有多远？所谓"众论不服"的众论又指哪些？所谓"屡经有人参奏"的那些奏章又都说了什么？对于这些指责，翁同龢是辩解，还是承认？所有这些似乎都是弄清翁同龢被免职的关键。

根据这些提示，我们不必远求，只需分析甲午战争后翁同龢主要担负哪些职责，他的工作效率如何，就可得知什么原因导致他从两宫最为信任、依赖的宠臣、重臣而变为被人不断参劾的，最终被两宫不得不疏远的人。

在甲午战前，面对日本的步步进逼和不断挑衅，翁同龢是坚决主战的领袖人物，在他的影响下，年轻的光绪帝也走上了主战的立场。可惜战争失败了，清政府不得不面对《马关条约》规定的巨大的战争赔款和巨大面积的国土丧失。当此关头，翁提出"宁增赔款，必不可割地"，清政府的决策者似乎也接受了这一主张，于是有三国干涉还辽的发生，中国借此收回了辽东半岛，却增加了更多的赔款。

在短时期内筹集这一笔巨大的战争赔款是战后清政府最主要的工作，而曾经提出宁增赔款也不愿割地的翁同龢自然要对怎样才能迅速筹集到这笔资金负有相当大的责任，更何况他还以帝师的身份兼任军机大臣、总理各国事务衙门大臣、督办军务处大臣、户部尚书、协办大学士等数职呢！

根据当时清政府的财政状况，要想依靠自己的财政结余去偿还这笔巨款是根本不可能的，唯一选择是向西方国家筹借。

按照惯例，清政府在战前向西方国家借款时，基本上是由担任海关总税务司的英国人赫德负责经办。所以当清政府在战后有意向西方筹借款项时，赫德就提出，希望将海关每年两千万两的洋税全扣，这样差不多十年，就可以将这笔巨款全部了结。赫德的建议遭到了户部侍郎张荫桓的反对，张以为如此办理肯定会影响政府的日常财政支出。接着，赫德提出向英国汇丰银行借款五千万两，除了偿还日本的费用外，还可以剩余一千数百万两办理其他事情。

向英国的商业银行借款没有成为事实，因为当时俄、德和法因联合干涉日本向中国归还辽东半岛自认为有功，企图以此强制中国向他们借款，而清政府内部如李鸿章、孙毓汶、徐用仪等人看到三国干涉还辽的外交意义，同样期待通过向俄国等进行借款的同时，加深两国的关系，以便联合俄国等制衡或者说压制日本。

经过反复交涉与争夺，甲午战争后第一笔大借款由俄国、法国共十家银行分摊提供，总额折合银一亿两，年息四厘，九四又八分之一的折扣，分三十六年偿还，以海关关税为担保。中国方面由总理衙门和户部共同负责，徐用仪、张荫桓户部堂官等参与谈判，而担任户部尚书的翁同龢因故没有参加，这就为后来的纷争留下了伏笔。

根据中俄法达成的共识，这次借款所附的政治条件是，俄国不但要插手中国的海关，分享由英国人独占的权力，而且获得了不少通商优惠

以及修建西伯利亚铁路在中国境内的商业机会等；而法国则通过与清政府签订《中越分界通商条约》，获得了云南境内的大片土地使用权，以及投资开采矿产、修筑铁路及通商等方面的商业利益。

政治借款附带某些商业性的条件，按理说也是外交上的通例，况且吸引外国资本到中国投资、开发市场也未必就是一件坏事。不过，没有参与此次谈判的翁同龢似乎并不这样认为。他认为，中国因这次借款"受亏不少"。基于这种认识，翁同龢批评徐用仪在谈判中一味屈从俄国人的要求，甚至同意他们提出的九三折扣率，致使中国蒙受了不该有的损失。他甚至与同样没有参与谈判的张荫桓联名致电中国驻俄公使，要求更改折扣率。负责此次谈判的徐用仪当然也有自己的理由，他既不承认屈从俄国人的压力出让国家利益，更没有因为翁的特殊身份而接受他的指责。

这样，他们之间自然发生了深深的误会乃至"龃龉"与"忿争"。再加上那些自命清流不明事理的御史们王鹏运之流接二连三的告状，徐用仪很快就被光绪帝罢免了职务。

1896年3月，《马关条约》规定的第二批赔款到期，清政府依然需要向西方国家借贷。鉴于第一笔借款中的曲折坎坷，清政府决定这次借款由翁同龢与张荫桓具体负责。张荫桓在外交主张上有联英拒俄制日的倾向，而管辖长江流域的两江总督刘坤一、湖广总督张之洞也倾向于向英国和德国借款，他们也分别致函翁同龢表达了这一看法，希望翁通过这次借款保持各大国在中国的均衡态势。他接受了这些主张，与张荫桓开始了与英德方面的借款谈判。

这次谈判进行得非常艰难，英德方面提出了相当苛刻的借款条件。经过反复交涉，1896年3月终于达成协议，此次共借款折合银一亿两，年息五厘，折扣九四，以海关收入做担保，分三十六年还清。中国方面还同意，在这笔借款没有还清之前，中国的海关总税务司仍应由英国人担任。

这次谈判的附加条件是英国通过《中缅条款附款十九条》掠夺了大片土地，扩大了在云南境内投资修筑铁路及在西江通航、通商等商业机会；而法国则获得了龙州至镇南关修筑铁路的合同。

两次借款使中国付出了不少的代价，尤其是各种折扣、佣金以及政府内部的挪用、个别官员的贪污等，都使实际的偿付数额大为减少。照此下去，《马关条约》约定的数额必将大为增加，中国的负担将更加沉重。长痛不如短痛。翁同龢会同户部满人尚书熙敬及张荫桓等都觉得不如将剩余赔款一次性偿还，还可以节省一千数百万两的利息。

清政府接受了这一建议，并据翁的建议，委派李鸿章会同翁同龢及其他大臣一起负责这次借款。而李鸿章提出鉴于过去几次借款中的困难，不再向各国政府借款，改向商业银行借贷。然而经过相当长一段时间的奔波，这种想法根本不可能成为现实，中国只好继续向各国政府借款。

1897 年 12 月，李鸿章向俄国政府提出借款一亿两，俄国财政大臣维特很快同意，但附加条件是中国要满足俄国在满洲与蒙古享有修筑铁路及工业开发的独占权、中东铁路部分支线的修筑权及相关港口的修筑与使用权，还要承诺一旦海关总税务司一职空缺时，应聘请俄国人担任等。

英国政府得知俄国的借款条件时甚为愤怒，设法迫使中国同意向英国借款，并提出相应的附加条件。英、俄就向中国政府借款问题展开了激烈的竞争，甚至为此使用了不光彩的行贿手段。而翁同龢、李鸿章、张荫桓等人或许并没有真的接受过大笔贿赂，但多少得到过一些好处，这在后来的"倒翁"风波中，起到过相当重要的作用。这或许也是光绪帝由格外信任翁同龢转而不信任乃至厌恶的原因之一。

一次性偿还日本的方案终于没有实现，而提出这一方案的翁同龢不仅为此要背上"办事多未允协"的责任，而且因其受贿的嫌疑必然遭遇

81

"众论不服，屡经有人参奏"的后果。

不特此也。当翁同龢的方案无法继续执行的时候，他又别出心裁地向清政府建议发行"昭信股票"来筹措战争赔款。昭信股票的发行是近代中国第一次发行国内公债，翁同龢和其他主持此次发行的大臣们没有相关的经验也是事实，但翁等人对此等重大事务调研不充分、宣传不力、工作草率等致使昭信股票毫无信誉，无人购买，也实在使大清王朝丢尽了脸面。光绪帝即便有心保他的师傅不丢官罢职，恐怕也"众论不服"。1898 年 3 月 24 日，御史徐道焜上奏指责昭信股票流弊甚多，建议清政府速筹良法，亟图补救。3 月 29 日，御史何乃莹上奏称昭信股票失信于民，弊端丛生。这种"屡经有人参奏"的办事大臣不被开缺、免职，清政府要开始推行新政何以服人？所以，从这个意义上说，翁同龢于新政刚开始第四天就被开缺回籍，实际上隐含有杀一儆百的深意，是告诫那些官员们，如果对新政推行不力，或横加阻挠，即便尊为帝师，也照样严惩不贷。也只有这样才能理解光绪帝何以在宣布免除翁同龢的职务后"警魂万里，涕泪千行，竟日不食"[1]，他似乎也觉得因"这些工作中的失误"就将自己朝夕相伴十数年的师傅开缺回籍太过残忍，但是为了新政的顺利推行，为了大清王朝的未来，也只好委屈自己的师傅了。所以，翁同龢被开缺回籍有着许多复杂的背景与原因，既有政敌的报复与暗算，也有自己的失误、不检点，但根本的原因似乎是慈禧太后与光绪帝为了新政的顺利推行，为了大清王朝的根本利益而做出的选择。回想自商鞅、王安石乃至历朝历代的政治改革，哪一次没有拿自己的亲信、同道、朋友乃至亲人去祭旗？

这是从"近来"的远因上说。就"近因"而言，翁同龢也已无法满足新政的政治需要，他已经属于过去的政治人物，新朝新政必须要有

---

[1] 苏继祖：《清廷戊戌朝变记》，《戊戌变法》（1），331 页。

新的气象，所以上谕指责翁同龢近来"且每于召对时咨询事件，任意可否，喜怒见于词色，渐露揽权狂悖情状，断难胜枢机之任"。这些指责所隐含的内容非常具体，也足以表明翁已经不再适宜于继续担任推行新政、从事维新变法的政府首领了。恭亲王奕䜣去世后的政府必须进行改组，翁同龢就必然成为牺牲品。

过去的史料记载都表明翁同龢不仅同情康有为、梁启超等人鼓吹的变法维新，而且也是他向光绪帝推荐了康有为，从而使维新变法运动在经历了几多曲折之后终于在 1898 年正式开始。翁同龢是康有为的发现者，没有翁，即便维新运动仍然会以某种形式、在某个时候变成现实，但绝不会是已经发生过的那个样子。所有这些都是不可更易的。

不过也正如史料所表明的那样，虽然翁同龢赞成、支持康有为的维新变法思想，但他与康之间依然存在着很大的不同。他虽然也是《公羊》学的研究者和鼓吹者，但却不能赞成康的孔子改制与新学伪经两大根本学说，而正是这两个震动学界、政治界的"异端学说"才是他鼓吹政治变革、向西方学习的思想基础。所以当光绪帝 1898 年 5 月 26 日向翁同龢索要康有为关于变法维新的著作时，他竟一反常态，突兀地表白自己不与康往来。

这一反常回答肯定使光绪帝莫名其妙，因为光绪帝清楚地记得正是师傅不止一次地向他推荐康有为，甚至希望光绪帝能够破格召见他，听听这位年轻的政治改革家关于中国未来的设计。后来在恭亲王奕䜣的指点下，以为以皇帝之尊去接见康有为这样的年轻后生不合礼仪为由回绝了翁同龢的请求，改由总理衙门的大臣们在西花厅向康问话。第二天，正是翁师傅在书房里向自己密报了大臣们与康有为谈话的情形，使光绪帝对康的印象又增加了几分。正如梁启超在《戊戌政变记》中所说的那样，光绪帝由此开始格外留意康有为这群维新志士的一举一动，而翁师傅也开始"议论专主变法，比前判若两人"，每天向皇帝的授课也由先

83

前的中国传统教育，改为"日讲西法之良"。可是刚刚三四个月过去，翁师傅怎能说他不与康有为往来呢？年轻的光绪帝不得不反问道，是什么原因使你不与康有为往来？翁答道，此人居心叵测。这个回答更使皇帝莫名其妙，你先前竭力推荐的所谓年轻有为的政治改革家竟然"居心叵测"，那么你是怎样考察的？先前为什么不详说？翁同龢的回答是，先前没有看到过康的全部著作，最近得读《孔子改制考》方才得到这样的认识。这虽然可以自圆其说，但光绪帝肯定认为，师傅要么是在骗他，要么六十九岁的翁师傅确实老了。于是光绪帝决定今天不再与师傅理论，待明日他调整好情绪再说。

第二天，光绪帝再向翁师傅索要康的著作，翁依然如昨日一样回答了皇帝的提问：一是康有为居心叵测，二是自己与康也没有什么往来。这种回答使光绪帝非常愤怒，皇帝清楚地知道用人不当将会给大清王朝带来怎样的危害，何况将要提拔、任用的这位康有为将要负担那么大的改革重任呢！于是，光绪帝对自己素来尊敬的师傅发火了，而翁同龢面对皇上的盛怒没有丝毫的悔意。他依然执着地表白自己的看法，并一再声称自己无论如何都不会进呈康有为的著作，并劝告皇上如果一定要康氏的著作，最好请总理衙门通过正式渠道进呈。盛怒中的光绪帝根本听不进翁的建议，声称即便要总理衙门进呈，也必须由你翁师傅转达给总理衙门大臣张荫桓。这就更使翁同龢感到困惑，张荫桓每天都可以见到皇上，为什么不能当面交代，何必一定要难为老臣传话呢？对于翁的困惑，光绪帝根本不予理睬。不得已，翁同龢只好到张荫桓的办公室转达了光绪帝的意见。

这个故事发生在 1898 年 5 月 26 日和 27 日两天，细节也都清楚的记载在翁同龢的日记里①。过去的研究者差不多都注意到了这个故事，但

---

① 《翁同龢日记》（6），3128—3129 页。

都基本认定这表明翁同龢与康有为在学术上确实存在着差别，或者说，翁同龢与光绪帝在用人、治国理念上存在差别。但几乎所有的研究者都忽略了这个故事的背景，更忽略了翁同龢为什么要把这个故事记录到自己的日记里。因为遭到皇上的训斥毕竟不是光彩的事，更何况这只是他们师徒二人之间才知道的事情。

从背景上说，1898 年 5 月 26 日、27 日，正是清廷重臣恭亲王奕䜣弥留的日子，前去探视的官员非常多，慈禧太后和光绪帝也几次亲自前来探视，或委派专人转达问候。弥留之际的恭亲王出于对大清王朝的忠诚，对清廷的未来尤其是用人方面向慈禧太后、光绪帝等表达了自己的担心。他希望年轻的光绪帝能够很好地尊重慈禧太后，不要受政治小人的挑拨，更不要将权力交给翁同龢这样的人。他明确告诉光绪帝，大清王朝确实应该进行某些方面的改革，但只能是旧有体制的完善，而不能另起炉灶。而翁同龢在康有为的鼓动下所谓"从内政根本"进行改革的构想，以及在内廷设立制度局的想法，实际上都是要脱离原有的国家权力机关另起炉灶，意在"废我军机"。果如此，以光绪帝的政治智慧和经验阅历，势必沦为他们手中的傀儡，那样不仅对满洲皇族不利，对大清王朝也极端危险。所以，奕䜣用生命的最后一点力气阻止光绪帝启用康有为，称"闻有广东举人主张变法，当慎重，不可轻任小人"[①]。

对于翁同龢，奕䜣根据对他的多年了解，以为他不仅一味夸张，力主开战，一错再错，以致十数年之教育，数千万之海军，覆于一旦，不得已割地求和，将国家从甲午战前的发展坦途引领到现在的危险境地，现在西方列强乘此机会大有瓜分中国之势，德据胶澳、俄租旅大，英索威海、九龙，法贳广州湾，此后相率效尤，不知何所底止，"所谓聚九

---

① 胡思敬：《戊戌履霜录》，《戊戌变法》(1)，358 页。

州之铁不能铸此错者",都是翁同龢误导之过[1];至于他的人品,奕䜣也相当瞧不起,据非常熟悉清廷掌故、被章太炎誉为清廷焦大的金梁在《四朝佚闻》中记载,恭亲王奕䜣在弥留之际曾告诉光绪帝和慈禧太后,此人"居心叵测,并及怙权"[2],如果不对他防制,将来一旦他与康有为等人联手,必将祸及大清王朝[3]。

奕䜣对朝中人事的评价虽然只是对慈禧太后和光绪帝说的,但在当时似乎并没有什么秘密,作为正当红的军机大臣、帝王之师的翁同龢不会不知道这些谈话。所以当光绪帝5月26日向他问及康有为时,其本能反映就是抹煞他与康的关系,并指责康"居心叵测"。翁将这些详细记载在日记里,不过是为了某一天康有为真的出事了的话,能够由此证明他与康等人确实没有关系。因为他与康几次直接接触这样的大事,在他的日记中都没有反映,何以要将皇帝对他的指责详细记载下来,原因不是很清楚了吗?这是从远的方面说。至于最近的方面,翁同龢之所以急于辩解他与康有为没有来往,并指控康居心叵测,显然他已经得知了恭亲王对他与康的评价。既然恭亲王已经向皇帝指出不可听信"广东举人"的变法主张,既然恭亲王已经怀疑康的制度局等建议有取代大清王朝旧有的国家权力机制的嫌疑,那么他为什么还要将自己绑在康有为的战车上?所以翁同龢选择了舍弃康而自保的办法。

木秀于林,风必摧之。翁同龢并不像奕䜣所分析的那样卑鄙,但他当红的身份与权力,特别是他被官场公认为"好延揽而必求为己用,广结纳而不能容异己"的风格[4],使其必然在得意之时人皆畏之,失意之时墙倒众人推。

---

① 《圣怒有由》,《申报》光绪二十四年五月初九日。

② 金梁:《四朝佚闻》,《戊戌变法》(4),222页。

③ 《忘山庐日记》,372页,上海古籍出版社1983年。

④ 金梁:《四朝佚闻》,《戊戌变法》(4),222页。

人之将死，其言也善。其实，人之将死，其言也真。一个将死之人已经没有思想包袱，更不担心那些复杂的人际关系。所以，恭亲王奕訢弥留之际的看法肯定深深地影响了慈禧太后和光绪帝后来的一些重要决策。将翁同龢免职的考虑在光绪帝和慈禧太后那里至少在变法维新运动1898年6月11日正式开始之前的某一个时刻就已经决定，迟迟不愿动手的原因一是要直接考察翁同龢是否像恭亲王所分析的那样，二是寻求合适方式以免给清廷带来更大的损失与震荡而已。

5月26日、27日，光绪帝当场考察了翁同龢的政治忠诚度，可惜他没有通过这次考察。不过，念在多年的师生情分上，光绪帝似乎并没有因这一次未通过而将其一棍子打死，他依然留下机会，期待他能够回心转意，协助自己励精图治，使大清王朝渡过难关，重建辉煌。可惜，翁师傅辜负了爱徒的期待，于是改组政府、重建新的权力运行体制便由先前的酝酿进入实质性的操作，翁同龢的出局已成定案，至于何时进行只是在等待时机而已。

改组政府的想法不论在慈禧太后，还是在光绪帝那里似乎都酝酿很久了。进入1898年以后，朝中大事接连不断。恭亲王奕訢重病在身，对德、对俄的交涉困难重重，国内青年一代知识分子不断向政府施加压力，旧政府实际上已无能力去面对和处理，而造成这种局面的关键人物就是拥有极大权力的军机大臣翁同龢。按照恭亲王和当时一般官僚及公共舆论的看法，外交困境几乎都是翁同龢一手造成的，而翁对此不仅没有丝毫的悔意，反而鼓动康、梁等人向政府施压。于是政府改组的关键点不是别的，恰恰是怎样将翁同龢赶出政府。

4月28日，安徽布政使于荫霖向清廷上奏，公开批评翁同龢，指出正是翁的一系列错误导致了中国外交的失败和困难重重。他强调，办理胶州案的错误，天下人都将之归于翁同龢和张荫桓，其实张荫桓出身微贱，贪滔著名，不足深责，而翁同龢为已故大学士翁心存之子，

87

翁心存端正虚公，为有名儒臣，翁同龢承其先训，受恩至深，夙负清望，本应忠于朝廷，忠于国家，妥善处理外交事务，然而他的作为实在是令人失望。胶州湾的外交危机事关重大，本不是一两个人就可以办理好的，自应联合政府内外文武百官的智慧以谋取国家的最大利益，而翁同龢外则徇德国人之请，内则惑于张荫桓之言，以致今日无所措手，已一误矣；至于对日战争赔款一万万两，约定六期分还，期宽易筹，或不至于借贷，即使借贷，为数不会甚巨，则所索必不甚多，而翁同龢又惑于张荫桓之言，遽借英、德商款，全数交还日本，以江苏、江西、浙江、湖北四省货厘验厘作抵，事前不与四省商量，更不问四省以后度支如何应付，事定之后，一纸公文责令四省督抚照办，四省各口岸商民无不惊诧，利权既失，又失民心，是再误矣。鉴于这两大错误，于荫霖向清廷提出必须尽快改组政府，皇上与皇太后尽快召见徐桐、崇绮，并速召张之洞、边宝泉、陶模、陈宝箴等人进京，重组政府，任以事权，将翁同龢、李鸿章、张荫桓三人摈退[①]。这就明确地将摈退翁同龢与改组政府直接结合起来了。

于荫霖的建议不能不在清廷高层引起议论，并引起慈禧太后和光绪帝的关切。不料一波未平，一波又起。5月17日，深受慈禧太后信任的重臣徐桐上书弹劾张荫桓在办理胶州案的过程中误国、卖国，其实际矛头显然指向翁同龢。道理很简单，因为张在其中只是一个配角，真正的主角是翁同龢。同一天，给事中高燮曾也上书清廷，指责翁同龢主导的昭信股票流弊甚多，祸害极大[②]。翁同龢真的要开始面对内外交困的处境了。

紧接着，御史王鹏运于5月25日再上奏折，指责翁同龢是"权奸

---

① 吴相湘：《近代史事论丛》（1），108—109页，台北：传记文学出版社1978年。

② 《清代起居注册（光绪朝）》（60），30691—30693页。

误国"，在外交、财政等各个方面都犯有不可饶恕的罪过，将大清王朝推到了一个危险的边缘。他请求光绪帝和慈禧太后从大清王朝的未来着想，立即将翁等人"声罪罢斥"，以弥后患而恃危局。

这一连串的弹劾奏折件件都攻击到了翁同龢的要害，几年的权臣生涯将原本受人尊敬的帝王之师的名誉彻底糟蹋。即便光绪帝有意保师傅过关，也不能不让他尽快出局。

其实，早在4月28日于荫霖的奏折中就已提出过政府改组的方案，他向光绪帝、慈禧太后推荐了体仁阁大学士徐桐、闽浙总督边宝泉、四川总督李秉衡、湖广总督张之洞以及湖南巡抚陈宝箴等所谓"五贤"。当时的一般舆论公认徐桐为"守旧党魁"，是主持清议的重要人物；边宝泉与李鸿章矛盾极深，不谈洋务，不坐轮船；只有张之洞、陈宝箴为讲究西学、力图中国富强的新人物[①]。这些推荐虽然并不完全可行，但也不能不引起清廷高层的注意。

与此同时，鉴于奕䜣病情不断加重，翁同龢势力不断膨胀，大学士徐桐在杨锐与乔树楠等人的影响下，于4月底建议光绪帝调张之洞入京取代翁同龢主持政府，以削弱翁的势力和影响。徐桐的奏折引起了光绪帝的重视，但他犹豫难定，调张之洞进京固然是个好主意，但以张取代他的恩师，至少在此时光绪帝还下不了决心。于是光绪帝将徐桐的奏折转呈慈禧太后，请太后定夺。慈禧太后经过一番慎重的考虑，特别是考虑到奕䜣的一系列忠告，很容易就接受了徐桐的建议，决定召张之洞来京陛见。5月7日，张之洞奉命乘船离开武昌，15日抵达上海，准备从那里直接赶往北京。

这一切都被翁同龢获悉，他当然不愿就此让出他的军机大臣、总理衙门大臣以及户部尚书等职务，更不愿意由张之洞来取代他。于是，敏

---

① 《方伯荐贤》，《国闻报》光绪二十四年四月初六日。

感的翁同龢与张荫桓密谋，以沙市发生教案尚未妥善处理为由，阻止了张之洞入京陛见。

由张之洞取代翁同龢的主张，从表面上看是徐桐的推荐，实际上恭亲王奕訢病重期间就已提出。他当时明确告诉太后与皇上，朝廷内外重臣可以信赖，并可以担当重任的只有李鸿章、荣禄、张之洞和裕禄等几人。而李鸿章由于最近几年承担着外交失败的"原罪"，一时尚不能让他担负更多的责任，否则舆论上、民意上都很难协调。剩下的首选当然在张之洞与荣禄之间[①]。

翁同龢虽然阻止了张之洞入京陛见的计划，但实际上无力阻止改组政府的既定方针。而他一系列愚蠢的举动自以为高明，但实际效果却与主观愿望相反，只是在无意中又树立更多的对立面而已。6月8日，刚刚料理完恭亲王后事并对将要进行的改革略有布局的慈禧太后召见奕劻、荣禄、刚毅等皇族成员，商讨一些重大问题。这几个皇族出身的大臣平时就看不惯翁同龢仗势欺人的做派，对于翁最近一连串的异常举动更觉得有必要向太后报告。于是他们借口皇上最近在一些问题上似乎也太大胆，有意将矛头引向皇上的师傅翁同龢的身上。对于这几个人的用意慈禧太后很清楚，她指责这几位皇族出身的大臣为什么不负起自己应该负的责任，为什么不在一些最为要紧的地方上设法阻止？奕劻等人同声回答道，皇上天性，无人敢拦。而刚毅做得更过分，伏地痛哭，声称奴才曾经向皇上委婉地表达过类似的意见，但从不被接受，反而屡遭斥责。慈禧太后沉思良久，又问道，皇上之所以敢如此，难道是他一个人在进行吗？皇上应该和你们商量才是啊。荣禄、刚毅闻听此言立即奏道，要说是皇上不和我们商量是事实，但说是他一个人的主意则未必，这些事情几乎都是他的师傅翁同龢在出主意，一切只有翁能承皇上的意

---

① 《圣怒有由》,《申报》光绪二十四年五月初九日。

旨。刚毅又凭借自己特殊的身份向太后哭闹，希望太后能够出面劝阻皇上的一些做法。太后答道，现在时机尚不成熟，到时候，我自有办法[①]。

慈禧太后的办法是什么？很简单，就是坚决将翁同龢剔除出去。她在寻找一切可以利用的机会。6月10日，经过连日来的秘密协商，光绪帝与慈禧太后已经就将要进行的改革和人事布局达成一致。这一天，光绪帝做出两项重要决策。一是宣布补授荣禄为大学士，并负责管理户部。补授荣禄为大学士，是将他的地位提拔到与翁同龢一样高；负责管理户部，便在实际上剥夺了户部尚书翁同龢的权力。同时调补刚毅为协办大学士，任兵部尚书；补授崇礼为刑部尚书。所有这些举措实际上都是一个指向，即在张之洞暂时无法入京的情况下，退而求其次，让荣禄、刚毅、崇礼等皇族成员暂时加入政府，接管权力，这已经很明显地预示着政府正在改组，只是不希望震动太大，故而先任命荣禄接管翁同龢的权力，然后再寻找机会免去翁的职务。这种权力交接的运作模式在政治实践中屡见不鲜。二是为了稳住翁同龢，不至于在权力交接的过程中出现意外，光绪帝命令翁同龢草拟《明定国是诏》。一切都在风平浪静中进行着。

6月11日一大早，光绪帝辞别慈禧太后返回皇宫，他宣读了翁同龢代为草拟的《明定国是诏》，标志着维新变法运动正式开始。

荣禄以大学士的身份兼管户部，只是处置翁同龢过程中的紧急措施，至于由谁来接替恭亲王奕䜣及翁同龢两人留下的内阁职务，清廷最高决策者仍在考虑。有一种建议是由庆亲王奕劻和荣禄主持内阁事务，前者弥补恭亲王逝世后遗留的空缺，后者代替张之洞取代翁同龢。对于这个方案，首先的反对似乎来自荣禄本人。他认为按照大清王朝两百年来的成例，在政府高层及中央各部中，满汉官员从来都是取平衡的态

---

① 苏继祖：《清廷戊戌朝变记》，《戊戌变法》（2），333 页。

91

势，庆亲王接替恭亲王已经成为事实，而接替翁同龢的，最好还是循惯例找一个汉人官员更为合适。

在能够替代翁同龢的汉族官员中，李鸿章有能力、有名望，但最近实在有点不合时宜，很难让他立即走上前台；张之洞本来也是主持内阁的最佳人选，但在翁同龢的阻止下未能及时来京陛见，而棘手的沙市教案似乎也只有张之洞继续留在湖广总督任上方可放心。除此之外，汉族出身的高官可供选择入主内阁的人选委实不多，剩下的只有时任直隶总督的王文韶。于是，清廷最高层经过周密的协商，决定调王文韶加入内阁，取代翁同龢；调荣禄接替王文韶，出任负责拱卫京师、权力甚重的直隶总督。清廷新的权力布局至此终于完成，只待宣布。权重位尊的翁同龢终于在一场"闪电"中被击倒①。

6月15日一大早，光绪帝在早朝时宣布了这一系列的人事变动，政府改组后的基本框架至此终于露出了端倪，这也为后来改革方案的全面推展提供了前提条件。

---

① 赫德致金登干函，《中国海关密档》（6），862—863 页。

第四章　待从头，收拾旧山河

王文韶的到来，使政府改组基本告一段落，剩下的事情就是怎样具体推动改革。而恰恰在这个问题上，可以看到，自光绪帝宣布明定国是的诏书后，除了有创办京师大学堂这一具体措施外，其他方面究竟能够进行怎样的改革，清政府最高决策层包括光绪帝本人在内，都并非心中有数。所以新组建的政府如欲真正推动维新变法向纵深发展，就必须尽快理清思路，确定改革的重点与难点，以及应该守住怎样的政策底线。

感觉错位的一次召见

或许也出于这样一种需要，接替王文韶直隶总督职务的荣禄并未很快离开北京，他一方面继续留在这里进行必要的交接，一方面协助新组建的政府进行调查研究，梳理思路。

6 月 16 日，也就是翁同龢被宣布开缺回籍的第二天，光绪帝按照原

先的日程安排召见康有为。这既是康有为毕生第一次见到光绪帝，也是唯一一次。可是这次会见似乎给他留下很深的印象，在后来的岁月里不论是炫耀自己的辉煌，还是鼓励那些追随者，他都反复强调这次召见的重大意义。这是康有为的重要政治资本。

康有为一直在等待着被召见。自 1888 年第一次上书以来，他就等待着这一时刻。他觉得自己是真心地在为大清王朝的振兴出谋划策，所以清政府最高层应该抽时间找他当面谈谈，当然更应该授予他相当的官职。康有为的这种心情具有相当的典型意义，但实在说来只是中国传统社会中知识分子步入政界，尤其是步入政治高层的"另类"和捷径。中国传统知识分子从来以天下为己任，他们所知道的学问只有一样，那就是修身齐家治国平天下。修身齐家是个人的事情，而治国平天下则是外在追求和外在表现。两者结合，就是所谓的"内圣外王"。不过，自有科举制度以来，中国传统知识分子一般是遵循科举正途的道路进入官场，以此作为他们的进身之阶。朝为田舍郎，暮登天子堂，正是千百年的科举制度使中国传统社会保持着新鲜活力，不断为政治层面输入新鲜的血液。

不过，个别具有特异才能的知识分子也可以通过某种另类程序达到同样的目的。其中一个最重要的手段，就是向最高统治者不断献策，不厌其烦地反复上书，相信终有一封上书会被看中。康有为是这中间的成功者，他的执着终于感动了上帝，他终于要见到他日思暮想的皇上了。而孙中山在这一点上就没有康的执着和耐心。

自从确立要为大清王朝竭尽忠诚的信念之后，康有为遇到过无数的尴尬与困难，遭到过无数的羞辱与拒绝，不过正是在这无数次的磨难中使他学会了"自售"的本领，知道怎样利用政治层面复杂的人际关系去建立自己的人际关系。1888 年他第一次向清政府上书的时候就已明白这些道理。从那时起，他就不断联络京城各个层级的官员，特别是那些掌

握实权拥有重要地位的高官，并利用自己的那支秃笔和那用之不竭的思考为那些官吏起草他们自己不愿起草、不能起草或不屑起草的奏折等文件，以此获得这些官吏的好感，由他们保荐，从而达到步入官场、进入政治高层的目的。

经过几年的磨难与潜心思考，1897 年底的胶州湾事件终于给康有为带来了机会，除了自己上书清廷呼吁变法外，他还为许多官员起草过不同的奏折。在这一过程中，他也曾期待这些官员能够保荐自己，可是奋斗了几个月、等待了几个月，却始终没有消息。1898 年 6 月 11 日，光绪帝郑重宣布变法维新，明定国是。这是康有为的期待，也是他的机会，也曾是他的建议，可是清政府使用了他的主意，却依然不愿使用他这个人，这不能不使他感到困惑与着急。

困惑中的康有为从来不会消极等待，他急于自售，实在不能满足于那个小小的工部主事的低级职位，他需要更高的职务。他想到了翰林院侍读学士徐致靖和他的儿子徐仁铸，于是他通过徐仁铸联络到徐致靖，然后与弟子梁启超等人一起草拟了一封保荐自己和梁启超、黄遵宪、谭嗣同、张元济等五人的奏折，请求徐致靖以徐的名义上奏。

徐致靖看在自己儿子的份儿上乐于在这封保荐书上签名，更何况光绪帝和清政府这一段时间以来一直在呼吁各级官员勇于推荐年轻有为的人才，共度时艰。

由康、梁代笔的这封保荐书写得文情并茂，十分感人，它的标题是《国是既定用人宜先谨保维新救时之才请特旨破格委任以行新政而图自强》，背景、目的、意义，均一目了然。文中在谈到保荐人才的意义时强调非常之政，必待非常之才。政府既然已经宣布要实行新政，就必须广求具有湛深实学、博通时务的非常之士方可成功，并强调清政府此次新政应该学习日本明治维新的办法，破格提拔低级官员乃至草茅之士进入政府高层，以备顾问，甚至可以用其中一些优异之士去替代那些旧有

的官员。这些说法实在是感动了光绪帝，使他看到这份奏折时不能不稍加留意。

保荐书在谈到康有为的能力和品格时，更是竭尽夸张渲染之能事，称其才略足以肩艰钜，其忠诚可以托重任，并世人才实罕其比。其推荐康有为所要担任的职务则是光绪帝的顾问、师傅，俨然有替代翁同龢地位的企图，文中称"若皇上置诸左右以备顾问，与之讨论新政，议先后缓急之序，以立措施之准，必能有条不紊，切实可行，宏济时艰，易若反掌"[①]。这样的人才怎能不使光绪帝看了动心？更何况胶州湾危机以来，翁同龢曾数番在光绪帝的面前提到过康有为，于是光绪帝决定在新政的背景下破格召见，当面听听他究竟有哪些建议。

或许是保荐书上对康有为的评估及职务建议刺激了翁同龢，或许是翁已经知道恭亲王奕訢在临终时向慈禧太后、光绪帝做了不利于自己的评价。总之，当光绪帝决定即日召见时，翁同龢却建议光绪帝"宜稍缓"。光绪帝对此稍有困惑，但也只好推迟了几天，当日谕令康有为6月16日预备召见。

6月15日，光绪帝宣布将翁同龢开缺，改组政府。也正是这一天，康有为为了召见从城里赶到颐和园，住在户部公所等候次日晨的召见。在这一过程中，康肯定已经知道朝廷中所发生的变化，所以对皇上的召见更多了一些期待，甚至有可能以为皇上此时罢了翁同龢的官，是不是在给自己腾位置？

在美梦连连的窃喜中迎来了新的一天。是日晨，康有为入东宫门内的朝房，等候光绪帝的召见。在那里，他遇见新任直隶总督荣禄。

几个月前的西花厅对话可能在荣禄心里依然留有很深的印象，他在稍事寒暄之后问道："以子椠椠大才，亦将有补救时局之术否？"

---

① 参见林克光：《革新派巨人康有为》，243 页，北京：中国人民大学出版社 1990 年。

康答曰："非变法不可。"

荣禄接着问道："固知法当变也，但一二百年之成法，一旦能遽变乎？"[1]

康有为此时肯定已知翁同龢的处分只不过是开缺回籍，他认为仅仅这样轻的处分实在难以清除反对变法的势力，所以他直截了当地告诉荣禄："杀二品以上阻挠新法大臣，则新法行矣。"[2]

这段对话细节不见于康后来编著的自定年谱，但自定年谱也承认他在朝房等候光绪帝召见的时候确曾与荣禄"谈变法事"[3]。只是由于后来政变的原因，特别是因为荣禄后来成为政变的实际主导者，因此包括康在内的所有后来解读者都将这段对话的情景进行了恶意的解读，以为康、荣二人由此真正结仇，并导致了后来一系列的变故。这种解释虽然可以自备一说，但实在有点以小人之心度君子之腹的嫌疑。

荣禄后来确实是一个坚定的康有为的反对者，特别是在政变之后，他更感到非杀康不可。但此时的荣禄似乎还不是一个坚定的守旧派，他之所以在政府改组的过程中成为炙手可热的政治新秀，应该说是他此时清醒地意识到了大清王朝的未来不在于坚守旧的祖制，而是怎样与时俱进、弃旧图新。恭亲王奕䜣在临终前郑重推荐荣禄，以为荣禄是他死后最有资格、也最有能力代替他的位置的满洲人，是未来不容置疑的满洲人的领袖。恭亲王的推荐显然不是信口开河，由此可证此时的荣禄实际上代表着满洲贵族的进步势力。

事实上，荣禄是满洲政治家中继奕䜣之后最具新思想的人物，是他提议清政府批准袁世凯以新法训练新军，是他请求清政府设立武备特

---

① 苏继祖：《清廷戊戌朝变记》，《戊戌变法》（1），354页。

② 曹孟其：《说林》，《戊戌变法》（4），322页。

③ 《康南海自编年谱》，41页。

科，也是他不仅默许而且支持其部下袁世凯等人参与强学会。总之，对于一切有利于大清王朝的改革举措，荣禄都不反对。由此，他获得了慈禧太后、光绪帝的双重信任，光绪帝称他"办事向来尚属认真"，于是在改组政府的过程中先是用他替换掉翁同龢，接着又委派他出任最具全局意义的要职——直隶总督，显然对他寄予很大的期待；慈禧太后更是对他言听计从，信任有加，"眷顾之隆，一时无比；事无巨细，常待一言决焉"①。此其一。

第二，担负政府重任的荣禄，绝不可能是康有为这样的极端激进派。他盼望大清王朝的中兴，期待中国的富强，但他也知道一二百年的成法不可能在一夜之间彻底废除，更不可能凭借滥杀大员的办法从肉体上消灭守旧势力。他只是一个稳健的变法运动领导人，而不可能超越自己的阶级局限。

朝房内的短暂谈话给荣禄留下非常不好的印象，由此不仅注定了康无法获得被光绪帝重用的机会，也为后来的一系列变故留下了重要的伏笔。荣禄与康有为对话结束后迅即入见光绪帝，他在谈完自己的事情之后，有意无意地试探光绪帝觉得康有为这个人怎么样。光绪帝尚未见到康本人，他只能从已经看过的康的文章、著作，以及翁同龢的谈话、汇报及徐致靖推荐书中进行判断，表示康有为"以为能也"②。荣禄明显感到皇上有重用康的意思。

按照昨天刚刚颁布的新规，新任高级官吏在向皇上谢恩的同时也必须向慈禧太后谢恩。于是荣禄迅即来到慈禧太后处。其时，李鸿章"放居"贤良寺，为谢慈禧太后赏食物，也正在皇太后处。此时的荣禄与慈禧太后无话不说，他遂将刚刚在光绪帝那里所说的话告诉了慈禧太后，

———————

① 《清史稿》（4），3173页。

② 曹孟其：《说林》，《戊戌变法》（4），322页。

明确告诉太后康的激进办法并不可取，皇上如果过于听信康的主张，必将危害大清王朝的根本利益。他甚至恭维在场的李鸿章"多历事故，宜为皇太后言之"。老资格的政治家李鸿章既看不惯接替自己多年前曾经担任过的直隶总督职务的"新科"官僚飞扬跋扈、不可一世的姿态，再加上他正在韬光养晦，也不愿在自己尚未弄清真相的时候陷入被动，于是当他听到荣禄让他向太后详谈的建议后，吓得面色大变，赶紧叩头，称"皇太后圣明"，一切由皇太后作主。

荣禄的本意是"暗请太后留神"①，在适当的时候能够阻止光绪帝一意孤行，过于听信和重用康有为。而慈禧太后则叹息道："儿子大了，哪里认得娘？其实我不管倒好，汝作总督，凭晓得的做罢。"②显然，慈禧太后并不愿意在荣禄、李鸿章等人面前表现出自己有意干预正在积极推动变法新政的光绪帝。

一切不利于大清王朝的事情慈禧太后都有权力干预和过问，她自有办法及时提醒光绪帝在哪些问题上应该注意，而光绪帝自然能够及时获知太后的看法，再加上荣禄刚才莫名其妙的言辞，光绪帝对于怎样与康有为谈话似乎有了预案。所以这一被康有为后来不断渲染的一般性会面，其形式远远大于实质。康的谈话无论从范围还是深度看，都没有超过他已经上奏的那些文章和著述。

根据康后来在自定年谱中的追忆，这次会面从光绪帝询问康的年岁及出身开始，之后切入正题。康谈到，如今西方列强环视中国，步步紧逼，试图分割中国，危亡就在眼前。对此，光绪帝说："皆守旧者致之耳。"光绪帝昨日刚刚免去翁同龢的职务，而翁也确实是自胶州湾危机以来最主要的责任担当者，由此可以体会到在光绪帝的心目中，翁并不

---

① 苏继祖：《清廷戊戌朝变记》，《戊戌变法》（1），354 页。

② 曹孟其：《说林》，《戊戌变法》（4），322 页。

是一个维新变法运动的推动者，其真实面目可能正是对光绪帝试图增加"民众对政治参与"的主要反对者。

听了光绪帝的叹息，康对道：皇上圣明，洞悉病源；既知病源，则药即在此；既知守旧之致祸败，则非变法与维新不能自强。

对于这种说法，光绪帝当然表示赞同，他明确表示：今日诚非变法不可。至于应该怎样变，这就是今天的谈话内容，他当然希望康尽其所知谈谈自己的看法。康说：现在的问题似乎已经不是变法还是不变法，而是小变还是大变，是枝节的改良，还是根本的彻底的变革。康的意思很明显，他不赞成枝节的改良，他期待彻底的变革。他称少变而不全变，连类并败，必至无功。这就像一座宫殿，既然基本材料已经败坏，那么小修小补已经很难从根本上挽救其倾覆。正确的办法谁都知道应该是拆而更筑，乃可庇护。然更筑新基，则地之广袤，度之高下，砖石楗角之多寡，窗门槛棂之阔窄，灰钉竹屑之琐细，皆须全局统算。然后将设计方案交给施工者，新的建筑就可成功了。在设计上如果存在缺陷，那么新的建筑即便建起来了，也很难经得起风雨考验。对于这些并不难懂的道理，光绪帝表示赞同。

接着，康有为就其开制度局以统揽全局，先改定制度、法律而不仅仅是枝节的改良阐述了自己的看法。对此，光绪帝也表示赞同。对于变法前景的描绘，康有为并不要求很快就能收到实效。他说，他曾经研究过中西各国的变法经验，大体上说，西方各国经历了差不多三百年的时间才形成相对比较完整的政治、经济、文化体制；后来的日本由于有了西方各国的经验作为借鉴，大约花了三十年的时间就达到目前的程度。中国人口众多、风俗各异，但如果从现在开始认真、踏实地推行新政，举国同心，那么大约需要三年的时间就可以达到自立的程度。此后则蒸蒸日上，富强可驾万国，恢复大清王朝在世界格局中应有的地位。康有为就此鼓励光绪帝说，以皇上之圣明，只要下决心实行变法，那么图富

强，在一反掌间耳。这就是后来人们所说的康有为的急躁情绪或者说是他的激进主义倾向。他的"三年初见成效"说是中国思维传统的延续，只是一种静态的比较，而忽略了动态中的各种复杂因素。不过，困境中的中国人总是期待美好的前景，"三年初见成效"说从来都是激励中国人奋发精神的有效工具。

对于康有为的美好描述，光绪帝自然感到高兴，他夸奖这些见解甚有条理。康接着却反问道："皇上之圣既见及此，何为久而不举，坐至割弱？"据康在自编年谱中描述，光绪帝听到之后，"以目瞬帘外，既而叹曰：奈掣肘何？"康有为称他当时就知道光绪帝有碍于慈禧太后，不能放手去变法革新，于是他建议光绪帝："就皇上现在之权，行可变之事，虽不能尽变，而扼要以图，亦足以救中国矣。惟方今大臣皆老者守旧，不通外国之故，皇上欲倚以变法，犹缘木以求鱼也。"这种说法正对光绪帝的心病，光绪帝称，这些老臣皆不留心办事。康接着说，这些老臣也不能说是不留心办事，无奈现在的升迁体制制约了人们的创造力，他们当年也都曾奋斗过，奋发过，无奈当奋斗了几十年成为当朝大臣的时候，已经精力不济，且兼差太多，每日忙忙碌碌，既无时间读书获知天下正在变化的趋势，又无心思考具有全局意义的大事。他们奉旨办学堂、办商务，而这些新东西都不是他们年轻时代学过的，所以也就难怪他们不知道怎样去办。康建议，皇上如欲变法，只有舍弃这些老臣，提拔那些年轻的小臣，不吝爵赏，破格使用。这个"用新而不特别弃旧"的建议以及增加政治透明度、遇事即明下诏书以示公开的策略性考虑等，甚得光绪帝的赏识。

康似乎相信，用新而不特别弃旧虽然要消耗掉政府许多的精力，减弱政府的行政效率，但至少可以减轻守旧大臣们的反对；而公开性的策略有助于光绪帝增强权威，树立威信，在满朝文武中拥有绝对的、不容置疑的至上威严。于是康问道，既然皇上也考虑到了这一点，那么

昨日为李鸿章、张荫桓等大臣颁发宝星，何不明下诏书，通知内外呢？

光绪帝一笑置之，不愿回答。康接着重申自己几年来的一贯主张，建议光绪帝如前朝故事，下诏罪己，总结几年来的内政、外交得失，振奋民志以收拾人心。他说，自台湾割让给日本后，民志已离，非由皇上下哀痛之诏，无以收拾人心，重建民志。光绪帝颇赞同，但对于如何进行并没有表示意见。

康有为话题一转谈到开民智以及废八股等问题。他说，今日中国之患，主要在于民智不开，尽管人口众多，但真正有效率、能够使用的各方面人才实在是太少。造成这种局面的原因可能很多，但一个最直接、最根本的原因就是国家以八股、科举考试作为选拔人才的唯一途径，这严重妨碍了有经世致用之才的成长。学八股者，不必读秦汉以后之书，更不必考察世界各国的实际情况，只要熟读那些八股经典以及作文章的套路，再凭借运气就可以通籍累致大官。所以满朝文武人才济济，但却无以应对外交难题，从而使中国陷入日趋被动的境地。扪心自问，这都是八股考试的必然结果。在一定程度上也可以这样说，甲午战争的失败，尤其是台湾及辽东半岛的割让，不割于朝廷而割于八股；二万万战争赔款不赔于朝廷而赔于八股；胶州、旅大、威海、广州湾之割，不割于朝廷而割于八股。所有这些，都可以看作是八股的危害。

对八股科举考试制度的非议在清朝已有很久的历史。自清中期以来，已有许多志士仁人看到了八股制度的危害，但国家选拔人才制度的稳定性，也使这一有着无数弊端的制度长期有效地运转，因为无数的青年才俊正在八股科举的考试征途中跋涉，任何时间下令取消这一制度都会造成一批无辜的牺牲者，所以最高决策层对于是否继续沿用这一制度一直犹豫不决。不过，为了弥补这一制度的缺陷，清政府也采取了一些补救措施，诸如早些年就开始实行的幼童出洋留学、鼓励各方面的特异之士脱颖而出的特殊政策等。只是从总体上说，不进行根本改革，便无

法为人才成长提供一个优良环境，所以康有为继续前人与时贤的讨论，再次提及八股考试的弊端，直接刺激政府最高层的敏感神经，应该说还是有价值、有意义的。光绪帝赞成这些分析，他接着说："然。西人皆为有用之学，而吾中国皆为无用之学，故致此。"

康对曰："皇上既知八股之害，废之可乎？"

光绪帝明确回答："可。"

康有为再对曰："皇上既以为可废，请上自下明诏，勿交部议。若交部议，部臣必驳矣。"

皇上曰："可。"

于是乎，这一事关无数青年学子前途的重大政策就在这瞬间决定了。如果说光绪帝真有什么魄力的话，如果说光绪帝真的像康等人后来所宣扬那样"圣明"的话，恐怕决定废止延续数百年的科举考试制度这一过程最足以表现。尽管这一政策后来还有不少曲折，但光绪帝的表态确乎相当重要。

接着，光绪帝问道：甲午战争之后大量战争赔款导致了严重的财政危机，有什么好的办法可以筹到大笔的款项吗？

针对光绪帝的问题，康有为详细解释了日本的货币政策及银行体制和印度的田税制度等情况，也谈到昭信股票发行的利弊得失，康认为这未必不是一种筹款办法，但是将筹款作为建设行宫的费用，则失去了它的原本意义，而且发行中的弊端太多，故未能变法而先害民。

在康看来，筹款、富民、发展经济，似乎都不是变法的必经阶段，他认为这些举措都是治标，而不是治本。所以他在怎样筹款、怎样开发富源、怎样增加政府财政收入方面并不愿意多做思考，因此也提不出什么真知灼见，只能谈谈翻译东西方书籍、派遣留学生出洋留学、派遣王公大臣出洋游历考察各国政治状况，以广见闻，减少变法的阻力等。而这些问题，或者已经是既定政策，如大量翻译东西方各种书籍，自林则

徐以来似乎清政府就没有做过任何限制；或者是一直在执行的政策，如派遣留学生出洋留学，这是慈禧太后当年与曾国藩、李鸿章两代重臣一起开始的一项政策，中间虽有反复，但并没有因为某些反对势力的反对而完全中断；或者是清政府已经意识到且已宣布要进行的，如派遣王公大臣出洋游历以广见闻等。所以，康此次谈话的兴奋点并不是光绪帝的兴奋点，他的关怀不仅与光绪帝相差甚远，有一些甚至已经落后于形势。而光绪帝当时最为关心的是怎样进行实质性的改革，诸如怎样开发中国的经济与市场，怎样筹集经费，而这些恰恰被康有为认为是形而下，不值得自己去关怀，去谈论。他的关注有些错位，所以即便没有荣禄的提醒，没有那么多人的反对，光绪帝和清政府都不可能授予他很重要的权力和地位。这一点是康有为和他的追随者们当年无论如何也没有想到的。

康有为兴致勃勃地谈论着，光绪帝也不忍打断他的兴致。康感到有点无聊，只好在那里反复重提用人行政以及开民智而激励民气，甚至还谈到怎样招抚会匪，更甚至提及光绪帝保全保国会的事情等，光绪帝终于不耐烦了，说："汝下去歇歇"，并嘱咐："汝尚有言，可具折条陈来"，似乎已无意再与这位"康圣人"面谈了。而康有为也如释重负，匆匆告退。这次谈话前后大约一个小时[①]。

"政治新锐"的失望

这次谈话目前尚未见到官方记载，所有内容与情形都是康后来的追忆。这里显然有后来的感觉与变异，但应该说比较真实地反映了当天的大概情况。基于这种判断，很容易看到康有为这次面见皇上的对奏不仅

---

① 张树年主编：《张元济年谱》，26 页，北京：商务印书馆 1991 年。

104

不成功，甚至可以说是一次败笔。所谈论的范围没有超出他先前的奏折和其他文章，其深度更不及他的著述。他的口头表达能力也没有获得发挥，甚至不太标准的官话可能都影响了他的表达。至于那些见解，如同前面略已分析的那样，某些方面有自己的特长，更多方面似乎并不特别优秀，只是与时贤的见解大体相似略有不同而已。

当天，光绪帝召集臣僚对康有为的安排与使用问题进行了专门讨论。目前所知参加这次讨论的至少有李鸿章、刚毅以及新进军机大臣廖寿恒等。廖提出可以赏给康五品卿衔，而刚毅已得到荣禄的交代，强调不能重用，"当予微差以折之"。光绪帝综合各方面的意见，决定任命康有为在总理衙门章京上行走①。

康有为和他的弟子们当天就得知这一任命，对这一出乎意料的结果自然很不满意。恰当此时，与满军机大臣们有着重大矛盾的李鸿章向康等人透露了这一人事任命案的内幕，这就更使得他们失望。按照他们的期望，康圣人"既以大用自负"②，获得此次召见后，无论如何也应该获得一个军机大臣类的重用，甚至他们还期待着能够补上翁同龢的位置。他们将责任归咎于慈禧太后和那些保守的满洲旧臣，以为正是他们这些人阻止了康圣人的政治道路。梁启超在第二天（6月17日）写给夏曾佑的信中说："西王母主持于上，它事不能有望也。总署行走，可笑之至，决意即行矣。"一个星期后，梁启超又致信夏曾佑，称康在做了许多弥补活动后依然无效，于是决定和弟子们一起离京南下③。他们无法接受这几近侮辱的任命，决定离开北京，从此不再过问国事，至少不再与清政府合作。这与当年孙中山在李鸿章那里没有得到适当礼遇之后的反应何

---

① 《康南海自编年谱》，44 页。

② 许应骙：《明白回奏并请斥逐工部主事康有为折》，《戊戌变法》（2），481 页。

③ 《梁启超年谱长编》，121 页。

其相似！果如此，中国近代的历史或许真要改写。

康有为和他的弟子们的期待也不能说毫无理由，因为当时也确有一些人对康的才能有过很高的评价。不过，他们并没有真的意气用事一走了之。失望之余，他们也在反思，真的离开京城之后又该怎么办？康有为没有获得期待的官职是否还有其他的原因？而且，这个官位虽然小，但清廷毕竟表达了使用康有为的愿望，由此台阶总会还有再度晋升的机会，何必在乎一时之得失呢？

康有为后来回忆时对这个章京上行走的职务还是比较满意的，因为按照清朝体制，向例总署章京由各部司员考取又复试之，其最高列者，尚须一二年，然后能传到，传到仅当译电等差，有年乃转司务厅，又一二年乃得派入各股，又数年乃可升提调，然后升帮办、总办，而康有为此次被特旨派差，为向来所无，入署即可派总办、提调。所以，康的一些知交多劝他不必对这个任命过于失望，应该欣然就之①。更何况，以小小的工部主事的身份获得皇上的亲切召见，不管结果如何，这件事情本身就意义非凡，这实际上是大清王朝自咸丰以来四十余年历史中所不曾有的创举②。事情的本身还是有可以值得自豪的地方。

让康在总理衙门章京上行走，似乎只是一种临时安排。五天后，即6月21日，康在通过总理衙门大臣递交谢恩折的时候，光绪帝的态度又略有变化，他对总理大臣说："何必代递？后此康有为有折，可令其直递来。"又令枢臣廖寿恒面见康有为，令其将所著《日本变政考》《波兰瓜分记》《法国变政考》《德国变政考》《英国变政考》等立即抄写进呈。有了皇帝的特别指示，康遂向总理衙门告假，并当面向李鸿章、廖寿恒、张荫桓诸大臣表示不能像其他章京那样赴总署当差的原因，请求

---

① 《康南海自编年谱》，45 页。

② 《戊戌政变记》，《饮冰室合集》专集之一，153 页。

辞去总理衙门章京上行走的职务①。

此后数日，康有为一方面精力充沛地参与以宋伯鲁、杨深秀等人名义上书的起草，一面昼夜编书。6月24日，进《波兰瓜分记》《列国比较表》；25日，进《法国变政考》；其德、英两国变政考，至八月上。

光绪帝催促康有为加紧编著各国变政书，既是时局发展的需要，也对康起到了极大的激励作用。康昼夜将《日本变政考》加按语于其上，借机发抒明治维新的意义、过程及其曲折条理。一卷甫成，即进呈；光绪帝复催，又进一卷。光绪帝阅之甚喜，皆深然之。康后来也很自负地表示：新政之旨，有自皇上特出者，每一旨下，多出奏折之外，枢臣及朝士皆茫然不知所自来，于是疑上谕皆我康有为所议拟②。

按照清廷给予康有为的委任，他的职务仅是总理衙门章京上行走，但同时具有专折奏事的特权。所以，康也就尽力发挥自己的长处，并不去总理衙门上班，而是潜心于撰写那些专折及专著。据不完全统计，康在百日维新期间以自己的名义上书十三次，数量并不算太多，但是大量由他撰写或主笔的奏折都以别人的名义呈递，还有一些奏折虽然不是康撰写，但大概意思是他的，或者是由他授意而撰写的。所有这些奏折，都可以看作康在百日维新期间的思想贡献。这些奏折的总量达到三十六件，加上康以自己的名义呈递的十三件，共计四十九件③。

从清政府的立场看，自光绪帝6月11日发表《明定国是诏》，就意味着新政的正式开始。之后罢黜翁同龢，调整荣禄、王文韶等人职务，也都是为新政的顺利推展而进行的必要改组。至于召见康等年轻的政治新锐人物，也是新政的组成部分和当然之义。负责推行新政的新政府有

---

① 《康南海自编年谱》，45页。

② 《康南海自编年谱》，47页。

③ 参见林克光：《革新派巨人康有为》，269—277页。

必要广泛听取各方面的意见，尤其是年轻一代新锐政治家的意见。他们大都关心国际时局的发展，具有西方的知识和经验以及敏锐的政治嗅觉，这些人都为新政思路的不断完善提供了源源不断的资源。所以，新政宣布之初，清政府就于 6 月 13 日明确宣示将不断召见这批年轻的新锐政治家，最初的一份召见名单中有康有为、张元济、黄遵宪、谭嗣同、梁启超等。

设译局透露出耐人寻味的信息

广泛听取年轻一代新锐政治家的意见是光绪帝和改组后的新政府的既定方针。随着新政的推展，这种召见也一直在进行着，而且清政府也按照既定计划从中选派人才，委派他们担任适当的职务。梁启超的被召见以及译书局的设立，就是最好的例子。

设立译书局专司译书事务是康有为的意思，也是他戊戌年间整体布局尤其是人事布局中的一个重要环节。6 月 1 日，康有为代杨深秀拟定了一份奏折，建议清政府设立译书局，专译日本典籍[①]。五天后，江南道监察御史李盛铎于 6 月 6 日奏请清廷仿乾隆年间《四库全书》馆成例，开馆译书，并建议多从日本转译。该折还就译书馆的机构设置、组织领导提出了一些建议[②]。杨深秀、李盛铎的建议甚得光绪帝的赏识，光绪帝先后将这些建议批转给总理衙门议复。

这个建议提出后，康有为急于人事方面的安排。6 月 13 日，康与梁合拟了一份题为《国是既定用人宜先谨保维新救时之才请特旨破格委任》

---

① 《山东道监察御史杨深秀片》，《戊戌变法档案史料》，446—447 页。

② 《江南道监察御史李盛铎奏请开馆译书折》，《京师大学堂档案选编》，14 页，北京大学出版社 2001 年。

108

的奏折，并以徐致靖的名义呈递。该折除了举荐康有为、黄遵宪、谭嗣同、张元济等人之外，还保荐了梁启超，并明确建议委派梁或到大学堂任职，或到译书局主事。奏折提到湖南抚臣陈宝箴聘请梁启超主讲时务学堂，订立学规，切实有用，若蒙皇上召置左右，以备论思与讲新政，或置诸大学堂令之课士，或开译书局令之译书，必能措施裕如，成效神速[1]。这就将拟议中的译书局或译书馆与梁启超的工作安排联系起来了。

然而不知事出巧合还是事在必然，就在同一天，掌陕西道监察御史黄均隆上了一份奏折，指责陈宝箴近年来学行西学，徒务虚名，毫无实际，其资人口实，有不能为其讳者。而最重要的一条罪状就是支持时务学堂，纵容梁启超大放厥辞：查湖南巡抚陈宝箴设立时务学堂，自应择师授徒，将器械操防及有用之举，切实讲求。乃聘请广东举人梁启超为总教习。梁启超者，曾在上海刊刻《时务报》，力倡民主、议院之说。陈宝箴称梁启超品端识卓，学通中西，延聘来湘，恣其横议。湘中人士尤而效之，以致有好事之徒鼓吹改正朔、易服色，刊报传播，骇人听闻。在梁启超等人的蛊惑下，陈宝箴设南学会以为议院之权舆，这些做法皆无裨实用，徒资人以口实[2]。黄均隆的奏折涉及陈宝箴、黄遵宪、康有为、梁启超等，几乎将徐致靖奏折中保荐的人物全部否定了。

黄均隆的弹劾确实给光绪帝出了一个不大不小的难题，但很显然，以徐致靖名义上的保荐人才折更合乎光绪帝此时的心情，于是光绪帝当天即向军机大臣明发谕旨：主事康有为、张元济预备召见；道员黄遵宪、知府谭嗣同送部引见；举人梁启超由总理衙门查看具奏。至于御史黄均隆的举报奏折，光绪帝指示：存。谨将原折恭呈慈览[3]。似乎有意保护梁启超。

---

① 徐致靖：《保荐人才折》，《戊戌变法》（2），337页。

② 《掌陕西道监察御史黄均隆折》，《戊戌变法档案史料》，252—253页。

③ 《军机大臣奏片》，《戊戌变法档案史料》，160页。

康有为以杨深秀的名义上的开局译书折及李盛铎开馆译书的建议均合乎当时的维新精神，所以总理衙门于 6 月 28 日议复表示同意，并根据皇上的要求主持制定了相关规划。总理衙门对广东举人梁启超进行了考察，以为由他管理译书局事务比较合适，而且期望以梁先前在上海创办的译书局为基础进行"官督商办"的改造，可收事半功倍之效。总理衙门同意每月拨给译书局经费银二千两，倘经费仍有不敷，准由该局召集股份，以竟其成。至于所译之书，除进呈御览及分送各省新设学堂、学会、藏书楼外，也准该局出售，俟开办数年之后，翻译之书渐多，出售之值可敷局中推广之用，即当停拨官款，以节经费[①]。这个方案当天就获得了光绪帝的批准[②]。

两天后（7 月 1 日），总理衙门传梁启超到署，大臣们一致认为他志趣远大，学问淹通，尚属究心时务。前在上海筹设译书局已具规模，业经总理衙门奏请拨给经费，将该局改为译书官局，责成梁启超经理译书事务，奉旨允准在案。梁启超平昔所著述，贯通中西之学，体用兼备，洵为有用之才。至于他的级别与权力，总理衙门建议光绪帝酌予京秩，以资观感。至于可否特赐召对之处，出自圣裁，总理衙门不便擅自作主[③]。

正致力于发现新政人才的光绪帝自然乐意接受总理衙门"特赐召对"梁启超的建议方案。7 月 3 日，光绪帝如约召见仅仅是举人出身的梁启超，听取他对新政的建议。根据梁的说法，按照清朝的成例，四品以上的官员才能获得皇上的召见，皇上召见官品低下的小臣自咸丰以后四十余年间从未有过先例，至于仅以举人的身份蒙获皇上的召见，梁启超深感自豪，称其尤为本朝数百年所未见。

---

① 《总理各国事务奕劻等折》，《戊戌变法档案史料》，448—449 页。

② 《总理各国事务奕劻等片》，《戊戌变法档案史料》，454 页。

③ 《总理各国事务奕劻等片》，《戊戌变法档案史料》，160 页。

梁启超很看重这次召见，但是关于谈话内容与谈话时的情形，他并没有像他的老师一样留下详细的记录。此次召见的结果是光绪帝让梁退朝之后将所著《变法通义》一书呈递上来。关于谈话细节，梁启超只在第二天写给夏曾佑的信中略微提及："昨日召见，上实明。稍惜诸老不足为助耳。"[1]

至于总理衙门提请考虑的级别与权限，清政府在光绪帝召见之后宣布赏给梁启超六品官衔，负责筹办并主持译书局的事务。这显然低于梁启超和他那些朋友的共同期待，于是梁此次极端重要的政治活动成为人们竞相猜谜的对象。

曾与梁启超有过密切交往的王照以为梁之所以在后来再不愿提及和渲染这次召见，是因为他没有获得光绪帝的赏识与器重，更没有如愿获得所期待的官职。按照清朝的惯例，皇上召见举人虽然不多，但只要蒙获召见，一般是赐予翰林，最下也应该赏给一个内阁中书的官位。按照梁当时在京城官场特别是全国舆论界的名声，他自信应该突破成例，谁料到不仅没有突破，甚至连成例都不如，仅仅赐给一个六品顶戴。甚至由此所获得的译书局职务，还是孙家鼐感到梁氏实在有点委屈，请托各方而获得的，其地位也与梁先前的报馆主笔差不多，根本没有进入正式的官场。这是梁和他的老师一样深感失望的地方。至于没有获得重用的原因，王照根据当时的传闻，称是因为梁氏的官话太差："梁氏不习京语，召对时口音差池，彼此不能达意，景皇帝不快而罢。"[2]

这或许有一定的道理，但其实都不是根本原因。康没有因召见而获得更高的职务，是他木秀于林，风必摧之，名声太大，反而引起他人的警觉；而梁没有获得进入官场的入门券，是因为他的文人气质与文人的

---

① 《梁启超年谱长编》，126页。

② 王照：《复江翊云兼谢丁文江书》，《戊戌变法》（2），573页。

名声太大，清廷即便有意于重用他，也只能用其所长，而不能用其所短。让他去办译书局，后来又让他去办报，实际上都是用其所长。而梁启超误会了光绪帝对他的期待，从另外一个方面也说明康梁等人的功名心太盛。更何况，让梁出任译书局的负责人，也是先前保荐书中所动议的呢。

在光绪帝召见梁启超的同一天（7月3日），光绪帝又面谕军机大臣，称京师大学堂指日开办，亦应设立译书局以开风气，至于应如何筹款兴办，命总理各国事务王大臣一并妥议具奏。这一指示深深启发了总理衙门王大臣，他们在随后的议复中索性将梁将要筹组的译书局与京师大学堂的译书局合二为一，以免同时并译，不相闻问，易致复出，徒费无益。且书中一切名号、称谓等均须各局一律，以方便读者阅读和使用，并提议由梁负责主持，始能措置得宜。但考虑到上海地处华洋要冲，购买外国书籍，延聘翻译人才等都较北京方便，故将两局合一之后并不撤销梁启超设在上海的翻译机构，而是将其归并到新成立的京师大学堂翻译局之中，成为下属机构。梁本人也可根据实际需要，随时往来京沪两地。至于编译局的功能，总理衙门建议除了着力于翻译西学著作外，还可以考虑整理中国经史等书，编成各种教材，以供各省新式学堂使用[①]。

总理衙门的建议可行性非常强，因此很容易获得光绪帝的批准并及时告知梁启超，梁获知这一消息后必然更加乐观，因为他的职权范围及活动空间都比先前的授权更大。一个足以证明的事实是，大约半个月之后，梁启超就译书局的开办情形向总理衙门做了详细汇报，就组织机构、经费预算、章程条例以及翻译、编译规划等提出详尽的计划，并同时进呈了拟就的译书局章程十条，定于7月19日（六月初一日）开局。

---

① 《请京师编译局并归举人梁启超主持片》，《戊戌变法》（2），412—413页。

梁在这份报告中还就经费、关防等问题有所请示，以为开局之初，惟购书籍、置机器、建房屋等项决不可少，约需开办银四万两乃可集事；至于关防，梁启超认为，此局既由官设，可否援各局之例，颁发木质关防一颗？①

对于梁启超的请求及所呈递的章程，总理衙门进行了研究，8月10日向光绪帝呈报研究结果。总理衙门以为梁所拟译书局章程尚属妥洽；至于梁请求的开办费银四万两，总理衙门也认为自应准如所请，俾得克期开办，并咨行南洋大臣及江海关道就近在出使经费项下划拨；至于关防，总理衙门也认为应该颁发，以昭信用。光绪帝当即批准了这个方案，译书局的开办指日可待②。

光绪帝关于京师大学堂也要设立译书局的指示，总理衙门规划将上海译书局与京师大学堂译书局合二为一，也同意在京师设立分局，于是梁启超在向总理衙门请求上海译书局开办费等事宜稍后，可能又向管理大学堂大臣孙家鼐提交了办理京师大学堂译书局的报告及章程，孙据此向光绪帝做了报告，光绪帝8月16日发布上谕批准了这个方案。光绪帝不仅全部满足了梁启超的请求，而且同意划拨的开办费、经常费均远远超过请求，这在戊戌年间各项新政请费中是极为罕见的。

光绪帝的上谕极大地鼓舞了梁启超，稍后，他再上一书，建议设立编译学堂，培养翻译人才，推动中国大规模地引进西学，并请予毕业生徒准予学生出身。为了推广译书局的出版物，梁还于8月26日上书清廷，建议政府援各国通例，通饬各海关、各厘局，将一切书籍报章概准免纳厘税。梁启超说，"计国帑每年所省，不过数百金，而沾溉士林，

① 《总理各国事务奕劻等片》，《戊戌变法档案史料》，454 页。

② 《总理各国事务奕劻等片》，《戊戌变法档案史料》，454—455 页。

113

获益匪鲜"①。这些建议大都获得了清政府的同意。这个结果使梁感到非常兴奋，他在后来所著的《戊戌政变记》中依然兴奋地表示，谨按我国科举向皆有学政考试乃得出身，学校生徒向无学级，故不足以鼓励人才。而他梁启超以微员所开之学校，而请学生之出身，实为中国四千年历史之创举。

梁启超的兴奋可能为时尚早。总理衙门于 8 月 21 日又向光绪帝上了一个折子，以为现在上海设局编译东西各书，实为讲求新政之要，不过，如果能够在外国就近购译，可能更有利于见闻弥广。且外国议院每议一事，辄刻成卷帙，分送使馆，而中国驻外使臣若罗丰禄、伍廷芳、庆常等于英法两国语言文字素所谙练，宜令就西政、西艺各种西书由使馆组织翻译成中文，再由这些谙练外国语的出使大臣详核润色，每半年汇寄一次，这样可能比单纯依靠新设的译书局更有效。总理衙门的建议引起了光绪帝的重视，当天的朱批是"另有旨"②。

近代中国人学习西方，是一个痛苦的漫长过程。因为语言文字的原因，至戊戌年，真正从西文直接翻译成中文的著作确实不多。而且在甲午战争后，随着日本的崛起，中国士大夫阶层中有相当一批人以为向西方学习的捷径是从日本转手，因为日本的文字来自中国，虽经改造，但中国人只要稍下功夫，学起来并不难。张之洞在《劝学篇》中谈论怎样翻译西书时持这种观点，梁启超受命主持译书局前后，大概也是这个看法。而在另外一些人看来，这种从日本转手的东西并不可靠，中国人只可学习日本人"实力讲求"的精神，而不应该从日文转译西书。户部员外郎恩裕 9 月 20 日上书表达了这一看法，以为日本翻译的西文各书，并不能尽西人之长。因此对于世界近代学术，还是应该以步趋泰西为

---

① 《梁启超呈》,《戊戌变法档案史料》, 456 页。

② 《总理各国事务奕劻等片》,《戊戌变法档案史料》, 456 页。

要，要不惜重金聘请西人中通中文且精于西学的人直接从西书翻译①。由于恩裕的建议提出后即发生了政变，于是关于怎样翻译介绍西方书籍的事情也就不了了之。梁启超受命筹组的译书局仅仅是戊戌年间新政中的一个举措，在实际生活中并没有发生作用。

---

① 《户部员外郎恩裕片》,《戊戌变法档案史料》, 458—459 页。

第五章　党争：中国政治的顽疾

1898 年的变革是全面的，包含政治、军事、经济、文化等各个方面。政治领域的改革争论大，成效小；军事领域的改革起步早，成效显著；经济领域也制定、颁布了许多新政策，只是由于时间短，并没有看出多少实质性成效，但其重构近代经济体制的企图对后来中国的发展起到重要影响；而文化领域的变革，主要是指变科举废八股，其所遇到的阻力最大，争论最激烈，甚至可以说由此而导致 1898 年中国故事的终结。

变科举为新政第一要义

科举制度的弊端早在几十年前就已有人提出，到了 1894 年甲午战争爆发的时候，谭嗣同就敏感地意识到中国问题的关键是能否变科举[①]。

---

① 谭嗣同：《报贝元征》，《谭嗣同全集》，403 页。

陕甘总督陶模于 1895 年 6 月 3 日上书言事，坚信中国之未来主要在于新人才的培养，如果不能改变旧有的教育体制，"不但和与战均无可恃，即幸而战胜，亦无益于根本"[1]。同一年，梁启超在他的那篇著名的《变法通义》中专列"论科举"一节，格外强调"欲兴学校养人才强中国，惟变科举为第一义。大变则大效，小变则小效"[2]。1897 年，梁启超的同门徐勤发表《中国除害议》，以为科举旧制为亡中国之大害，宣称"不除科举搭截枯窘之题，不开后世书后世事之禁，不去大卷白折之楷、八股之体、试帖之诗、定额之限、场期之促、试官之少、累试之繁，而求变法自强，犹却行而求及前也"[3]。唐才常也在同年发表《时文流毒中国论》，揭露科举时文带给中国的无穷之害。一时间，废科举、兴学校的呼声遍于国中。

科举制度实际上是那个年代选拔人才的"全国联考"，由于这一制度实行有年，更牵涉方方面面的利益，改革起来实在太难，因此多年来议论归议论，执行归执行。人人都说科举考试摧残人才，不利于选拔人才，可是人人也都参加科举。像张謇，从青年考到壮年，待到一登天子堂，心情的欢娱可想而知。包括康有为、梁启超，几乎那个时代的所有精英，除了章太炎这样极个别的另类因为某种特殊原因而错过科举考试这条正途外，没有谁不在这条艰辛的道路上跋涉。更具有典型意义的是严复，他对西学的理解在当时中国无人能出其右，对中国文化的看法也相当独特，甲午战败之后他最早意识到中国的失败不是败在北洋，不是败在军事，而是败在中国文化上，败在扼杀中国人灵性的科举考试制度上。所以他大声疾呼，中国要改革，要强盛，要自立于世界民族之林，

---

[1] 陶模：《培养人才疏》，《戊戌变法》（2），269 页。

[2] 梁启超：《论科举》，《饮冰室合集》文集之一，27 页。

[3] 徐勤：《中国除害议》，《皇朝经世文新编》卷二十。

莫要于痛除八股而大讲西学①。严复的态度是相当坚定和决绝的。然而，为了获得进士出身，已进入中年且饱学中西、盛名学界、誉满海军的北洋水师学堂总教习也只好一而再、再而三地参加那扼杀人灵性的科举考试。

科举考试制度的弊端在清廷最高层那里也不是一点都不知道。经过几十年的议论，这一制度的问题再明显不过了。但究竟应该怎样改革，能否一下子废除，清廷最高层似乎很难下决心，因为这毕竟牵涉无数青年才俊的出路，必须找到一个妥善的解决方案。

1897 年 9 月，随着维新变法思潮由京师向全国的推展，身处边远地区的贵州学政严修也深感变革的压力，他毅然奏请朝廷仿康乾招试博学鸿词旧制创设经济特科。严修期待以推荐、考察为主要方式来缓解以八股为取士唯一标准的科举制度弊病，扩大人才选拔的范围并增加选拔方式的多样性，"以广登进而励人才"②，得天下英才共佐朝政。

严修的建议引起强烈反响，光绪帝令军机处传旨总理衙门会同礼部妥议具奏。总理衙门以为严修的奏折"筹划亦颇周密"，于 1898 年 1 月 27 日奏请同意，大致可以仿照康熙、乾隆年间的博学鸿词，意在访求遗贤，故不限布衣及朝官外职。光绪帝称赞这个方案"洵足以开风气而广登进"，令照所议准行，并责令总理衙门会同礼部妥议详细章程。在章程尚未出台之前，光绪帝要求各主管大臣如有平素所深知者，出具切实考语，陆续咨送，俟咨送人数汇齐至百人以上，即可奏请定期举行特科③。

严修的经济特科建议以及清廷的批准，是近代中国教育史、政治史

---

① 严复：《救亡决论》，《严复集》（1），40—54 页。

② 严修：《奏请设经济专科折》，《戊戌变法》（2），329—332 页。

③ 《光绪朝东华录》（4），4026 页，北京：中华书局 1958 年。

上的重大事件，它表明中国在西方的冲击下终于迈出从体制上进行变革的重要一步，人才的选拔不再以八股、楷书为唯一的标准，故而梁启超称严修此折为中国一千余年科举制度史上的一次大突破，既为戊戌变法之原点，又开废科举制度之先声①。

不过，也遇到一些反对的声音。严修的恩师、体仁阁大学士徐桐对这个建议非常反感，宣布将严修革出门墙，表示以后再也不愿看到这个弟子，即便他登门拜谒，也不得通报，可见痛恨之深。

由于这一方案以及总理衙门的议奏尚缺少可操作性，所以虽然获得了光绪帝和清政府的高度重视，但是在此后的数月中，并没有大臣依照这个新办法保荐人才。于是相激相荡，终于衍生出戊戌年间围绕着科举制度存废的大争论，并由此衍生出新旧党争，为戊戌年间的政治发展留下许多的变数。

1898 年 4 月 6 日，浙江巡抚廖寿丰上奏清廷，就总理衙门拟就的方案提出修正意见。他认为，总理衙门以内政、外交、理财、经武、格致、考工六事为特科，并以为先特科而后岁举。这个方法固然简明允当，然而仔细推敲，惟此六事中，平日留心掌故，讨论时务，如内政、外交二者，当不乏人，若理财以下诸学，殆非设专门学堂培养数年之久，难期成就。且内政、外交及理财之农桑、格致之算学，或可命题以试，此外各学，非经过一定的试验程序，很难看到其价值与意义。为此，廖寿丰建议加大改造学堂的力度，无论何项学堂，必以修身、明理、绘图、知算为根本，庶风气转移，学者知所趋向。久而久之，符合社会发展实际需要的人才才能够逐渐培养出来②。

很显然，廖寿丰的意思是既要重视特科这样的非常之举，更要在常

---

① 《戊戌政变记》，《饮冰室合集》专集之一，31 页。

② 《浙江巡抚廖寿丰折》，《戊戌变法档案史料》，212—214 页。

规教育体制改革上下工夫，特别是随着近代西方科学技术知识在中国的传播与应用，中国新知识分子需要掌握的东西已远远超过旧时代，而且这些知识也非仅仅凭借书本就能够掌握，它可能需要相当的试验条件或其他辅助手段。

经济特科的设立与大清王朝先前的博学鸿词具有同等的性质，其价值在于因时审变，在得通才，以备百执之任，并不是为了求工匠之材。是特科，而不是常科。这是经济特科的关键之所在。所以，在廖寿丰看来，特科的设立不仅不应该影响常科的进程，而且应该由此推动常科的改革。由梁启超代掌宋伯鲁于 6 月 17 日上的奏折就对廖的这一看法表示赞赏，以为决不应以特科冲击、取代正常的学堂教育[1]。

廖寿丰的建议得到了光绪帝的关注，光绪帝 4 月 20 日将此奏折批转总理衙门会同礼部，将之与严修等前奏一并妥议具奏。

7 月 13 日，总理衙门大臣奕劻向清廷提交一折一片，报告了会同礼部的讨论结果，并随折附上特科章程六条[2]。应该承认，他们是尽心尽力地希望此次特科考试能够顺利进行。从这种心情出发，他们的这些规定也只是例行公事，并没有如一些人所推测的那样处处为难，故意刁难[3]。总理衙门甚至一再宣布降低特科的参与门坎和录取资格，大要不外乎为国家寻找到哪怕只有一技之长的人才。从这个意义上说，总理衙门大臣们并不是科举体制改革的反对者，更不是经济特科的反对者，所以当后来康有为一味指责他们蓄意阻挠科举制度改革的时候，这些大臣如许应骙自然感到很恼火，他们一再辩解的也只是从未反对过科举体制改革尤其是经济特科的创设。

---

① 《掌山东道监察御史宋伯鲁片》，《戊戌变法档案史料》，216 页。

② 《总理各国事务奕劻等折》，《戊戌变法档案史料》，228—231 页。

③ 《总理各国事务奕劻片》，《戊戌变法档案史料》，231 页。

关于报考人员的保举问题，自严修后的所有建议几乎都涉及这一点，争论也比较激烈。内阁中书王景沂上书建议放宽保举条件，无论已仕未仕，只要于经济特科六目确有专门，准其自赴总署报名，恭候御试。王景沂的建议确实看到了问题的一个方面，如果仅仅依靠京内外大员保荐，当然难免遗漏草野之贤。光绪帝于9月5日面谕军机大臣，命总理衙门王大臣就王景沂的建议妥议具奏。

9月19日（八月初四日），总理衙门遵照光绪帝的指示提交了报告，强调特科规定由京内外大员出面具保，也只是参照康熙、乾隆年间两次博学鸿词特科的成例，如若采取王景沂的建议，改由自行报名，恭候御试，就怕那些有真才实学的人不愿意毛遂自荐，而那些华而不实的人则往往借机招摇，朝廷欲广悬纳贤之旌，结果却得到滥竽之讥。不过，总理衙门也认为王景沂的建议有可取之处，至少对于特科六目中的考工、格致二事，似乎可以采取自行报名、恭候御试的办法，因为考工、格致两事非有图说无法说得明白[①]。妥议具奏得到了光绪帝的首肯，当天的朱批同意此后参照这个方案执行。

新旧党争拉开了序幕

廖寿丰加大学堂改造力度的建议深刻启发了政治高层，光绪帝在宣布明定国是诏时，一是宣布创立京师大学堂，期待以新学堂的创办去取代旧的教育体制；二是指出科举考试制度的弊端，但对是否废除以及怎样改革，并没有提出明确的看法。

清政府在涉及无数青年才俊前途的考试制度方面的改革取谨慎态度无疑是对的，以先立后破的方式着手创建京师大学堂和各地新式学堂，

---

① 《总理各国事务奕劻等片》，《戊戌变法档案史料》，240页。

以便为青年学子提供一个过渡期的缓冲带。

然而，这却激起了主张变法维新的青年一代知识分子的极端不满。6 月 16 日，康有为利用面见光绪帝的机会，直接当面指陈八股科举考试制度的危害。按照康的想法，他期望以皇上的一纸上谕废除沿袭数百年的八股考试制度，以雷厉风行的改革重建中国近代教育体系，彻底解决人才培养上的问题，为中国的振兴提供源源不断的人力资源。随后，他连续写了几份要求坚决废除八股考试制度的奏折，以便为清政府宣布废除八股科举考试提供舆论支持。

面见光绪帝的第二天，康有为请梁启超以宋伯鲁的名义呈递一份奏折，强调八股考试是大清王朝不断衰落的根本原因，现在采取的八股取士方式，一律不许用后世书、后世事，美其名曰清高雅正，实以文其空疏谫陋，其弊端已为天下人所共知。梁启超竭力发挥 6 月 11 日上谕中所蕴含的精神，强调应该令年轻一代知识分子以圣贤义理之学为根本，又博采西学之切于时务者实力讲求，以救八股考试的空疏迂谬之弊，成通经济变之真才；建议政府痛下决心，果断宣布三年后永远停止八股考试[①]。

同一天，康有为又呈递一份奏折，以自己追求科举功名的痛苦经历痛斥八股科举考试制度的荒谬，强调中国在甲午战争中之所以失败，其后之所以被割去大片土地，之所以承担大量的战争赔款，并不是朝廷无能，而根本原因在于八股科举考试窒息了士人的性灵，强烈要求清政府立下明诏，废除八股科举考试制度[②]。

18 日，康有为再上《请停止弓刀石武科考试制度改设兵校折》，建议政府配合新教育体制的建立改用新式军事学堂训练将校。

---

① 《掌山东道监察御史宋伯鲁折》，《戊戌变法档案史料》，215—216 页。

② 《请废八股试帖楷法试士改用策论折》，《康有为政论集》上，271 页。

19 日，康有为又上《请商定教案法律厘正科举文体听天下乡邑增设文庙谨写孔子改制考进呈御览以尊圣师而保大教折》，以为国亡于无教，教亡于八股。故八股之文，实为亡国、亡教之大者，建议清政府尽快厘正科举文体，立变科举八股之制。

与此同时，梁启超也联络各省举人联署上书，请求清政府特下明诏，宣布天下，停废八股取士，改用经制六科，培养新式人才[1]。以参加科举考试者的身份呼应康有为等人废八股的建议。

康、梁等人为呼吁清政府废除八股取士制度可谓费尽心机，然而自6 月 16 日起快一个星期过去了，光绪帝并没有像他当面答应的那样自下明诏，毋交部议。在康、梁看来，废除八股取士制度没有获得积极的响应，光绪帝似乎也忘记了这项新政之最要事情。

经过一番详细的了解，康、梁等人自以为找到了问题的症结。他们按照新旧思维的固定范式将光绪帝不能"自下明诏"的责任完全推到他们所认为的那些"守旧礼臣"的身上。6 月 17 日早朝时，光绪帝收到以宋伯鲁的名义呈递的要求废八股的奏折后，即命枢臣拟旨，而协办大学士兼兵部尚书刚毅则建议将此事交给礼部去讨论并提出方案，光绪帝突然想起康的忠告，于是明确告诉刚毅："若下礼部，彼等必驳我矣。"而刚毅则认为此事重大，行之数百年，不可遂废，请上细思。刚毅的固执无疑激怒了光绪帝，光绪帝闻言厉声斥责："汝欲阻挠我耶？"刚毅乃言不敢。及退朝，刚毅仍提醒光绪帝此事重大，最好由皇上请示慈禧太后之后再作决定。但光绪帝命枢臣拟旨的消息不知何故传了出来，京师哗然，人人争传废八股，喜色动人[2]。这实际上都为重大决策的进行留下了隐患，只是康、梁等人当时不自觉而已。

---

① 《公车上书请变通科举折》，《湘报》（影印本），949—951 页。

② 《康南海自编年谱》，45 页。

刚毅的反对只是程序上的，作为军机大臣和总理衙门大臣，他劝光绪帝持审慎态度，似乎也没有大错。但是，当时以康有为焦躁的心情当然无法理解刚毅等人的言行，他们认为对废科举的阻挠就是对新政的阻挠。当然，他们也不敢直接攻击刚毅，于是找到了与刚毅关系比较密切，且对废八股这一重大举措也持异议的礼部尚书许应骙做为攻击的目标，以期达到攻击刚毅的目的。

6月20日，康有为代宋伯鲁、杨深秀草拟一封弹劾"守旧礼臣"的告状信，指责许应骙守旧迂谬，阻挠新政，称许品行平常，见识庸谬，妄自尊大，刚愎自用，贻笑邻使。身为教育主管，却对科举制度改革心怀不满，腹诽朝旨，在礼部堂上公开宣称经济特科之无益，甚至扬言务欲裁减其额，使之推广困难。该折揭露许应骙凡见诏书有关乎开新弃旧下礼部讨论执行者，便多方阻挠；其接见门生后辈，辄痛诋西学；遇有通达时务之士，则嫉之如仇。该折建议清廷将许应骙革职，庶几可以去新政之壅蔽[①]。

光绪帝收到康有为代拟的弹劾奏折后极为愤怒，因为事实确乎验证了康的判断：不要将废八股的决定交给"部议"，否则他们就会利用自己的权力提出驳议。光绪帝在这份奏折上批道："御史宋伯鲁、杨深秀奏礼臣守旧迂谬、阻挠新政一折，着许应骙按照所参各节明白回奏。"即要求许应骙对弹劾奏折所涉及的问题说说清楚。

涉及的问题为两类，一是许在礼部办公会议上曾经反对废八股，二是许在外交活动中曾"贻笑邻使"。后者带有捕风捉影的性质，军机处在上报时也不太相信，在副录本中对许在外交活动中失误的指控做了删节，盖不相信奏折中的指控是事实[②]。而前者似乎确为事实，许应骙曾在

---

① 《掌山东道监察御史宋伯鲁等折》，《戊戌变法档案史料》，5—6页。

② 《戊戌变法档案史料》，6页。

礼部的公开场合表示过对废八股体制的不满。如果从言论的责任上说，许应骙在政府决策的过程中而不是决定之后当然有权表示对一项重大决策的看法。但是当光绪帝真的动怒，要求他对这些事情说说清楚的时候，许应骙也就毫无办法。于是他想到了刚毅，因为他也曾对废八股表示过不同意见，他希望刚毅能够利用自己的皇族特权在皇上面前美言几句以保护他过关，至少也希望能够给他出出主意，怎样渡过这一难关。

刚毅确曾当面建议光绪帝慎重考虑废八股，所以对许应骙的请求并不感到意外，在力所能及的条件下，他也曾向光绪帝为许应骙"乞恩"。在得知弹劾奏折出于康有为之手后，他也曾劝许应该反攻为守，不要只急于辩白自己，更要敢于揭露、攻击康有为，刚毅对康始终没有好的印象。这便在事实上回应了康有为的指控，似乎清廷内部真的始终存在一个守旧派，他们专以新政为敌。戊戌年间的新旧党争终于由此拉开序幕。

新旧党争当然不是光绪帝所期待的，作为清廷最高当权者，背后有慈禧太后的支持，他期望所有臣僚都能够同舟共济，推动新政的顺利进行。因此当他收到弹劾许应骙的奏折后，心中自然很反感。他一方面要求许明白回奏，一方面也充分考虑了刚毅的合理建议，在当天就废八股的问题专程赴颐和园向慈禧太后征求意见 [1]。

废八股、改科举、兴学堂的舆论已经有若干年了，以八股为主要内容的科举考试制度积久成弊，也确实到了不改不行的时候了。乾隆时就有人提出应该改变八股取士的体制，曾国藩也曾表示过对八股取士体制的不满，但是由于习惯势力的反对，也因为当时中国尚未面临后来如此严重的困难局面，也就不了了之。最近的若干年，特别是甲午战败之后的几年，国内舆论界在反思时，也总是归结于八股考试制度

---

[1]　郭廷以：《近代中国史事日志》下，1006 页，北京：中华书局 1987 年。

扼杀了人才。李鸿章、张之洞也曾议论过废八股，以为改革科举体制已经成为变法维新的第一等要事。作为清廷实际上的最高领导人，慈禧太后对这些议论当然知道，她之所以在先前同意派遣幼童出洋留学，同意各地试办新式学堂等，也是有意在适当的时候对八股取士制度进行一些改革。只要是有利于大清王朝长治久安的建议，她都不会反对。从当时的法律观念说，大清王朝也只是她的私家产物，她理所当然地比任何人都更爱护它。所以，当她听了光绪帝的建议之后并没有表示反对。

康有为等人知道光绪帝将赴颐和园请懿旨，但太后的态度并不为他们所知，他们认为，太后总是站在守旧的一边，设法束缚光绪帝的手脚。所以，他们为了给慈禧太后继续施加压力，促成光绪帝尽快发布废除八股取士制度的上谕，6月22日，康有为又借徐致靖的名义上了一折，将矛头直指那些"守旧礼官"，以为正是他们的阻挠致使中国的许多制度当变而不能变。奏折建议皇上不要再听信这些守旧礼官的驳议而贻误天下大计，特旨明谕天下，罢废八股[①]，反复强调废除八股取士制度是正在开展的新政之最要而成效最速的一件大事。

康有为对那些"守旧礼官"肆无忌惮的攻击实际上开启了戊戌年间的新旧党争，将那些原本并不坚决反对新政的官僚用力推向了对立面，无形中增加了新政的难度。事实上，自6月11日光绪帝宣布将要实行新政改革以来，改革已成为清政府内部的主流意识，即便有些官僚对某些改革措施可能存在一些看法，但在必须通过改革获得新的活力这一点上其实都建立了共识。而康有为等人竭力渲染清廷内部的守旧力量，并通过各种方式向光绪帝不断灌输"新旧不两立"的意识，实际上是给自己树立对立面。也就是康有为代徐致靖拟折攻击那些"守旧礼官"的

---

① 《代徐致靖拟请废八股以育人才折》，《康有为政论集》上，286页。

同一天（6月22日），许应骙遵照光绪帝的指示"明白回奏"，对弹劾奏折所提出的问题一一驳斥，并接受刚毅的建议反攻为守攻击康有为。

在这份回奏中，许应骙对弹劾奏折所指责的几件事情进行了全面辩解，他认为，没有一件可以成立。比如指责他"腹诽朝旨，在礼部倡言经济科无益，务使裁减其额，使得之极难，就之者寡"一节，许的辩解是：查严修奏请创设经济科一折，系下总署核议，正是我许应骙与李鸿章等以其延揽人才转移风气起见，当经议准并提出建议案。如果我不同意设立经济特科，完全可不随同画稿，何至朝旨既下，忽生腹诽？再者说，诽存于腹，该御史奚从知之？任意捏造，已可概见。按照这个解释，许应骙不仅不是经济特科的反对者，而且是最早、最有力的支持者。

至于指责许应骙在接见门生后辈时痛诋西学，遇有通达时务之士则嫉之如仇一节，许也做了完全相反的解释。他强调他来自风气开化最早的广东沿海，洋务夙所习闻，数十年来讲究西法，物色通才，如熟悉洋务的华廷春、精练枪队的方耀、善制火器的赖长等，均由他先后保奏朝廷，委以重任。方今时事多艰，需才愈急，凡有一技之长堪资实用者，他作为礼部尚书从来不愿失之交臂，即平日接见门生后辈，无不虚衷谘访，以便发现人才，冀有所益；并不时训导诸生务求实际，无尚虚华，从来没有痛诋过西学、仇视过通达时务之士。

紧接着，许应骙谈锋一转，称原奏指责他仇视通达时务之士也不能说毫无依据，他回想后认为这可能是指他对康有为的态度。他解释道，他和康是同乡，稔知其少年时代即无行乡里，名声极坏。待到康有为通籍旋里，屡次与乡里人士发生冲突，为众论所不容。始行晋京，意图倖达，终日联络台谏，夤缘要津，托词西学，以耸听观。即我许应骙的寓所，康有为也干谒再三，只是我鄙视其为人，概予谢绝。这大概就是"仇视通达时务之士"的例证。许应骙说，此后，康有为在广东会馆

私自立会，聚众至二百余人，我许应骙作为礼部大臣恐其滋事，复为禁止，这就是我许应骙修怨于康有为之所由来。

至于康有为的问题，许应骙说的更多，他指责康是政治小人，狂妄至极：当朝廷下令康有为准备入对时，康即以大用自负，甚至向乡人扬言，他即将奉旨充任总理衙门章京，不无觖望。现在康逞其横议，广通声气，袭西报之陈说，轻中朝之典章，其建言既不可行，其居心尤不可测。若不将康有为罢黜回籍，任其久居总署，必刺探机密，漏言生事；常住京邸，必勾结朋党，快意排挤，摇惑人心，混淆国事，关系非浅[1]。

许应骙反攻为守，具有相当大的杀伤力。康或许并不像他所指责的那样，清廷也没有立即听取许的建议对康采取什么措施；但在那些老政治家眼里，“政治边缘人”出身的康有为所从事的一切除了他的爱国真诚外，应该也有着不可估量的个人野心。凡此，都为康后来的政治处境埋下了伏笔。

乘胜而进，立废八股

原本只是程序性的争议引起了无谓的党争，其直接后果是将废八股的决策尽可能地做了调和，以便各方都能接受。

6月23日，光绪帝宣布废除八股取士制度，要求乡会试及生童岁科各试中过去一直使用的四书文一律改试策论。同时又宣布这一改革三年之后施行，至于分场、命题、考试等一切详细章程，仍将由康有为等人最厌恶的“守旧礼官”们尽快制定予以公布。上谕还特别说明，此次之所以特降谕旨宣布废八股改策论，主要是因为这些年来时文积弊太深，

---

① 《光绪朝东华录》（4），4100页。

128

不得不改弦更张，以破拘墟之习。至士子为学，自当以四书六经为根底，策论与制艺殊流同源，均不外通经史以达时务，总期体用兼备，人人勉为通儒[①]。这一调和的上谕顾及了存废两方的面子，争议似乎至此可以结束。

可是，争论并没有结束，因为该上谕虽然明确宣布废八股，可时间定在三年后的下科；而且详细章程仍将由礼部负责制定。仅仅从操作层面说，该上谕也存在明显的问题，那就是将所有改革都推到三年后，届时乡会试并不能获得足够数量接受过新教育的生源[②]。康广仁主张，"罢制艺不必待下科，小试尤宜速改策论"[③]。

乡会试的准备确实需要足够的时间，而下一次乡会试毕竟在三年后，这是没有办法的。问题在于，三年后的乡会试废八股改策论，而那些将在三年后参加乡会试的童生秀才们如果不从现在开始改策论，怎么保证三年后的乡会试必能废八股改策论呢？

基于这些分析，康、梁等人在短暂的欢娱之后感到光绪帝"不彻底"的上谕是因为受制于守旧势力的包围。他们觉得有必要立即开展一次"立废八股"的运动，以期突破守旧势力的包围和影响。6月30日，康有为、康广仁、梁启超等人将讨论的结果起草成一折一片，以御史宋伯鲁的名义呈递。

在这份题为《请将经济岁举归并正科并各省岁科试迅即改试策论折》中，他们沿用中体西用的思路，提出培养通才的方式只能是立废八股改策论[④]。他们认为，既然朝廷已决定废八股改策论自下科始，那么现在的生童就应该立废八股改策论，如果仍用旧办法，则明明为已废之

---

① 上谕第60，《戊戌变法》（2），24页。

② 《戊戌政变记》，《饮冰室合集》专集之一，96页。

③ 文悌：《严参康有为折》，《戊戌变法》（2），487页。

④ 《请将经济岁举归并正科并各省岁科试迅即改试策论折》，《康有为政论集》上，294页。

制，灼然知其无益，且两年后即将废弃，那么又何必让天下无数生童白白浪费这两年时光呢？所以，他们建议尽管乡会试废八股改策论自三年后下科始，但生童岁科试无论如何应该立废八股改策论，经史时务，两者并重，这样生童就不必为旧的考试制度分心而专心致志于讲求实学，为三年后的乡会试储备足够的人才。

应该承认，这个分析是有道理的，因此获得了清廷的高度重视。奏折呈递的当天，光绪帝发布谕旨，修正6月23日三年后废八股改策论的谕旨，宣布乡会试既改试策论，经济岁举亦不外此，此应并为一科考试，以免分歧。至于生童岁科，命各省学政即行改试策论，毋庸候至下届①。这一修改，意味着全面采纳了康有为等人的建议。

废八股改策论的决策有利于时务人才的培养，是戊戌年间最值得称道的一件大事。不过八股制艺毕竟流行了近千年，已经成为许多人的饭碗，骤然将这一维系着无数人生计的考试制度废除，自然激起一部分人的反对。刚毅、许应骙等人如果真的有什么意见的话，估计也只是担心这样容易引起各阶层的反弹以及社会的动荡不安而已。事实上，当废八股改策论的消息传开之后，已有社会动荡的征兆，因此而突然失业的大批士人对康有为等人恨之入骨，据说直隶的一些士人甚至考虑采用极端的手段对康行刺。康身边的一些人也劝他多请几个保镖，深居简出，以免意外②。由此可见废八股在当时确实不是小事，不应该将所有的反对都一律视为守旧的势力。

根据光绪帝谕旨的精神，负责科举考试的礼部进行了一番慎密的研究。7月10日，礼部以怀塔布等人的名义向清廷呈交了一折一片，就光绪帝6月23日、30日两次上谕以及宋伯鲁原折中所涉及的问题提出修

---

① 《戊戌变法档案史料》，225页。

② 《康南海自编年谱》，45页。

正意见，并就分场、命题等一切事宜拟定详细章程十条①。另外，他们还就宗室参与乡会试做出相应规定②。从这十条简明章程看，他们是按照光绪帝的指示就新的考试制度进行规范，看不出他们有意刁难维新势力的意思。

今天看来，对废八股有不同的意见是正常的，但在康有为等人看来却并不如此，他们认为是守旧势力的挑拨以及他们对改革、对新政的敌视。所以，康等人在代御史宋伯鲁草拟将经济岁举归并正科并请求清政府在生童岁科试中立即实行的奏折时，又附在此折之后上了一片，题为《请旨申禁复用八股试士》。

在这份建议书中，康有为的描述与分析或许都有道理，但他对守旧势力的渲染，以及诱导光绪帝坚决与守旧势力作斗争，则未免将原本并不复杂的阵营复杂化，使戊戌年间的新旧党争更趋于明朗。康认为那些强调八股不可废的人，非自为衣食之谋，即为子孙之计。假使有真才实学，不论考试方法怎样改革，他们依然是最优秀的人才，依然能够实现自己的理想。康有为郑重建议光绪帝持以毅力，勿为所摇，申下谕旨，严令如有奏请复用八股试士者，必系自私误国之流，重则斥革降调，轻亦严旨申饬，庶几旧焰消沮，人心大定，而真才可以日出③。

康有为这种置改革措施于不容讨论之余地的武断态度，开启了后来五四新文化运动激烈反传统主义的先河。它不是化解矛盾，不是使那些一时间尚不明白改革意义的人逐步明白改革的意图与价值，而是用政治高压迫使人们接受一种尚不熟悉的新举措。

更有甚者，康有为等人在清政府已将生童岁科试改为策论后，还不

① 《礼部尚书怀塔布等折》，《戊戌变法档案史料》，224—227页。
② 《礼部尚书怀塔布等片》，《戊戌变法档案史料》，227—228页。
③ 《请旨申禁复用八股试士》，《康有为政论集》上，296页。

断在青年知识分子中制造声势，期望以此湮没所有反对意见，但结果却激起更加强烈的反弹。7月5日，梁启超在康有为的授意下，联合各省在京已参加完当年会试的举人上书，请光绪帝特下明诏，明令下科乡会试停止八股试帖，皆归并经制六科举行；其生童岁科试以经古场为经制正场，四书文为二场，并废八股试帖体格①。

就其内容而言，康、梁策动的这次公车上书并没有多少新意，且在青年一代知识分子层造成分化，促使一部分原本并不激烈反对的人极端痛恨康、梁，至有欲聚而殴之者。自是谣诼大兴，遍于天下②，无形中增加了新政推行的阻力。

原本为新政中应有之义的废八股、改科举竟然闹得沸沸扬扬，天下不得安宁。这一方面说明旧的习惯势力很难轻易改变，另一方面也说明康的激进措施除了制造舆论影响外，并没有为人们提供改革后的妥善保障。所以，八股取士的体制应当废除是一回事，如何废除则是另外一回事，这就不是康有为等人所能承担的了。

7月4日，以稳健著称的清廷重臣张之洞与湖南巡抚陈宝箴联名呈递《妥议科举新章折》，在默认八股取士制度必须改革的前提下，对旧的考试制度进行了相当大的改革。这主要体现在内容上，至于形式，尽量不做大的调整，以免造成无谓的争论。这个方案既迎合了新潮流，又照顾了旧习惯，是一个新旧两宜的折衷选择：博之以经济，约之以道德③。

张之洞、陈宝箴的新科举方案得到清廷批准，7月19日上谕称赞这个方案"剀切周详，颇中肯綮"。由康、梁等人鼓吹的"立废八股"运动终于由张之洞等人的"稳健方案"暂时得到落实。

---

① 《公车上书请变通科举折》，《湘报》（影印本），949—951页。

② 《戊戌政变记》，《饮冰室合集》专集之一，26页。

③ 张之洞：《妥议科举新章折》，《戊戌变法》（2），466—471页。

"政治边缘人"的权利诉求

废八股、改科举的活动在张之洞、陈宝箴等人的调和下终于不了了之，科举制度的改革还要留待未来若干年之后。这是康有为等人当时无论如何也没有想到的。

不过，康有为乃至光绪帝等一切关怀着中国前途与命运的人能够想到的是，废八股、改科举，乃至最终废除科举考试制度肯定不是一件容易的事情，所以他们在倡导这项旧制度改革时，既期待能够获得成效，又有另外一种准备，即以先立后破的方式，以倡导建立新式学堂的方式为中国培养所需的有用人才。6月11日，光绪帝在宣布明定国是诏时，就将创建京师大学堂作为新政最重要的事情之一，只是没有引起朝廷诸位重臣的重视而已。

6月26日，光绪帝再下谕旨，对军机大臣、总理衙门大臣因循延迟提出严厉批评，命他们就创设京师大学堂的事情督饬相关部门克期议复。倘继续玩忽职守，不能依限复奏，定即从严惩处不贷[①]。

光绪帝的盛怒并没有推动创设京师大学堂的步伐。6月30日，江南道监察御史李盛铎参照日、英等大学体制拟定了五条办学大纲，就京师大学堂与中国整个教育体制的关系、选址原则、功课设定、款项筹措以及委派大臣出洋考察等提出了不少建议。这些建议立意深远，构思宏大，具有极强的可操作性，因而在后来的实践中被广泛吸收[②]。

有了李盛铎的规划，军机大臣和总理衙门大臣又参照先前的各种方案进行研究，就京师大学堂的体制、规模以及所需的人才、物质支持等方面于7月3日提出了一套比较完整的方案和详细章程，京师大学堂

---

① 《光绪朝东华录》(4)，4104页。

② 《江南道监察御史李盛铎折》，《戊戌变法档案史料》，254—257页。

133

的筹备工作真正启动①。

总理衙门这份章程是委托康有为起草的，而康又转托梁启超执笔。该章程参照东西各国特别是梁启超个人在万木草堂、湖南时务学堂的经验，就大学堂的性质、地位、功能、宗旨、课程及专业设置、考试方法与方式等问题做了规定，也确实具有一些独特色彩②，是一份比较好的规划图，若按照这个规划认真办理，不出数年，中国高等教育必将雏形初现，新式教育体制也必将逐步出现与完善。

京师大学堂章程出来后，筹建工作也就紧锣密鼓地开展起来了。总理衙门尤其是管理大学堂大臣孙家鼐忙着为大学堂寻找合适地点建筑全新校舍，并委托出使日本大臣裕庚将日本大学堂建筑蓝图寄回，以便参考。总理衙门指定将马神庙一处房产作为大学堂临时校舍后，由于修葺整理还需一段时间，因此孙家鼐于8月30日建议派遣大学堂办事人员中的江南道监察御史李盛铎、翰林院编修李家驹、庶吉士宗室寿富、记名御史工部员外郎杨士燮等利用这个时间空档，前往日本考察高等教育③。

总理衙门在制定京师大学堂章程的同时，也对其内部设置提出一些建议，其中比较重要的是将6月22日由御史杨深秀、李盛铎提议设立在上海的官译局与光绪帝建议在京师大学堂内设立的译书局合二为一。

按照康有为的说法，京师大学堂的创建与他本人关系极深，这一方案既是他的建议，也是总理衙门委托他制定章程，后来因事务实在过于繁忙，他才转请梁启超代为执笔。这个章程当然代表了康的一些观念，其中最重要的是将大学堂的权力归之于总教习，而管学大臣则形同虚设。

当时的管学大臣孙家鼐与康有为相知甚久，他曾真诚地对翰林院编

---

① 《遵筹开办京师大学堂折》，《戊戌变法》（2），410—412页。

② 《管理大学堂大臣孙家鼐片》，《戊戌变法档案史料》，309页。

③ 《管理大学堂大臣孙家鼐折》，《戊戌变法档案史料》，276页。

修葺光典说：“今朝士忠肝热胆而心通时务者，惟康某一人耳。我皇上责我变法，我惟举康某人，我则安能？”于是在孙已受命主持京师大学堂的创办但尚未看到梁起草的这份大学堂章程时，曾当面真诚地邀请康有为出任大学堂总教习一职。这种真诚还表现在他甚至委托已内定出任大学堂总办的陈炽前去劝驾。而康此时或许尚对可能获得其他更高的职务抱有幻想，于是对孙的邀请不予考虑，以“自度年德才位恐不足以率之，度教无成，徒增谤议”为由婉言谢绝，此事似乎至此可以结束[①]。

不料孙看到梁启超拟定的大学堂章程后勃然大怒，他以为将大学堂日常事务的权力归诸于总教习是别有用心，而康有为对总教习的婉拒也是惺惺作态。因为此时前后，李鸿章、陈炽、廖寿恒等迭向孙推荐康有为出任总教习，由此肯定康曾向这些要员们提出过此要求。孙于是与康反目成仇。

如果仅就政治观点而言，孙家鼐不仅是当时比较有学识的开明官僚，也是当时最具维新思想的大员之一。在京师大学堂开办之初，光绪帝遂将这一重任交给了孙以管学大臣的身份全权负责，并将所有原设官书局以及新设立的译书局等一并归入大学堂，颇负盛名的梁启超也只是在大学堂中具体负责译书局的事务。但是孙与康反目成仇后，孙的政治见解开始发生变化，对康、梁等人的看法也与先前不同。

孙家鼐实际上早就知道康的政治见解尤其是学术观点，但在先前双方比较友好时，这些差异都可忽略不计。但是现在，这些却成了大问题。而且，从孙的身份、地位说，他虽然恼怒梁的大学堂制度设计，但这个话题实在无法提上台面，事情的发展迫使孙家鼐从学术上攻击康有为。

7 月 17 日，即梁启超拟定的京师大学堂章程上奏后半个月光景，孙

---

① 《康南海自编年谱》，48 页。

家鼐向清廷呈递了一份举报康有为的奏折。他说，最近仔细阅读了康的全部著述，其《中西学门径七种》一书稍有价值，其第六种《幼学通议》一条言小学教育方法，深合古人《学记》中立教之意。但其第四种《春秋界说》、第五种《孟子界说》言《公羊》之学，及《孔子改制考》第八卷中《孔子制法称王》一篇，杂引谶纬之书，牵强附会，必证实孔子改制称王而后已。这个观点非常荒唐，不要说孔子是历代中国人景仰的至圣先师，断无此僭乱之心，即便是后人有此推尊，亦何必以此事反复征引，教化天下？孙家鼐担心康以此为教，人人存改制之心，人人谓素王可做，是导天下于大乱。因此，孙家鼐建议清廷明降谕旨，将康书中凡有关孔子改制的内容一律删除①。

就当时政治格局看，康确实是一个极有争议的人物，但光绪帝对其真实态度如何，孙家鼐心中并没有底。所以他在这封实际上是弹劾奏折中并没有完全抹煞康，并称其才气可用，以为宜如文帝之待贾谊，老其才折其气而后大用之。

《孔子改制考》确曾引起过学界的争论，但康进呈后并没有在光绪帝那里引起孙所担心的歧义。所以，光绪帝在得到奏折后，也就没有下令康删除内容，而是命军机大臣传旨孙家鼐，再令孙传旨康有为而已，似乎有意调解他们之间的矛盾。康有为在孙家鼐无端攻击的第一个回合中稍占上风，孙对康的反感当然也没有因光绪帝的调解而缓解，而是相反。

孙家鼐的奏折没有发生效力，但他作为管学大臣实际上能够牢牢控制住康、梁这些文化人。在孙呈递弹劾奏折的同一天，康也通过宋伯鲁呈递了一份改《时务报》为官报的奏折，而这又引发他们之间更加剧烈的冲突。

---

① 孙家鼐：《奏译书局编纂各书请候钦定颁发并请严禁悖书疏》，《皇朝蓄艾文编》卷七十二。

康首先罗列了报馆的四大好处，建议清政府应该出资主持一份属于政府的官报，并明确建议将梁启超、汪康年等人先前在上海创办的《时务报》改为官报，并建议委派梁去主持。他认为，该报经两江总督刘坤一、湖广总督张之洞、山西巡抚胡聘之、湖南巡抚陈宝箴、浙江巡抚廖寿丰、安徽巡抚邓华熙、江苏学政龙湛霖、贵州学政严修、江西布政使翁曾桂等人鼎力支持，在全国已有广泛影响。在过去两年中，民间风气大开，通达时务之才渐渐间出，公论比较一致地认为《时务报》具有很大的功劳。因此，应该将该报改为官报，以便发挥更大的作用。至于梁启超已在不到半个月前（7月3日）奉诏筹办译书局的事务，康有为认为这不仅不影响他继续主办《时务报》，而且有助于将《时务报》办得更好。

康有为在这份奏折中还荒唐地建议清政府将民间其他报纸收归国有，由政府主办，统一舆论。不论康有为的真实目的是什么，这一建议实际上必然导致新的文化专制主义。

光绪帝收到这份奏折后并没有当即接受，而是批给孙家鼐酌情处理。康有为不得不再次与孙交手。

孙家鼐没有很快回奏处理结果，在他等待和调查研究的那些日子里，可以想象得到会有不同方面的影响向他施加。经过一番慎重考虑，孙于7月26日向光绪帝提交了处理意见：

一、不同意调梁启超主办《时务官报》，理由是梁已奉旨办理译书局事务，现在学堂既开，急待译书，以供士子讲习，若调梁兼办官报，恐其分散精力，不利于译书局的工作。

二、建议调康有为去上海督办官报。

三、对于康原奏中提出的将各地民间报纸一律送官报局审查的建议，孙家鼐提出反驳，建议谕令各省督抚令各处报馆凡有出版，均应呈送督察院、大学堂，然后由督察院、大学堂择其有关时事，无甚悖谬

者，一律录呈御览，庶几收兼听则明，无偏听之弊①。

应该说，孙家鼐的回奏不仅封杀了康有为企图垄断舆论的计划，而且具有更多的近代意识。

至于改成官报后的《时务报》经费，孙家鼐建议主要应该由该报自筹及其发行所得，政府不必强行要求各省公费订阅和摊派，至于开办之初的部分经费，可以考虑由上海道代为设法，但应由康有为自往筹商。

孙家鼐的处理意见通情达理，公事公办，在表面上无可挑剔，于是光绪帝当天批准了孙的建议①。

康有为原本准备为梁启超谋得一个丰厚的实职，却不料被更精明的孙家鼐算计，孙期待以调虎离山的办法顺手将康有为赶出京师。

从康有为的本意说，他或许一直感觉梁启超仅获得一个六品的译书局主管职务实在有点冤枉，也曾多次想方设法改善梁的地位，无奈受到各方面的制约，所有努力都没有获得成功。懊丧之余，梁启超多次想过离开京城南下继续办报，通过对自己能力的重新评估，觉得自己在舆论宣传方面可能更擅长一些。另一方面，梁启超执意要拿回《时务报》还与他和汪康年之间的矛盾日趋恶化有关。他们在先前创办《时务报》时确曾分工合作，对《时务报》的发展做出过各自的贡献。但随着梁启超前往湖南出任时务学堂的总教习，尤其是追随康有为来京师从事政治活动后，他们之间的关系基本结束，梁对《时务报》的影响力也就无从说起。为了挽回他对《时务报》的影响力，也为了弥补那个六品卿衔的不足，他试图借助于政府的压力迫使汪康年屈服。梁启超的这些想法曾向他的老师表示过，康也曾为此托友人致信汪康年，劝说汪将《时务报》总经理一职让给梁启超，并称梁刚获皇上召见，新蒙宠眷，如果由他接任总经理，可令《时务报》声价跃起，改善该报的经济状况，重现辉煌。

---

① 孙家鼐:《奏遵议上海时务报改为官报折》,《戊戌变法》(2), 432—433 页。

由梁启超取代汪康年掌控《时务报》的可能性不再时，康有为随即将皇上委派他办报的消息电告汪，希望他不要节外生枝。第二天，又有长信向汪解释自己不得不接手《时务报》的苦衷，希望他在移交过渡期能够很好配合，并要求汪将报馆账目开列一份清单，甚至暗示将来可能由梁启超继续主持此报[1]。

无奈汪根本不吃这一套，他从纯粹商业立场上回敬康，称我汪康年为《时务报》创办人，梁启超原为我所聘用的主笔，梁今天的名声都是藉《时务报》以得荣显，何遽欲反客为主？[2]

不料，孙家鼐的智慧打破了康、梁的梦想，而这实在是出于康、梁尤其是康有为在当时官场上不太遵守游戏规则、人际关系急剧恶化的考虑。在大学堂的人事布局问题上，康、梁主导的大学堂章程明显侵犯了作为管学大臣孙家鼐的利益。无论梁启超在康有为的指使下怎样表白，孙似乎都很难原谅康的猖狂。孙家鼐在大学堂章程事件后弹劾康有为《孔子改制考》是一个比较突出的表现，而此次的反建议更说明孙从内心已对康彻底失望，他不愿意再见到康，至少不愿意以目前双方的身份见到他。

而且，从当时的情况看，孙家鼐找准机会就打压康也不是个人恩怨的孤立事件，事实上孙的做法在中央政府层面也有许多支持者和叫好者。他们出于对康的厌恶，借孙之手去铲除这个政治场上的"另类"，这可能也是一个重要背景。

康有为在光绪帝宣布明定国是后格外张扬，他以为清政府在光绪帝的主导下一切都会按照他的设计去做。正如康广仁所说的那样，康有为不知收敛，树敌太多而又不自知，积怨甚深而又自以为是，四面出击，

---

① 康有为致汪康年函，《汪康年师友书札》，1664—1665 页，上海古籍出版社 1989 年。

② 王照：《复江翊云兼谢丁文江书》，《戊戌变法》（2），573 页。

大包大揽，以小小工部主事的身份不断与朝中重臣、权臣发生冲突。所以，不迟于 7 月初，康的处境实际上已相当困难，只是他个人尚不自觉而已。

康的处境日趋恶化已严重动摇了维新阵营的信心，先前曾比较积极支持康的廖寿恒曾多次为其传递条陈，是维新阵营中比较重要的成员。但在同僚及舆论的压力下，廖的态度发生变化。据康后来回忆，"时吾递书递折及有所传旨，皆军机大臣廖仲山为之。京师谣言皆谓廖为吾笔帖式，甚至有谓为康狗者"①。这势必对廖造成极大的精神压力，出于自我保护，廖只能选择与康等人逐步疏远。他建议光绪帝关于《时务报》改官报的事情，应该由康有为找孙家鼐协商，似乎有意于将康归之为孙的部属。并建议今后凡有关报馆事务均由管学大臣孙家鼐递折，先由军机大臣传旨与康，令康告知于孙。这种种推托实际上只是一种自我保护措施而已。

孙家鼐的做法以及廖寿恒的疏离其实都不是孤立事件，在当时的官僚体制下，对于康这样的人，必然会获得如此结果，即便那些具有维新倾向甚至一度同情支持他的人也会在这种"集体一致"的反对声中却步、退缩。最典型的一个例子就是陈宝箴对康有为态度的急剧变化。

陈宝箴并没有与康有为见过面，但他与梁启超等人应该说是很好的朋友，对于康的许多看法也持赞赏或同情的立场。当清政府宣布经济特科开考后，陈宝箴很快向总理衙门保荐了康有为。然而到了 7 月 15 日，陈宝箴提交了另一份报告，请求撤销对康的保荐。理由是：康现在已奉旨特派办理上海官报局事务，改章伊始，一切资产经理都将牵扯他许多的精力。这个理由显然不能成立，因为康即便参加特科考试，也并不一定会影响到他尽心职事。陈宝箴的真实用意只是他在这个报告最后的暗

---

① 《康南海自编年谱》，50 页。

示：臣于该员康有为素无一面之雅，徒观其所著论说，通达时务，信为有用之才，若再能心术纯正，操履廉洁，尤属体用兼备①。这句话从另外一个角度理解，就是康有为心术不正，操履不够廉洁。

陈宝箴的疏离特别是廖寿恒的建议代表了相当一部分同僚的共同看法，也正是这样一种政治背景促使孙家鼐敢于提出反建议将康有为逐出京城。康如果由此借坡下驴南下上海，或许真能开出一片新天地，后来的历史必将改写。康有为阵营中的清醒之士如康广仁已看到了这一点，他竭力劝说康不要争一时之意气，以为当此排者、忌者、谤者盈衢塞巷，而光绪帝又无权，安能有成？②

康门弟子反复讨论此事，并企图以此影响康有为，日夜劝说康，自八股废后，民智大开，中国必不亡。光绪帝既无权，必不能举行新政，不如归去，继续万木草堂的事业，挑选为中西文学者，教以大道，三年必当有成，然后议变政，救中国，未晚也。总之一句话，留得青山在，不怕没柴烧。

在这种情况下，康有为也曾一度犹豫，考虑向孙家鼐提出辞去官报局的委任，而梁启超担心康若不接管《时务报》，那么孙家鼐必将《时务报》乃至官报局归之于汪康年。权衡利弊，康同意接受督办官报局的职务，同时设想一旦朝中政局持续恶化，他们将藉此以观进退，留有适当的回旋余地。

孙家鼐的反建议确实促成了康有为"陷人自陷"的尴尬处境③。但孙的建议根本不提官报局的经费问题也委实欺人太甚，为康的反击留有足够的余地。8月3日，康按照新的议事程序将《时务报》的内幕及筹办

---

① 《湖南巡抚陈宝箴片》，《戊戌变法档案史料》，231页。

② 参见汤志钧：《戊戌变法人物传稿》（增订本）上，132页。

③ 参见蔡乐苏等：《戊戌变法史述论稿》，448页，北京：清华大学出版社2001年。

时务官报的情形向孙家鼐略有汇报，但主题却是办报经费格外困难，希望孙从经费或公款订阅上予以方便。这实际上是在向孙出难题。康称《时务报》创办之初，经费皆由士大大捐助。今改官报，则无人捐款。既为官报，自应拨以官款。拟照官书局例按月拨交一千两，以资经费；另拨六千两，以资开办。并请令司道府厅州县文武衙门一律阅看①。如果孙家鼐按照这个办法去办，实际上是一桩极具商业价值的生意。

康的请求并没有获得孙的当面同意，于是康于8月9日利用呈递《谢天恩条陈办报事宜折》的机会，直接向光绪帝重申了这些要求：

一、参照官书局成例，由政府每月划拨官报局经费一千两，以资办理；

二、请明降谕旨，令各省督抚，通核全省文武衙门、差局书院，一律订阅；

三、既为官报，除了在上海设官报总局外，另在京师设分局。

康有为自以为聪明地将球踢到了孙家鼐一边。

在提出这些建议后，康还随折附上一片，对孙家鼐议定的官书局章程中慎选主笔、制定报律等问题提出驳议②。

康或许不过是以此难为孙家鼐，不料孙的政治精明远胜于康，他不仅没有回绝康的请求，而且于同一天也向皇上递交了奏折，如实地将康所要求的数字与办法上报给了光绪帝。建议朝廷同意康的请求，请旨饬下直省督抚，令司道府厅州县文武衙门，一律阅看。

至于康提出制定报律的事情，孙更不愿反对，建议朝廷批准康的建议③。孙家鼐的唯一目的，就是将康赶出京城，至于经济上的区区数千两

---

① 《协办大学士孙家鼐折》，《戊戌变法档案史料》，453—454 页。

② 《督办官报事工部主事康有为片》，《戊戌变法档案史料》，453 页。

③ 《协办大学士孙家鼐折》，《戊戌变法档案史料》，453—454 页。

银元，似乎并不构成障碍。

孙家鼐的建议很快获得了光绪帝的批准，对于孙代奏的康所提条件，光绪帝没有丝毫折扣①。按理说，康应该离开北京到上海积极筹办了。

所谓维新志士

尽管有了光绪帝如此明白的谕旨，但康有为并没有很快离开北京。他想尽一切办法阻止被赶出北京。

8月14日，康通过徐致靖上《请开编书局折》，以徐的口吻在折中推荐由康主持编写有关万国强盛弱亡，以及介绍各国制度风俗之类的书。

光绪帝收到徐的保荐奏折后批转孙家鼐酌核具奏，并将原折恭呈慈览。8月19日，孙家鼐向光绪帝呈递了处理方案，拒绝了徐致靖的建议。孙家鼐的酌核具奏有理有节，光绪帝随即接受，康拖延离京的计划再次受到挫折。康并不知道事情的真相，所以在后来撰写自编年谱时，照旧以为是他心目中的守旧大臣刚毅的反对，所以愤愤不平地表示："刚毅沮之，谓大学堂已有编译局，可无庸另开，遂不行。"②可见，想象中的新旧冲突一直制约着他对局势的判断。

康有为想方设法不离开北京，而对于接收《时务报》并没有失去兴趣。只是由于汪康年的不配合，他的交接并不顺利。事实上，当康、梁挟政府之力欲强行接收《时务报》时，尤其是康提出将各地创办的民间报纸逐步收归官办的消息传出后，南北舆论界对康、梁的做法都不以为然，觉得实在太过分。即便相当同情康、梁的维新阵营中人物如张元

---

① 上谕第124，《戊戌变法》（2），51页。

② 《康南海自编年谱》，53页。

济、叶瀚等人，也都深不以为然，对于《时务报》的未来深表忧虑①，希望维新阵营不要为了那点蝇头小利而"同气之残，令人发指"②，被动的汪康年首先在道义上赢得了舆论同情。

其实，从汪康年方面说，他不仅对康、梁的活动与用心了如指掌，而且认为《时务报》实际上也是一个烫手山芋，正欲放弃而不得机会，康、梁的活动在某种程度上说正迎合了汪的内在心情。不过出于调侃以及对康、梁的戏弄，他不愿将《时务报》和平拱手相让，而是想尽办法羞辱收拾康、梁。

光绪帝将宋伯鲁改《时务报》为官报的奏折批给孙家鼐处理的第二天（7月18日），汪大燮即从京城致函汪康年报告了这一消息，并称张謇等人对康、梁的做法很不以为然，建议汪大燮去找孙家鼐申诉商报改官报的条件与委屈。但汪大燮自认为孙没有担当，如果将这一切都向孙家鼐说明，也不一定有好的结果。汪大燮建议汪康年要抓紧将《时务报》一切往来账目及档案尽快清理出来，因为此时即不归官办，不让康、梁接手，他们势必不会轻易放弃，迟早仍会设法为难。鉴于这种判断，汪大燮建议汪康年应该乘此机会将《时务报》推出，不要再守着这个烂摊子："京城纷纷言近来《时务报》之坏，不堪入目，盖欲打坍局面也，更不如归官为妙。"③由此不难想见汪康年等人面对这一契机的微妙心情。

汪康年已对日趋没落的《时务报》不感兴趣，但由于有各方面的道义支持，使他觉得有必要与康、梁斗争一番。他在得知康有意接收《时务报》的消息后，利用各方面的管道从容布置。他先是建议此时对康、

---

① 张元济致汪康年函，《汪康年师友书札》，1737 页。

② 叶瀚致汪康年函，《汪康年师友书札》，2599 页。

③ 汪大燮致汪康年函，《汪康年师友书札》，787—788 页。

梁已甚为反感的封疆大吏张之洞出面奏请清廷将《时务报》改为《时务杂志》继续出版。张之洞原则上接受了这个建议，但对改名为《时务杂志》则不太满意，建议改"时务"二字为"昌言"，以符合光绪帝改《时务报》为官报上谕中"从实昌言"的涵义，并同意委派其幕中重要人物梁鼎芬到上海出任《昌言报》总理，协助汪将《时务报》改版，以《昌言报》的名义继续出版，而将《时务报》的空名留待康有为来接收。

有了张的支持与授意，汪康年从容不迫地应对康、梁的紧逼，他不慌不忙将《时务报》馆的门额及《时务报》的报头均改为"昌言"二字。8月7日起，汪康年在上海《申报》及天津《国闻报》连续刊登"告白"，声明"康年于丙申秋在上海创办《时务报》，延请新会梁卓如孝廉为主笔"①，现在尊奉上谕，将《时务报》改为《昌言报》继续出版，原《时务报》名则留给钦差督办康有为。8月17日，《昌言报》在上海出版，由汪康年任总经理，聘请梁鼎芬为总董，章太炎主笔政。

汪康年的"运动力"本不减于康、梁，他的背后既有张之洞等大员的支持与同情，更得同业之多助，所以从《时务报》到《昌言报》，汪康年不仅仍旧袭用《时务报》的版式，而且利用原来的分发网络，一期也没有停止。这本身已对康、梁进行了极大的羞辱，而汪的声明更将改官报事件公开化，南北各报纷纷评议，"皆右汪而左康"，大伤康有为的体面②。

康有为得知这些消息后极为震怒，他气急败坏地致电湖广总督张之洞、两江总督刘坤一、江西布政使翁曾桂等军政要员，指责汪这些做法是在违抗朝廷旨意，要求他们施加压力迫使汪交出《时务报》并停止刊行《昌言报》。

---

① 《国闻报》光绪二十四年六月二十四日。

② 王照：《复江翊云兼谢丁文江书》，《戊戌变法》(2)，573页。

对于康的要求，张之洞等人根本不予理睬。张之洞为此致电孙家鼐，称《时务报》原为汪康年募捐集资创办的，从未领取官款。世人皆知《时务报》为典型的商办刊物，现在朝廷责成康有为办官报，他自可去办，而汪康年遵照朝廷的旨意另立名目，将《时务报》改为《昌言报》，似与康办官报并不冲突，何得诬为抗旨？对于《昌言报》，岂有禁止之理？①

孙家鼐原本就对康有为甚为反感，而排挤康出京的主意也正是他出的，所以在得到张之洞的电报后一点都不感到吃惊，甚至颇感高兴地复电张之洞，称"公所言者公理，康所言者私心，弟所见正与公同，并无禁发《昌言》之意，皆康自为之。公能主持公道，极钦佩"。孙家鼐显然有意让康有为难堪。

在南京，刘坤一接到康有为要求封禁《昌言报》及勒令汪康年交出《时务报》的电文后，立即批转上海道蔡钧，蔡很快找到汪康年，将康原电抄交，而汪早已做好布置和准备，他向蔡钧详细介绍了《时务报》创办原委及其与康、梁之间冲突始末。蔡钧对汪的处境深表同情，遂将其"所有为难情形"电复刘坤一，刘据此上奏清廷。光绪帝于8月22日发布上谕，命黄遵宪查明汪康年将《时务报》改为《昌言报》的原委，秉公核议电奏，毋任彼此各执意见，致使创办官报的事情不了了之。

在康有为请求官方协助向汪康年施压的同时，梁启超也利用自己手中的笔与汪在南北各报进行了一场"同气之残"的"告白战"。梁抓住汪《告白》中"康年于丙申秋创办《时务报》，延请新会梁卓如孝廉为主笔"一语中的漏洞给予猛烈攻击，他在8月11日发表的《创办时务报原委记》中强调他不仅是《时务报》的创办人之一，为其辉煌立下过

---

① 《致管理大学堂孙中堂电》，《张文襄公全集》卷一百五十六。

汗马功劳，更强调《时务报》得以创办和顺利出版，正是利用了上海强学会余款，所以要谈到创办，就不能湮没康有为之"旧迹"①。至于后来的巨大亏空，汪康年难辞其咎。

梁启超的表白挽回了不少面子，汪康年在稍后发表的《书创办时务报原委记后》一文也不得不承认自己先前发表的告白有表述上的漏洞，因为自己既不愿意纠缠于细节徒滋笔舌之繁，尤不敢力争胜负以酿朋党之祸。

在梁与汪进行口水战的同时，康有为继续在政治层面对汪康年施加压力，试图从经济层面争取清政府更多支持。他准备将官报局作为一桩商业买卖进行运作，他利用徐致靖要求清政府在北京另组官报局，除了不愿离开北京这个政治中心外，似乎也有经济方面的考虑。但孙家鼐秉承相当一部分同僚的意思，一定要借此机会将其排挤出京师，甚至不惜通过其他一些手段调动光绪帝再次施压。9月17日，光绪帝发布一份措辞严厉的上谕，要求康迅速离京，毋得迁延观望②。

康有为接到这份谕旨后，确曾准备前往上海，可惜政变将发，康前往上海不再是接办官报局，而是流亡途中的一站而已。

至于黄遵宪，他于8月22日奉谕旨道经上海查明《时务报》之争的原委并负责向光绪帝报告，但他因故直到9月15日方才抵达上海。早已做好一切准备的汪康年立即向他呈递了一份关于《时务报》创办原委及发展过程的说明书，强调该报为众人集资合办，为典型的商办性质。至于皇帝谕旨命令康有为督办，并划拨开办费六千两，但谕旨中并未提及将《时务报》移交给康，故而他作为合办众人中的一员无权也不可能将《时务报》移交给康。再者说，皇上的谕旨鼓励民间广开报馆以

---

① 梁启超：《创办时务报原委记》，《知新报》（影印本），898 页。

② 《光绪朝东华录》（4），4195 页。

开风气，《时务报》的报名既改为官办，我汪康年只好代表原《时务报》的创办者用《时务报》余款续办《昌言报》，以此上副圣明天子广开言路之盛心，下答捐款诸人集资委托之重任[①]。

其实，汪康年不必向黄遵宪详细汇报，作为《时务报》重要创办人之一，黄对于《时务报》内幕及他们之间的冲突比谁都要清楚，只是没有等到他拿出一个"秉公核议"的处理方案，政变就发生了，康、梁逃亡国外，黄遵宪也在上海被软禁。稍后，清廷下令停止《时务官报》的创办，关于《时务报》的争夺战也就不了了之。

将《时务报》改官报事件是戊戌年间维新阵营中的一次内讧，对正在进行的维新事业产生了极不好的影响。康、梁由此损失极大，他们的信用度不仅在政治高层急剧下降，即便在一般知识分子中间也开始出现许多不好的议论，这在《汪康年师友书札》《忘山庐日记》以及严复等人的记录中都可以看到。同情康、梁及支持维新改革的知识分子对这场"同气之残"的利益争夺战深表惋惜，以为康有为利用获得的政治权力去攫取《时务报》充分暴露了他的残忍一面和中山狼的性格。而汪康年与梁启超的口水战并没有胜利者，他们同室操戈只是在消解那些有限的维新力量。通过这场笔战，康、梁等人在一般社会舆论中不再如过去那样受到人们的尊重，更重要的是同室操戈、相煎何急的恶劣影响使维新阵营急剧分化，许多新一代知识分子和原先积极拥护新政改革的人与康、梁系逐步疏远，新政改革逐步走到了尽头[②]。

---

① 汪康年：《上黄钦使呈稿》，转引自戈公振《中国报学史》，112页。

② 《时务报各告白书后》，《严复集》（2），492—495页。

148

第六章　其实不是一个新旧问题

正如中外历史已反复证明了的那样，从来改革都是以人事布局的调整为中心，所有的新政策总是伴随着新人物的产生而产生。戊戌年间的中国之所以发生那么大的变化，除了甲午战败的强烈刺激外，主要原因从上面说，则是光绪帝亲政后面对内外困境欲通过某些改革调整先前的既定政策，由此他必须提拔一批有作为、有担当的新人物，必须罢黜一批无所作为、无所事事的旧人物；从下面说，康有为在中央政府层面尤其是在光绪帝那里获得某些机会和权力后，也面临着艰难选择。作为从下层社会历练上来的政治新锐，要么接受官场规则，与旧人物同流合污，安于职守，耐心地从工部主事这一位置慢慢升迁，如果不出大的意外，也终有一天会出人头地，甚至有可能出将入相，成为政府要员。这条道路来得辛苦，但比较踏实，这是先前及之后无数政治人物的必然选择。康有为没有做这种选择。他利用自己的才能，利用已经获得的机遇，更重要的是利用了当时的中国政治背景与政治环境，在中央政府层

面获得了某些优先发言权，这促使他不再安于一般政治新人所走过的道路。他期待异军突起，他期待一鸣惊人。

以改革的名义

内在心情决定着他的行为方式，康有为在 1898 年初刚刚获得政治上的机会时，就迫不及待地表现出他政治上的行为准则。如果暂且忽略他们在戊戌之后做出的那些价值判断，我们总还记得当荣禄真诚地向康有为请教怎样才能有效地推动政治改革进程时，他毫不犹豫地回答那就杀掉几个二品以上的大臣。这种赤裸、血腥的政治宣示令人毛骨悚然。所以从康有为的思想品格看，幸运的是他并没有如愿出将入相，否则他一定是杀人不眨眼的政治狂人，一定是可与俾斯麦相媲美的东方铁血宰相。

强硬的政治态势决定了他的为人。一方面康有为在传统政治圈很难获得认同，旧的政治人物即便不反对他，也必然对他敬而远之。如果康有为的政治作为侵犯了他们的利益，必群起而攻之，康的政治对立面强大而坚定。另一方面，康面对冷漠的政治圈总有一种孤独感，我们从他不断抱怨守旧势力强大，总在期待光绪帝拿出强硬手段去收拾那些所谓反对改革的势力等迹象看，他明显地感到自己孤立无援，所以在与反对势力进行斗争时，总是设法寻找政治上的靠山和同盟军，试图与某些政治见解相近或利益相关的政治人物、政治集团结盟。而这样做恰恰又是中国传统政治场上最忌讳的，所以康后来的政治处境越来越糟，慈禧太后在政变后对康的指责也是为了一己之私利而结党营私。

康的内在心情如果仅仅是个人心情，并不会给中国政治带来什么麻烦。但毫无疑问的是，这种心情不仅暗合了光绪帝的内在心情，而且在很大程度上助长了光绪帝以新人换旧人的迫切愿望。光绪帝亲政后，虽然经历过甲午战争这样一系列重大事件，但清廷人事布局并没有因此发

生重大改变。大清王朝几百年来形成的人才选拔制度尽管有着这样那样的缺点，但这个制度本身依然正常运转。

随着1898年变法维新思潮再度崛起，特别是随着恭亲王奕䜣去世，大清王朝政治体制改革步伐明显加快，新旧人物交替也因此而提速。光绪帝已越来越不满意于"前朝旧臣"，他需要自己的政治班底，需要自己的心腹与左右，所以当他获得慈禧太后授权主导政治改革时，他的这种心情与康有为相碰撞时，就必然促使大清王朝的人事布局发生急剧性变化。

6月11日，光绪帝在明定国是诏中令各省督抚向总理衙门大力推荐那些品学端正、通达时务、不染习气者，以便由总理衙门进行必要的考核后量才录用，充实中国外交队伍。第二天，光绪帝又发布上谕，要求宗人府注意在王公贝勒中考察那些留心时事，志趣向上者，切实保荐，以备选派为出洋考察人员。根据光绪帝的指示，6月13日，徐致靖保荐康有为、张元济、黄遵宪、谭嗣同、梁启超等人。清廷原则接受了这些保荐，光绪帝很快安排召见康有为等人，并分别委以不同的职务。这正是康一直倡导的以"擢用小臣"辅佐改革，事实上排斥旧臣的办法。这种办法以新换旧、先立后破，对政治格局的冲击并不太大。

1898年规模最大、级别最高的一次人事布局调整是6月15日的政府改组。这一天，光绪帝痛下决心将翁同龢开缺回籍，宣布调王文韶回京出任军机大臣；王文韶的遗缺调荣禄暂时署理。

之后，人事布局的后续动作不断进行。16日，刑部尚书崇礼署步兵统领；17日，宣布由徐树铭暂时代理翁同龢遗留下来的户部尚书职务，命昆冈、许应骙等人教习庶吉士；19日，任命孙家鼐出任会典馆总裁、许应骙出任会典馆副总裁，徐会中出任国史馆副总裁。这些文官闲职对于政治格局不具有多大影响，既可以将这些任命看作是政府改组的后续动作，也可以看作是正常的人事变动与任免。

具有新旧冲突意味的事情发生在 6 月 20 日。这一天，康有为代山东道监察御史宋伯鲁、杨深秀草拟一封弹劾"守旧礼臣"的告状信，点名指责礼部尚书许应骙守旧迂谬，阻挠新政，建议将其革职查办①。光绪帝将这份弹劾奏折批转给许应骙，责成许"明白回奏"。

光绪帝的态度至少透露出这样两个重要信息：一是清政府最高决策层至少是光绪帝已在很大程度上认同了许应骙的回奏，相信许被康有为等人弹劾是一个冤案。相应的结论则是康有为等人确乎如许应骙等人所认识到的那样，或许是一个无事生非的政治小人、政治无赖。二是光绪帝对许所揭露的康等人的劣迹置于不再讨论的境地，既不让他们有明白回奏、说清楚的机会，也不再安排进行调查，予以澄清，这在很大程度上认可了许的指控，在光绪帝心目中对康等人留下了并不太好的印象。在此后岁月中，光绪帝再也无缘与康相见，从这里或许能够得到一些解释和说明。

康有为等人挑起的这次新旧党争以自己的惨败而结束，清政府人事布局与调整继续进行。在许应骙"明白回奏"的同一天（6 月 22 日），深获慈禧太后及光绪帝信任的皇室重臣荣禄被委任为文渊阁大学士，第二天（6 月 23 日），实授荣禄为直隶总督兼北洋大臣。

同一天（6 月 23 日），吏部尚书孙家鼐被委任为协办大学士，原直隶总督兼北洋大臣王文韶在代理了几天户部尚书的职务后也被正式任命为户部尚书，并被委任为在军机大臣上行走，同时被委任为在总理各国事务衙门上行走。仅就政治地位而言，王文韶实际上已获得了翁同龢先前的地位，满汉官僚在政府高层的构成基本上处于平衡状态。这一天，16 日由刑部尚书转任代理步兵统领的崇礼也由代理转为实授；一度空缺的吉林将军则由延茂暂时补授。崇礼的调任可能与政府改组的动作有着

---

① 《掌山东道监察御史宋伯鲁等折》，《戊戌变法档案史料》，5—6 页。

直接的关联，而延茂的调动则应看作是清政府比较正常的人事调整。

6月24日，那彦图补授阅兵大臣，怀塔布被委任管理圆明园八旗官兵、包衣三旗官兵并鸟枪营事务；刚毅被委任管理健锐营事务；25日，任命凯泰为正白旗汉军都统，任命载勋为正蓝旗蒙古都统。这一系列皇族出身的官僚获得新的任命并不足以说明清廷内部发生了重大分歧，更不足以证明是慈禧太后、荣禄等守旧势力利用自己所掌控的权力部署对改良派的围剿。因为这一系列人事变动并不是慈禧太后单独做出，因为在那几天里，光绪帝一直在颐和园陪同慈禧太后，所以从情理上说不可能是光绪帝背着慈禧太后的单独决策。

至此，政府改组基本结束，高层政治权力结构重组已达到新的平衡，剩下的事情就是这些大臣们怎样和衷共济，共同推动新政的进行。在此后相当长的一段时间里，清廷并没有进行大规模的人事调动，而是新政诏书联翩而下，人们对新政的期待达到前所未有的高度。6月23日，光绪帝发布上谕，宣布自下科为始，乡会试及生童岁科各试一律改试策论。数年来争论不已的八股考试制度至此基本废除，新政改革终于迈出了艰难的一步。

结党攻讦，各立门户

八股考试制度的改革确乎如康有为所认识到的那样关涉中国的前途与命运，更关涉数百万青年学子的前途与机会，这一重大改革不可能不产生重大影响，更不可能没有反对的声音。诚如康借宋伯鲁之口所指出的那样："臣闻（改革八股考试的）诏书既下，而守旧之徒相顾失色，有窃窃然议阻此举者。"[1] 在一个理想的民主社会，赞成某项改革是人们的权

---

① 《掌山东道监察御史宋伯鲁片》，《戊戌变法档案史料》，217 页。

利,而反对某项改革也是人们的自由。康有为等人当然不明白民主社会的真谛,他们总是以救世主的姿态进行改革,总是将某些改革置于不容讨论的地位。这种"民主 – 独裁"的思维方式不仅是戊戌新政失败的根源,实际上对后来一百多年的中国历史进程也产生了相当的负面影响。

反对者从来也不会因这种政治高压而消失殆尽,他们总是以某种方式进行抗争。获有许多豁免权的御史们在清政府宣布对八股考试制度进行改革后,责任心驱使他们代表另外一种势力(甚至可以说是"弱势群体")提出不同的意见,希望清政府在推行这一改革时能够比较全面地注意各个阶层的利益。

御史文悌、黄桂鋆等人利用自己特殊的身份进行串联,策划以联名上书的方式表达这一看法。而清廷高层内部对于已发布的八股考试制度的诏书也有不同看法。这在一个良性运转社会中是正常现象,但在当时则自然被视为守旧与落后,于是康有为先发制人,于6月28日代御史杨深秀拟折,请求清政府饬刑部制定特别法律,规定"凡有复言更易国是,规复八股者,科以诱言乱政之罪"[1],试图将一切反对言论遏制在萌芽状态。

6月30日,康有为再借御史宋伯鲁之口上书清廷,重申守旧之徒阻挠新政、反对八股考试制度改革,是因为他们的利益受到了侵害,守旧之徒舍此无所为学,一旦改革,失所凭借,必有起而力争者。任何改革都是利益分配的重新调整,总要以某些人或某些利益集团的损失为代价,所以康有为郑重建议光绪帝申下谕旨,如有奏请复用八股试士者,必系自私误国之流,重则斥革降调,轻亦严旨申饬,庶几旧焰消沮,人心大定[2],期待以政治高压消灭一切反对派。

---

① 《康有为政论集》,32页。

② 《掌山东道监察御史宋伯鲁片》,《戊戌变法档案史料》,216—217页。

这两份代拟奏折虽然没有明言守旧、阻挠新政者为谁，但鉴于此前与许应骙等人的政治冲突，许应骙、文悌等自然知道康有为所指为谁。于是，同样具有政治豁免权的御史文悌反攻为守，于7月8日上折严参康有为、宋伯鲁及杨深秀等人"以言官结党"，触犯国朝之大禁，建议清政府重新考虑康有为是否可用，应如何办理？至于宋伯鲁、杨深秀等言官的行为，在文悌看来也违反了言官行事准则，建议清廷重新考虑他们二人是否堪胜御史之责。由此开启戊戌年间规模颇大的另一次新旧党争，并由此深深影响了后来的政治进程。

据文悌陈述，他与康有为早有交往，在京师保国会成立不久，他就担心康等人居心不良。据他了解，保国会之会规设议员，立总办，收捐款，竟与会匪无异。清政府如果对这类政治组织不予取缔，其结果必然是四民解体，大盗生心，藉此以集聚匪徒，招诱党羽，犯上作乱，必然给大清王朝政治稳定带来极大危害。文悌强调，保国会"名为保国，势必乱国而后已"。他建议清政府对这类政治组织严加取缔，对康等人绳之以法。

文悌还以亲身经历向光绪帝陈述了他与康交往的全部过程，并以比较平实且不带感情色彩的语言描述康卑劣的人格与政治阴谋。他声称，在他弹劾康有为和保国会时，并没有放弃与康的交往。他曾于保国会成立后，当面建议康修改宗旨，令其将忠君、爱国合为一事，幸勿图欲保中国四万万人而置我大清国于度外。对于文悌的建议，据说康也有某些回应，亦似悔之。所以，此后很长一段时间，文悌虽然不太与康等人往来，但对他们也没有更多不好的看法，总觉得康的政治热情与政治活动虽然有时稍嫌太过，然仍谓其心或无他，止不过不知轻重，尚未深恶其人，二人的交往尚属正常。

据文悌自称，他真正对康等人感到厌恶并感到其政治人格可能有很大问题，是在保国会被许应骙等人阻止不得在广东会馆开会后。那

时，康到处辞行，亦曾到文悌处两次，声称将脱离政治，返回乡里奉养老母。文悌深受感动，曾作诗送行，讽以归隐，并有劝其切勿走胡、走越之言。不意这只是康逃避言官弹劾的托辞，而其暗中不仅没有多少收敛，反而变本加厉进行政治活动，甚至到处请托保荐以邀登进。至此，文悌始觉其诈伪多端，断乎非忠诚之士。此后，基本上断绝往来，即便是康被皇上召见后，文悌也没有向康传递过任何信息。

对于文悌的冷漠与不高兴，康有为心知肚明。5月26日，康使其弟康广仁至文悌处求见，文悌不欲见，康广仁遂留下一纸条，称康在寓患病，并奉旨进书。当时，宋伯鲁、杨深秀受康指使，已上书弹劾许应骙，许也已明白回奏，只是文悌并没有见到宋、杨的奏折，不知道他们为什么指责许，更不知道指责内容。在看到纸条后，文悌又想知道其进书之意何在，且仍欲劝说康不要再惹事生非，制造混乱，再生事端。于是文悌第二天来到康有为寓所，康的家人因文悌是来看望正在生病的康有为，遂未经通报即引其步入卧室。据文悌说，康卧室的案头上有洋字书信多件不暇收拾，康形色张皇，忽坐忽立。康欲引文悌至别室，而康广仁也指责其家人不经通报就将文悌引入卧室。看此情形，文悌似乎别有所悟，匆匆起身，并引《中庸》之语正言告诫康氏兄弟：万物并育而不相害，道并行而不相悖。万不可分门别户，致成党祸，置国事于不问。

康氏兄弟闻此同言：即今在朝诸人，又何尝以国事为问乎？

文悌仍劝说康既蒙皇恩出任官职，当谨慎趋公以图报效。

康表示他现在只不过奉旨进书，一旦完成，仍将返回乡里，归隐田园。康的言不由衷不难被文悌觉察，他心中略有不快，匆匆告辞。

5月28日，文悌看到了许"明白回奏"中对康的揭露，再结合自己与康等人的交往与感受，他向光绪帝表示，许的揭发应该属实，更深信康不过一轻浮巧滑之徒。文悌以御史的身份建议光绪帝接受许应骙的

建议，将康有为罢斥驱逐，将严重违反言官行事准则的宋伯鲁、杨深秀严肃查处[①]。

按照康有为的说法，宋伯鲁、杨深秀的许多奏折确为他或其弟子所代拟，宋、杨作为享有政治豁免权的言官，确乎有失言官的行事准则，这都是不容辩解的事实。问题在于，以宋、杨的名义弹劾许应骙的奏折以及许的"明白回奏"已经光绪帝的批准，清廷已经相信许的解释，不仅没有追究他所谓阻挠新政的责任，而且事实上默认了许的揭露。现在文悌以御史的身份旧事重提，但并没有提供多少有说服力的证据。所以，当文悌的奏折呈递到军机处之后，对康有为等人素来不满的大臣们一度非常高兴，他们以为康的政治前途大概也就走到头了。因此，他们迅速将这份弹劾奏折呈递给光绪帝，希望光绪帝能够罢斥驱逐康，并追究宋、杨等人的责任。

他们高兴得太早了。光绪帝7月8日看了奏折后十分恼怒，因为这份奏折明显受到了许的指使，如果按照奏折的建议进行处理，除了引起不必要的新旧党争外，于新政的推行并无益处。于是光绪帝借用文悌原折中"整肃台规"的理由，不是罢斥驱逐康有为，而是将文悌革去御史职务，命其回担任御史前的原衙门行走[②]。

这个处理决定出乎所有人的意料，戊戌年间一场规模巨大的新旧党争终于因这一机智的上谕而化解。康等人在光绪帝的支持下暂时化解了危机，而许应骙、文悌以及他们背后的靠山如刚毅等人心中自然不满，各种政治势力之间的冲突因这份上谕的发布而暂时中止，但新仇旧恨的叠加只能使未来的冲突更加激烈与残酷。

冲突虽然结束，但公平地说，文悌确实有点委屈。文悌的同事、京畿

---

① 文悌：《严参康有为折稿》，《戊戌变法》（2），482—489 页。

② 《光绪朝东华录》（4），4121 页。

道监察御史胡孚宸在政变后最先站出来为文悌鸣冤，要求清政府为其恢复名誉及原职。胡孚宸的说法很值得注意，也在一定程度上说明人际冲突在 1898 年政治发展中的巨大作用。胡孚宸说：前见御史文悌奏参宋伯鲁、杨深秀党庇康有为，朝廷恐起攻击之风，略予薄惩，令回原衙门行走。朝廷的做法或许出于杜渐防微，立意至为深远。然而如果仔细阅读文悌原奏，盖确见康有为有植党营私之实迹，文悌不可谓无先见之明[①]。

胡孚宸为文悌鸣冤叫屈已是后话。光绪帝当时指责文悌对康有为、宋伯鲁、杨深秀等人的弹劾是受人指使，是台谏结党攻讦，最为恶习，似乎也是不必为之辩护的事实。问题的关键在于，即便真的如此，也是先有康"勾结"御史宋伯鲁、杨深秀等台谏结党攻讦，挑起所谓新旧冲突，指责许应骙等人思想守旧，阻挠新政。所以，光绪帝只处分文悌而不处分康、宋、杨诸人固然机智，但并没有从事理上真正将反对派说服（假如真有一个新政反对派的话）。

另外值得注意的是，康指责许应骙思想守旧且反对新政、阻挠新政的推行，许进行了逐一辩解，并用事实表明他从来就不是一个守旧主义者，恰好相反，他对新政以及一切有利于大清王朝长治久安的改革举措从来都是积极的参与者。光绪帝认同了许的辩解，那么在事实上也就是承认康有为、宋伯鲁、杨深秀等人是在诬告。只是鉴于当时的特殊情况，光绪帝采取了以取消问题来解决问题的手段，使此事不了了之。殊不料文悌路见不平，拔刀相助，以御史的身份为许应骙鸣不平。在文悌的奏折中，除了揭露康等人结党攻讦外，文悌也认同许的辩解，以为他从来就不是一个守旧主义者，更没有以讲究旧学而闻名，立身行事自有本末[②]。

---

① 《京畿道监察御史胡孚宸片》，《戊戌变法档案史料》，472 页。

② 文悌：《严参康有为折稿》，《戊戌变法》（2），483 页。

如此说来，戊戌年间这次较大规模的所谓新旧冲突，就其本质而言并不是新与旧的冲突，而是各个政治派系之间"结党攻讦、各立门户"而已。

这种分歧并不影响他们在总体上都是改革的拥护派。从政策分歧的观点看，许应骙、文悌等人显然不太同意康有为等人的激进改革主张，即便在八股考试制度改革上，他们也没有完全隐藏自己的看法，他们总觉得已运行近千年的八股考试制度即便有某些缺点与问题，也不能因此而彻底废弃，这将有可能导致不必要的社会动荡。这大概是他们以为康"无端生事"的根本原因之所在。

光绪帝的处理暂时弥合了内部分歧，各项改革在光绪帝的主导下正在有序的进一步展开。擢新人、黜旧人的人事调整继续进行，一些无法理解改革深意的旧人物逐步被主张激进改革的新人物所替代。不过，这些并不都是政府改组的后续动作，更多只是正常的人事升迁与贬职而已，并不具有更多的深意。

礼部六堂官"集体下岗"

具有突破意义的人事冲突发生在9月初。

8月2日，光绪帝发布一道上谕，鼓励大小臣工就当前的改革与新政各抒谠论，以备采择，同时规定中央各部院司员有条陈事件者，可由各堂官代奏；一般百姓（士民）有上书言事者，可赴都察院呈递。上谕要求中央各部院堂官不得碍于旧制拘牵忌讳，稍有阻格，以符朝廷"迩言必察"之至意[①]，开放言论广泛征集各方面的意见。

此举措受到各方面的欢迎，事实上具有极强爱国心与政治参与意识

---

① 上谕第115，《戊戌变法》（2），48页。

的青年一代知识分子早在之前就已通过不同方式将意见向最高层传递，只是没有形成制度而已。这道上谕从制度层面规定了中央各部院司员及一般民众的政治权利，同时也规定了中央各部院堂官及都察院再也不能像过去那样随意拒绝下级官员和一般民众上书言事。

这份上谕赢得了下层官吏的欢迎，原本对现实政治高度关注的年轻一代官僚自然会充分利用这一条件上书言事。礼部主事王照在上谕发布后写了一份极具内容的建议书，提出自己对一些重大问题的看法。

按照王照后来的回忆，他之所以在这份上谕发布后上书言事，主要是因为实在看不惯权臣张荫桓弄权与对皇帝的误导：是时光绪帝最亲信之臣，以张荫桓为第一。其人最奸贪，曾经独吞洋债回扣，是年春慈禧太后命抄其家产，懿旨已出，张荫桓求庆王奕劻急进奉十五万，得以收回查抄之命，故张荫桓与太后势不两立。

根据王照的说法，张荫桓还利用光绪帝的信任，肆意挑拨两宫之间的关系，致使帝党与后党之间不自觉成为他利用的工具。康有为对张荫桓也信任有加，偏信张的一些看法与建议，俨然以帝党利益的代表者自居，肆无忌惮地与所谓后党进行斗争，发生一些无谓的冲突。而王照认为，本不存在什么帝党与后党，慈禧太后与光绪帝即便在某些问题上有分歧，那也只不过是帝王家庭中的内部纠纷。作为臣子，应该有忠君报国的政治信念，但是无论如何都不应该去挑拨最高政治权力中心的关系，更何况在改革这一重大问题上，慈禧太后从来都是坚定的支持者，如果没有她的支持，一切都无从谈起。至于慈禧太后，王照认为只是对名分看得太重，为了大清王朝的长治久安，她不愿意放弃权力，更不愿意不在她的主导下进行什么改革。所以在王照看来，作为臣子，应该利用与光绪帝的亲近关系，劝说他时时处处尊重慈禧太后的意见，多请示多汇报，时刻告诫他不要让那些别有用心的权臣、奸臣利用两宫之间的关系做文章。基于此，王照也曾利用与康有为的亲近关系竭力劝说他：

慈禧太后本好名之人，若皇上竭力尊奉，善则归亲，家庭间虽有小小嫌隙，何至不可感化？

而自负的康有为根本听不进王照的劝诫，他很不高兴地回敬王照："小航兄，你对于令弟感化之术何如？乃欲责皇上耶？"[①]

康有为的傲慢堵住了王照通过他向皇上转达自己看法的渠道，而光绪帝开放言论的上谕却为他带来了新的机会。王照在奏稿中强调，自皇上明定国是后，在国内外都获得了极好的反响，国内有识之士觉得天相中国，牖启圣聪，四万万臣民福命未绝；而国外普遍认为皇上一系列新政诏书如此英明，为目前各国元首所少有。不过居安思危，王照认为两个月来也有一些问题值得检讨，最主要的一点就是有些大臣迁就弥缝，阴怙旧习，对于新政只是应付，甚者对新政举措怀有仇视。

基于这种忧心与认识，王照向光绪帝提出三点建议：

一是请皇上和政府向国人宣布中国的危机并没有因甲午战争结束而结束，更不能为眼前暂时的和平假象所迷惑。

二是请皇上奉皇太后圣驾巡幸中外。这是王照建议书最核心的部分。他还建议，皇上奉太后游历邻邦可以从日本始，因为中日两国国情大致相同，礼教一致，政治架构及权力组合极为相似，具有很强的可比性。

王照还建议皇上改变在国内政治活动中的一些做法，参照西方近代国家的政治经验，想尽一切办法拉近君民之间的关系，不要在巡视各地时完全听从地方官的摆布，先期饬令御辂所经城市村镇修葺完美，以壮观瞻。结果都无法达到预想目的，民间的疾苦，老百姓的真实想法都被过滤而无法上达，君民隔膜依然如故。

在第二条建议中，王照的根本用意在于建议光绪帝主动尊奉慈禧太

---

① 王照：《礼部代递奏稿》，《戊戌变法》（2），355页。

后为中国最高实际统治者，借助皇太后的政治资源、政治智慧与政治权威，以天子身份挟太后以令诸侯，如此既可轻易镇服那些权臣与各地督抚，又可使"好名"的皇太后心满意足，全力支持皇上改革，维护皇权中心统一。应该说，王照的建议虽然具有相当大的权谋意味，但也确实是针对当时特殊的政治构架而能选择的最佳途径，这远比康有为等人试图以光绪帝的力量去收拾慈禧太后，清除所谓守旧势力，然后从容改革的主张要高明得多。

王照的第三条建议是请专设教部，以重教部而祛纠纷。此条建议的关键是于学部之外专设教部，专门负责管理宗教尤其是儒教方面的事务。这条建议实际上是对康有为等人重建孔教论的回应，并不具有迫切意义。

现在看来很明白，王照三条建议的核心是第二条。他从自己的切身感受尤其是与康、梁、张荫桓等人直接接触中深切感到并不真的存在一个反对改革的阵营。正如后来他所揭示的那样，戊戌年间的新政及政变，十之六七皆争利争权之事，假政见以济之[1]，所以他告诫光绪帝不要上那些政治小人的当。可惜，光绪帝乃至慈禧太后等人都没有听进王照的忠言，后来的变故却刚好沿着王照的预言而发展。

王照的奏折本是响应光绪帝开放言论的上谕而作，不料礼部满汉两尚书怀塔布、许应骙拒绝接受和代呈，王照如鲠在喉、不吐不快的忠言有可能因此而泥牛入海，其内心的不满可想而知。王照据理力争，坚请由礼部代呈，表示自己的建议是否被采纳应该由皇上决定，不应该由他们代为拒绝，以遮蔽皇上的见闻[2]。他的态度相当坚决，言语也相当决绝，许应骙后来向光绪帝描述为"咆哮署堂，借端挟制"恐怕稍有夸

---

① 王照：《礼部代递奏稿》，《戊戌变法》（2），351—355 页。

② 《国闻报》光绪二十四年七月廿五日。

大[1]，但双方的冲突一定相当激烈。

怀塔布、许应骙拒绝代奏王照的上书，显然违反了光绪帝上谕的规定。从制度层面来说，他们当然不能这样做。而其之所以置皇帝上谕于不顾，据其后来的说法是为了维护帝国的整体利益。因为他们看到王照建议皇帝奉太后圣驾游历邻邦日本，以为这个建议过于荒唐，是置皇上、皇太后安危于不顾，谁都知道日本素多刺客，过去俄皇太子出游及李鸿章奉使马关皆遭毒手。王照建议两宫游历日本，其用心不轨显而有征。

这只是后来可以说得出口的理由。事实上，曾与康有为冲突过两次的许应骙当然知道王照的思想趋向及其与康等人关系。他与怀塔布拒绝代递上书，显然是有意遏制康的势力。

就思想倾向而言，王照虽然对康有为的某些政治主张和政治行为持批评态度，但就其所属阵营来说，他无疑与康、梁等人同道。康等人对他寄予大的期待，上书受挫的消息自然也为康等人所关注。康有为没有安抚王照，相反，他和他的朋友们认为这又是与那些所谓守旧势力进行斗争的绝佳机会。康广仁鼓动王照说："皇上明目达聪，广开言路，岂容大臣阻蔽不达？"[2]他建议王照继续上书，公开弹劾怀塔布、许应骙。王照本属年轻气盛的少壮派，原本就对他们阻止他上书有很多不满，于是再次上书，具折弹劾礼部尚书怀塔布、许应骙阻挠新政。

奏折很快呈递到礼部，礼部在堂轮值侍郎看到奏折内容，根本不敢收下。王照称，如果坚持不收不转，那我就只好直接交给都察院，全部后果将由你们承担。两难情况下，礼部在堂轮值侍郎权衡利弊，只好将奏折收下。

---

①《戊戌政变记》，《饮冰室合集》专集之一，44页。

②《康南海自编年谱》，54页。

怀塔布、许应骙收到奏折后，经过慎密研究，觉得如果再一味阻止，可能会造成政治上的被动，于是将王照的第一份奏折及弹劾奏折等一并附在他们起草的一份奏折中呈递给光绪帝。他们表示先前之所以扣押王照的上书，主要是考虑王的建议过于荒唐，并不具有可操作性。后在王照一再无理取闹的情况下，不得已只好将这份奏折呈递皇上御览，一切由皇上定夺。

如果从怀塔布、许应骙的立场上看，其解释也能够自圆其说。但是他们不知道光绪帝本人对出游邻邦乃至周游世界都有相当的兴趣，国内舆论至少在这一年的春天就曾建议皇上应该到国外开阔眼界，实地考察那些发达国家。

9月1日，光绪帝做出批示，称怀塔布等奏司员呈递条陈请旨办理一折，据称礼部主事王照条陈时务藉端挟制等语。朝廷广开言路，本期明目达聪，迩言必察。前经降旨部院司员有条陈事件者，可由各堂官代奏，不得碍于旧制拘牵忌讳，稍有阻格。至于是非得失，朕心自有权衡，无烦该堂官等鳃鳃过滤。若如该尚书等所奏，辄以语多偏僻，抑不上闻，即系狃于积习，致成壅蔽之一端，岂于前奉谕旨毫无体会耶？[1]至于对怀塔布、许应骙等人究竟应该如何处理，光绪帝批给吏部按照相关规定议处。

9月2日，光绪帝再发上谕，重申8月2日开放言论的主张，规定嗣后都察院凡接有条陈事件，如系封口呈请代奏，即著将原封呈进，毋庸拆阅；其具呈到院者即将原呈封进，不必另行抄录。均著随到随递，不准稽压。倘有阻格，即以违旨惩处[2]。显然，该上谕因王照事件做出更明确的规定，以便能够使下情顺利上达。

---

[1] 《光绪朝东华录》（4），4172 页。

[2] 上谕第 173，《戊戌变法》（2），71 页。

9月4日，吏部参照谕旨及大清王朝的成例，就礼部尚书怀塔布、许应骙等人阻格司员上书的责任向光绪帝提出处理建议：查律载，应奏而不奏者杖八十，系私罪降三级调用。吏部建议根据这一成例进行处理，将怀塔布、许应骙以及与此案相关的礼部左侍郎堃岫、署左侍郎徐会澧、右侍郎宗室溥颋、署右侍郎都察院左副都御史曾广汉等六人均参照"应奏而不奏降三级调用"的规定予以处理。

吏部的处理意见是根据清廷几百年来成例以及大清律中的相关规定，应该说是一种比较标准也比较稳妥的处理，只是这显然不合乎光绪帝新政时期的精神与要求，不能达到杀一儆百的目的。光绪帝对处理意见极为不满，以为怀塔布等礼部官员竟敢抗旨，一再阻止该部主事王照条陈言事，这显然是不把朕的谕旨当作一回事。若不予以严惩，无以儆戒将来。故光绪帝下令将怀塔布等礼部六堂官即行革职，并对王照不畏强御的精神给予表彰，赏给三品顶戴，以四品京堂候补[1]。

超常升迁的军机四章京

光绪帝将礼部六堂官一并即行革职的决绝处分以及对王照的奖赏震动了朝野，积极的反应是此后各部院主管对于臣民的上书再也不敢无故拒绝，行政效率有所提高；而一般士民特别是青年一代知识分子和年轻官僚，更加关心国政，勇于上书言事，就重大问题提出建设性的意见。在此后半个多月中，各衙门收到的建议书越来越多，政治的开放度也越来越大，光绪新政获得越来越多的认同。

不过从消极的方面说，光绪帝的处理方案也加剧了高层政治圈的分裂，那些原本并不反对新政的臣僚们或因稳健或因不同看法而被推到了

---

[1] 《光绪朝东华录》（4），4176页。

反对面。从这个意义上说，黜旧人、擢新人既有助于新政的展开，也加剧了政治层面的分裂，为后来的政变提供了许多复杂的因素①。

9月5日，人事变动继续演化，清廷委任裕禄、李端棻代理礼部尚书，任命王锡蕃、徐致靖等人代理礼部侍郎。礼部的改组至此基本完成。

同一天，擢新人的工作也有很大的进展。清廷以光绪帝的名义任命内阁候补侍读杨锐、刑部候补主事刘光第、内阁候补中书林旭、江苏候补知府谭嗣同四人赏加四品卿衔，在军机章京上行走，参与新政事宜。

军机四章京的提拔是戊戌年政治生活中的一件大事，他们都主张中国应该进行改革，都具有新思想和相当强的行政能力，但他们在当时政治格局中所从属的阵营并不一致。

杨锐字叔峤，祖籍四川绵竹，1857年生，时年三十九岁。杨锐1885年中举，为张之洞登堂入室第一亲厚之弟子，曾在张身边工作多年。1898年离开张之洞供职京师，成为张在中央政府的一个重要耳目。在政治倾向上，杨锐比较认同康有为的政治改革主张，是蜀学会的首要人物。但对康过于激进以及树敌太多也甚为不满，所以他与康梁系的关系若即若离。他心目中最有能力主导中国全面改革理想人物当然还是他的恩师张之洞。

与杨锐的情况相类似，刘光第生于1859年，比杨锐小两岁，时年三十七。刘光第字裴村，四川富顺人，1883年中举，曾任刑部主事十余年。也是张之洞的亲信与心腹，对于康、梁学术思想与政治见解很不以为然，似乎也不愿与康有过多接触。他被任命为军机章京上行走，与杨锐一样，都是陈宝箴接受张之洞的示意而保荐。

林旭的情况与杨锐、刘光第稍有不同。杨、刘为四川人，与曾任四川学政的张之洞关系密切，而林旭为福建侯官人，字暾谷，号晚翠，生

---

① 叶昌炽：《缘督庐日记抄》，《戊戌变法》（1），530页。

于 1875 年，时年仅二十三岁。林旭少负才名，1893 年十八岁中举，为晚清重臣沈葆桢的孙女婿，与康有为关系比较密切，自认为康门弟子，对于康的学术思想与政治主张也比较佩服，为维新运动中重要组织闽学会的会长。但是他的升迁与康有为并没有多大的关系，相反却是康有为的政治对手荣禄的幕中人物。

至于谭嗣同，他的出身与他们都不同，他的父亲谭继洵官至湖北巡抚。他不仅拥有很好的行政资源，而且见多识广，博学多闻，青年时代就由于家庭原因远走新疆数年，后周游各省，历时十载，遍识天下英才，与康、梁的关系也比较密切。1897 年，当湖南维新运动蓬勃发展起来之后，谭嗣同应邀返回故里，协助湖南巡抚陈宝箴举办新政，参与时务学堂、南学会、《湘学新报》的创建与活动，是湖南维新运动中的重要人物。他在南学会的一系列演讲，慷慨激昂，声情并茂，对于唤醒湖南人的觉醒，对于湖南局部维新风气的形成起到过重要的作用。他与湖南巡抚陈宝箴、按察使黄遵宪、学政徐仁铸以及维新派的重要人物梁启超、唐才常等都建立起比较密切的关系。

在政治倾向上，谭嗣同不仅高度认同康的变法维新主张，而且在很大程度上比他走得更远。他甚至认为一个新的中国就不应该重建君主立宪的政治体制，而是要废除君主专制体制。因为君主以天下为个人的私有财产，是一切罪恶的根源。他发誓要冲决网罗，荡涤旧俗，重建一新的理想社会形态。

光绪帝宣布明定国是的第三天，徐致靖在其子徐仁铸的建议下，上书保荐谭嗣同、张元济、黄遵宪以及康有为、梁启超等维新志士，为推行变法，备皇帝垂询。不过，也有资料说，这一保荐奏折的真正作者可能还是康、梁。由此细节，也可知谭嗣同与康、梁的关系非同一般。在后来的政治活动中，谭坚定地站在康、梁一边。

军机四章京的保荐时间不一，陈宝箴保荐杨锐、刘光第为 8 月 5

日，王锡蕃保荐林旭为 8 月 29 日，徐致靖保荐谭嗣同则远在 6 月 13 日，四人的合并任命则为 9 月 5 日。所以从很多迹象上看，这个任命与礼部六堂官的革职有着重要的因果关系，是光绪帝感觉到原先的旧人已经很难适应新形势的需要，严重影响了新政的进程，因此有必要用一批政治新锐去替换他们，以推动新政的健康发展。光绪帝的这种心迹在 9 月 5 日之前一系列上谕中都有所表现，从中不难体察。

光绪帝并没有挑起新旧势力冲突的意思，作为当时清政府名义上的最高领导人，他虽然在权力的运转上受制约，但并不是具有明显独裁倾向的强势人物，所以黜旧人、擢新人可能在客观后果上引起了所谓新旧势力的剧烈冲突，但在光绪帝的本意则是为了大清王朝的整体利益，为了新政能够顺利推行。

军机四章京获得任命的第二天，光绪帝特别交代他们要尽心尽力，且要与军机大臣们搞好团结，并在程序上规定他们的建议不存在绕开原先体制进行运转的可能，而是一如先前，由军机大臣们呈递，候他裁夺，万不准稍有顾忌欺饰。

显然，光绪帝的本意是期待这些年轻的官员能给暮气沉沉的官场带来新的气象，并与原有的官员和睦相处。从这个角度去观察，可以看到，军机四章京的任命并没有在政治高层引起什么不良反应，慈禧太后即便真的不知道有这回事，也不能因此而构成她与光绪帝的很大冲突。

不过，这四位具有特殊身份的军机章京与他们的旧有同僚不可避免地发生冲突，则是实际利益使然。按照当时的行政体制，军机处是辅助皇帝处理日常事务的重要政务部门，当时的六名军机大臣每日都有机会面见光绪帝，就一些重大的国际国内问题提出对策，用面奉谕旨的名义向各部门、各地方的官员发布指示。军机大臣的属僚称军机章京，或称小军机，其地位与作用颇类似于现在的秘书，负责缮写谕旨，记载档案，查核奏议，以及接受皇帝或军机大臣的委托，就某些重大问题进行

调研并提出方案。军机章京一般在中央各部院司员中选拔，经过专门的考试后依次递补，属于职业技术官僚。由于这些军机章京较一般大臣有更多的机会与皇帝和军机大臣们相处，地位实际上相当特殊，很受各部院主管及地方督抚们的重视。现在突然由光绪帝直接任命四位年轻的军机章京，而他们又确实具有相当才气和影响，可称为政治新锐，因此，不能不引起原有章京的恐惧和不安。即便出于最简单的嫉妒心理，他们也不可能和平相处。

同时也应该承认，由于四军机章京相对年轻，官场经验不够老道，以为有了皇帝的特别委任，就可以不顾先前一直延续下来的规矩。按照惯例，新任章京在正式上任之前必须先到军机王大臣的私邸谒见，之后方可正式到任。而他们自恃有光绪帝的特谕，根本不愿沿袭旧例，而是在任命的第二天直接到军机处上班。这种行为倒是体现了新政的新气象，但在习惯势力浓厚的官场上必然受到排斥。军机王大臣对四章京礼节上的不满影响了原有章京的态度，原有章京在他们上任之初处处刁难。据记载，谭嗣同与林旭上班的第一天来到被称作"南屋"的章京办公室，狭窄的一间办公室满汉章京分列，而设置的办公桌也很少，谭嗣同、林旭等欲使用汉章京的办公桌，而旧有的汉章京则不客气地对谭、林说："我辈系办旧政者，请他往。"谭、林诣满案，而满章京则称："我辈满股，君何为掺杂？"谭嗣同、林旭闻言怒甚，立回。后经王大臣的调停，为他们重新设置了办公桌，原有章京对此更加不满，双方的敌视情绪很难化解。

按照光绪帝的设想，新任四章京与原有章京并不构成冲突。他们的工作职责主要是参与新政，原章京还继续已有的文秘工作，而四章京也是这样做的。问题在于，这一特殊分工使他们介于军机大臣与章京之间，他们虽然没有军机大臣的名分和地位，但其功能却与之相仿佛；他们虽然也被称为章京，但实际政治地位却又比原有章京高得多。所以，

在实际工作过程中，他们不仅与原有章京发生冲突，与那些军机大臣们也很难真正和睦相处。再加上光绪帝确实对那些暮气沉沉的军机大臣们推行新政不力严重不满，许多事直接交代给四章京，有意或无意忽略了军机大臣们的存在，这自然恶化了他们之间的关系；而四章京年轻气盛，自恃有皇帝的特谕，对于皇帝交代的事务自然尽心尽力，但却很少或根本不与军机大臣们沟通，他们与光绪帝一样忘记了自己在最初交代的规则，并不是要另设一新的行政中心，许多重要文件依然应该通过军机大臣们呈递。这样一来，四章京与军机大臣们也成为对立的态势，这都为后来的政治变动留下了空间。

新进军机四章京的政治品格无可挑剔，也基本认同以光绪帝为主导的新政改革，受命于光绪帝，效忠于光绪帝，这是他们一致的地方。但是，由于年龄、性格、出身以及各自复杂的人际关系的影响，他们还是有着比较大的差异。相对说来，谭嗣同在政治上坚定与坚持，自然也就比较偏激与激进，受康、梁的影响也比较大；由于张之洞的影响，杨锐比较稳重与老成，在政治上倾向于稳健的改革，主张用新人而不弃旧人，举凡涉及人事的变动，强调以稳妥为主，不要人为地制造改革的对立面；刘光第属于另外一种类型，他本性淳朴，富有正义感和事业心，但由于久居京师，熟悉官场，所以他在政治上和杨锐一样，不主张采取激进的变革措施，更没有康、梁式的凡事必须分出新旧的思维逻辑，而是强调任何改革都应该尽量团结所有的人，所有的改革措施都应该循序渐进，以社会的承受力为衡量改革力度的尺度。四军机章京中相对年轻，也比较盛气凌人、恃才自傲的是林旭，光绪帝的赏识，荣禄的提拔，康有为的看重，都使他有一种舍我其谁的自负，这势必在有意无意中恶化四军机章京与各方面势力乃至他们内部的关系。据杨锐在家书中自述，根据分工，他与林旭同在一班轮值，谭嗣同与刘光第在另一班。每天的工作十分繁忙，对于所有发下来的条陈都必须仔细阅读，签署意

见，分别是否可行，然后决定是否进呈御览。这些工作很繁重，他们四人与其他章京的关系也已相当紧张，但他们之间也并不能够很容易获得一致，而每每发生不必要的分歧。据他的看法，谭嗣同与康、梁的关系最好，处处按照他们的意思去办，不过谭为人尚算正直，在轮值的时候"尚称安静"，按照规矩办事；而林旭"则随事都欲取巧"，对于所批阅的文件、条陈似乎并不太上心，签署的意见"有甚不妥者"，对此，杨锐必须三番五次地"强令"林旭修改，有时甚至修改三四次方能通过，他担心这样下去与林旭的关系很难处①。

杨锐的担心甚有道理，不过由于不久就发生了政变，所以冲突并没有如杨锐所担心的那样发生。在他们共同协助光绪帝推行新政的那半个月里，密切合作应该说是主流，也有流传至今的佳话。比如9月8日，湖南举人曾廉上书弹劾康、梁创邪说舞文诬圣，聚众徒假权行教，觊觎非常，大有教皇中国之意②。

光绪帝得读此书后深感事关重大，若果真属实，康、梁必遭杀身之祸。为了保护康、梁，光绪帝将此书批转军机大臣裕禄，并示意裕禄转交谭嗣同逐条驳斥。谭见疏后极为愤怒，在谕旨中不仅根本不认同曾廉的揭发，反而建议光绪帝诛杀曾廉，以遏制反对势力对新政的攻击，对新人的陷害。光绪帝没有同意谭的建议，以为甫诏求言，而遽杀人以逞，非所以服天下也③。

第二天，谭嗣同再请光绪帝诛杀曾廉，光绪帝"卒格不下"④，依然觉得这样不合乎新政精神，继续责成谭嗣同从道理上驳斥曾廉。谭在逐条驳斥曾廉的同时，表示可以担保康、梁对大清王朝和光绪帝忠贞无

---

① 汤志钧：《戊戌变法人物传稿》（增订本）上，135页。

② 《江西道监察御史熙麟折》，《戊戌变法档案史料》，493页。

③ 胡思敬：《戊戌履霜录》卷四，《戊戌变法》（4），55页。

④ 曾廉：《应诏上封事》附记，《戊戌变法》（2），500页。

171

二，公开表示"臣嗣同以百口保康、梁之忠。若曾廉之言属实，臣嗣同请先坐罪"。与谭嗣同同班轮值的新进军机章京刘光第也毅然在谭嗣同起草的文件上署名，称"臣光第亦请先坐罪"[1]。谭嗣同、刘光第等新进军机章京勇于负责、敢于担当的正义之气深深感动了光绪帝。光绪帝决定此事就此结束，并没有将曾廉的弹劾奏折呈送慈禧太后[2]。

新进军机四章京的任命就本意而言并没有主动挑起所谓新旧冲突，但在客观效果上确实加速了政治层面的人事分化，引起了许多无谓的纠纷，也为后来的政治变故留下了伏笔。后来他们四人被慈禧太后下令予以残酷的杀害，都和他们在那短短的十几天时间里的活动有关。

不过，值得注意的是，光绪帝任命军机四章京并没有结束政府改组后人事变动的后续动作。四章京上任之后的第二天（9月7日），清廷任命裕禄在总理衙门行走并兼任礼部满尚书，任命李端棻为礼部汉尚书。至此，礼部的改组方告完成。而同一天，清廷还免去李鸿章、敬信在总理衙门行走，表明政府改组的后续动作继续进行，黜旧人、擢新人也没有停止。9月14日，光绪帝召见严复。15日，光绪帝接受张英麟的保荐，命广东候补道林合峒等来京预备召见。至少到此时，人事调整并没有停止，这也从一个方面说明后来的政变此时尚未露出任何迹象。

废我军机？

擢新人、黜旧人，是新政改革的需要。一大批被废黜的旧官员当然不会满意，这不是一个简单的政治见解问题，而是关涉每一个官员的实际经济利益和政治地位的问题。那些新获提升的年轻官员虽然具有许多

---

① 《戊戌政变记》，《饮冰室合集》专集之一，105页。

② 《江西道监察御史熙麟折》，《戊戌变法档案史料》，493页。

新思想、新见解，也发自内心真诚支持新政改革，但他们的官场经验毕竟不太丰富，政治上也不太成熟，对许多事务的处理过于简单，这样势必加重政治生态的恶化。许多旧官僚即便先前有着无数的矛盾与冲突，他们又在应对新政上重新纠集起来。所以说，黜旧人、擢新人虽然不是戊戌政变的直接原因，但这一系列人事布局的调整实在为后来的政治变动留下了隐患，是政变的远因之一。

与擢新人、黜旧人相近且在某些程度上相重叠的是裁冗署、设新局，这一具有明显的行政体制改革特征的所谓政治体制改革更加深了清廷内部相当一部分人甚至包括慈禧太后对新政的怀疑与忧虑，他们担心如果一味采取支持和迁就的态度，可能会损害大清王朝的根本利益，影响满洲贵族的地位。而这是他们先前之所以支持、同意新政改革的前提与先决条件，一旦这个前提受到影响，他们自然会收回对新政改革的支持，从而阻止改革的进行。这也是后来政治变动的直接原因之一。

按照康有为的设想，中国的一切问题都在于政治上没有办法，中国只有在政治上有办法，其他的经济问题、教育问题、外交问题、军事改革问题等，才可迎刃而解。而政治上的有办法，在康看来就是参照西方近代国家的政治模式，重建中国的政治体制和行政体制。这是他数年的一贯看法，也是恭亲王奕訢最不放心的地方。

康有为对中国问题的一些判断，确实具有世界眼光。他看到了中国问题的根本症结，而不再像先前的洋务官僚那样一味地坚持发展经济，以为经济发展了，政治上自然有办法。康此时所强调的都是重建中国的政治体制，其核心就是建立西方主流国家行之已久且行之有效的君主立宪体制。所以当他在西花厅被问话的时候，其谈论的主题就是变法，就是改变中国旧有的政治体制，并建议成立制度局作为暂时的立法机关，聘请外国人和康有为自己以及其他通晓当今世界各国法律体制的专家，

共同审查已有的法律、规定，重新制定一批合乎国情、能够推动中国进步与发展的新制度与新规则；建议成立新政局作为新的行政中心，改组或重建政府各部门，主导和推动中国的一切变法事宜。

康有为后来认为这两个建议至关重要，如果清政府按照去做，先从体制、法律入手，然后再推行全面的改革，可能就不会发生后来的政变，中国的改革可能会在一条比较平稳的道路上前进。可惜的是，光绪帝过于急躁，在道路铺平之前就急于推进各项改革[1]，结果导致一系列无法控制的后果。

根据光绪帝的指示，康有为于 1898 年 1 月 29 日完成《上清帝第六书》，建议清政府鉴于先前几十年洋务运动的教训，从制度等根本环节改变中国的现状，并将先前建议设立制度局和新政局的方案更加具体化。

关于制度局，康建议设于宫中，广征天下通才参与其事，在皇帝的亲自主导下，将一切政事、制度重新商定，某政宜改，某事宜增，斟酌其宜，折衷一是，草定章程，然后推行。

关于新政局，康有为建议以此作为推行新政和处理帝国内政、外交等全部事务的行政中心，新政局下辖十二个新政分局，包揽政治、经济、教育、文化、外交、军事、内政等各个方面。

这两个建议实际上是西方近代国家三权分立立宪政体在中国的演变。按照康的设想，制度局主要的职能是议政和制定规则，具有西方近代国家的议会功能；新政局是行政权力中心，是办事机构，凡制度局已经议定的新政事务，皆交给新政局负责具体执行。推测康的本意，他似乎不愿意先破后立，而是反其道而行之，先立后破，用新的议政机构和行政机构推行改革，以便减少阻力。康的设想或许没有问题，但仔细分

---

[1] 《中国的危机》，《戊戌变法》（3），503 页。

析，则不难看到这一方案是对旧的政治、行政体制的严重侵犯。说得不客气点，先立后破远比先破后立的阻力大得多。因为从议政的功能看，大清帝国虽然从来没有设立议会、国会之类的机构，但政治体制从传统中国演化而来，议政与行政的分离并不是没有。早在清太祖努尔哈赤筹备建立后金政权时，就曾设置过议政五大臣协助处理国事，每五日召集一次会议，与宗室王公等一起讨论重大事务。清政府建政中原以后，更参照传统的政权组织方式组建议政王大臣会议制度，于内廷设置议政处，全面管理帝国的日常事务。六部有交议之事，议政处便揆度事情，抉择可否，行之邦国，施之民人。到了雍正年间成立军机处，议政王大臣会议制度失去其应有的功能，遂逐步废除。所谓军机处实际上就是帝国最高的议政机构，所有事务实际上都要通过军机处讨论；六部交议之事，皆有内外臣工随时条奏，帝国内部的一切大政大疑，均由军机大臣讨论裁决，皇帝通过军机处对全国的控制远比康有为设计的皇帝对制度局的控制要严密得多。

至于行政机构，清朝建政中原以后沿袭明朝旧例，也没有设立内阁，由六部直接向皇帝负责。后来因洋务的需要，在六部之外设立总理各国事务衙门，总理衙门遂演变成实际上的行政权力中心，六部只是行政事务的执行机关。帝国的大小事务实际上都被肢解为六部的事务，皇帝正是通过对军机处、总理衙门及六部的高度控制而掌控着整个帝国的全部议政及行政体制。

当然，总理衙门这种体制的弊病在当时也相当明显。刑部郎中沈瑞琳9月13日上书建议遵循各国惯例，将总理衙门改为外部，定设专官，以重交涉而策富强。他详细列举了总理衙门体制的弊病，概括起来就是虽有衙门而无专官，名为总理实则兼理[1]，这样自然难以应付日益繁多的

---

① 《刑部郎中沈瑞琳折》，《戊戌变法档案史料》，178—181页。

外交事务及内政发展、经济建设的需要。

同月，顺天府大兴县生员高世芬也对军机处、总理衙门乃至六部的兼职体制提出批评，建议优化、裁撤过多兼职人员，各部院尚书、左右侍郎，无论满汉各撤一员，即以尚书为总理；同时规定他们不再兼管其他事务，只以本部为责成。军机大臣与总理衙门大臣，也不必继续兼任各部院事务，以便他们专心研究中外实在情形[①]。

大清王朝的行政体制或许确如批评者所说的那样存在许多问题，但康有为立足于先立后破的议政与行政分离的建议，不仅是对旧体制的全面否定，而且其叠床架屋的权力设计势必导致旧有机构中所有官僚的反对。何况，将他的这种设计还原为中国旧体制，也没有看到多少新意。

避开军机处另设议政的制度局，避开总理衙门和六部另设所谓新政局及十二新政分局，康有为这一构想的另一出发点或许是感到旧有的议政及行政中心过于陈旧和老化，很难依靠它们推动新政。而如果将具有新思想的新人物介入原有的议政机构和行政机构，要么新人物被旧人物所同化，要么发生不必要的冲突。所以，康有为试图通过另行设立新的机构总揽帝国的行政大权，以不触动旧的官僚体制为代价，换取他们对新政的支持。他的愿望不可谓不善良，但其"攫取"帝国权力的野心在那些老道的政治家眼里却显得过于幼稚和明显。恭亲王奕䜣在弥留之际对慈禧太后、光绪帝的告诫，就是让他们不要上康有为、翁同龢等人的当，以设立什么制度局、新政局的花样"废我军机"，达到将整个帝国脱离满洲贵族控制的政治目的。

康有为、翁同龢的心理当然并不是恭亲王奕䜣所推测的那样阴暗与恶毒，但康执意在旧有的政权架构之外另起炉灶，事实上也有废弃旧有

---

① 《顺天府大兴县生员高世芬呈》，《戊戌变法档案史料》，191—192 页。

权力架构的用意。根据他的说法，之所以建议设置制度局，就是要废弃已有的军机处。他觉得军机处经过数十年的发展演变，已失去先前应有的活力，对于无例可援、前无古人的新政事业，军机处无法发挥应有的功能。至于在总理衙门和六部之外另组行政中心，在康看来也是不得已而为之，六部本为行政之官，掌守例而不任出议，而总理衙门困于外交，总理大臣也多为兼职，簿书期会，刻无暇暑，根本无法担当推动变法的责任。基于这种判断，康认为不变法则已，要变法，要维新，就必须另行组织制度局和新政局。

从权力制衡的角度看，他的建议固然有其可取之处。但不可回避的问题在于，这种新的权力架构并没有回答恭亲王奕䜣的疑虑。一旦建立，原有的军机处、总理衙门及六部的功能何在？在这些机构中任职的官员还有什么事情可做？所以说，旧的机构不是不可以废除，新的机构不是不可以设立，问题在于怎样协调新旧之间的关系。

康有为的提议不论有多少道理，但他无法回答这一问题，所以他的建议在上报清廷之后并没有获得如期的回应。在这种情况下，他的正确选择是应该检讨自己的建议是否有某种不足，应该从哪些方面予以完善。然而康并没有这样做，相反，他的自信使他听不得任何不同意见，他觉得只要坚持不懈地进行鼓吹，一定能够获得政治高层的善意回应。于是他在年轻一代知识分子和官僚阶层中积极活动，将自己的成文建议进行传播。久而久之，也真有一些年轻的官僚听信康的建议，康转而又以这些人的名义向清廷呈递类似的奏折，以期从舆论上迫使清廷政治高层接纳他的建议。

皇天不负有心人。经过不懈努力，设立制度局的建议终于获得了回应。3月11日，在光绪帝的不断催问下，总理衙门终于将扣压一个多月的《上清帝第六书》转呈光绪帝，光绪帝阅读了这份建议后即批转总理衙门妥议具奏。6月16日，光绪帝在宣布明定国是之后不几天如约召见

康有为，康又借机当面表达了设立制度局而变法律的建议 ①。

对于康的建议，光绪帝表示认同，但对于开设的具体步骤，光绪帝并没有表示意见。

光绪帝的认同极大激励了康有为，召见的第二天（6月17日），春风得意的康有为采用既往的成功经验，又代御史宋伯鲁拟就《变法先后有序乞速奋乾断以救时艰折》，以西方近代国家三权分立的理论为依据，提出于内廷设立法院，选天下通才入院办事。皇上每日亲临，王大臣派为参议，相与商榷，一意维新，草定章程，酌定宪法 ②。这就将有关制度局的设想更加具体化，但对新旧机构之间的关系如何协调，这份奏折一样没有提出可行性方案。

又过了两天（6月19日），康有为趁热打铁，又以自己的名义递交题为《为推行新政请御门誓众开制度局以统筹大局革旧图新以救时艰》的奏折，重申开制度局为变法维新之关键，强调皇上不欲变法自强则已，若欲变法而求下手之端，非开制度局不可。光绪帝对康的建议颇为心动，他对于总署的拖延迟缓越来越不满意，日日催之，继之以怒。

光绪帝的催促使庆亲王奕劻颇感为难，他既无法向光绪帝重申恭亲王奕䜣的遗训，公开反对康的建议，更深知如果同意这个建议可能带来的后果。无奈之中，奕劻只好暗中将康奏折中"改官换人诸大端"摘要报告慈禧太后，以征询意见。

慈禧太后虽然期待通过改革重建辉煌，但她对所有改革尤其是涉及政治体制方面的改革极为敏感，有着明确的政策底线。她既没有忘记恭亲王奕䜣临终前的告诫，也不愿意丧失满洲贵族的整体利益，甚至由此断送大清王朝的江山。所以，当她收到摘要报告后态度极其明白，她直

---

① 《康南海自编年谱》，42 页。

② 《掌山东道监察御史宋伯鲁折》，《戊戌变法档案史料》，3—5 页。

率地告诉奕劻，既然康这个另起炉灶的建议不可行而光绪帝又同意，那就由总署依据自己的职责与权限对皇上的意见予以"奏驳"[1]。

有了慈禧太后的态度，总理衙门的大臣们便于7月2日向光绪帝呈递了"妥议具奏"，对康等人的建议予以全面驳斥，彻底否定了设立制度局及新政局。

总理衙门以为如果按照康氏所请进行行政体制的改革，势必给国家带来极大的危害，严重削弱政府的行政效率。驳议告诫光绪帝称：为政之道不在多言，墨守成规固无以协经权，轻改旧章亦易滋纷扰。劝告光绪帝不要听信那些政治小人的胡说八道，在政治体制改革方面应该固守住那些最基本的政策底线[2]。

奕劻等人的驳议虽然具有相当充分的理由，但并没有真正说服光绪帝。另外一个值得注意的动态是，康有为等人坚守支持光绪帝一人的既定立场，不惜通过各种合法、非法的渠道向光绪帝施加压力。合法的渠道是不断地向皇上呈递奏折，不断地影响光绪帝；非法的渠道是通过各种私人关系特别是通过皇帝身边的太监向皇帝传递信息，施加影响。据协办大学士、军机大臣李鸿藻收藏的一份密札称，康有为因太监王姓者以进，有所建白，通过这名王姓太监皆能直达御前。"每日旨从中出，盖康笔也"[3]。这一记载未必属实，但通过各种手段实现自己的目的，则是康一贯的做法。

在康不断鼓动下，光绪帝的态度确有转变。当他收到总理衙门大臣的驳议后极为不满，指示总理衙门另行妥议具奏，并特意召见具有改革倾向并与康关系较好的总理衙门大臣张荫桓，"且责之，谓汝等尽驳康

---

① 苏继祖：《清廷戊戌朝变记》，《戊戌变法》（1），337页。

② 《总理各国事务奕劻等折》，《戊戌变法档案史料》，7—8页。

③ 参见孔祥吉：《康有为变法奏议研究》，315页，沈阳：辽宁教育出版社1988年。

179

某之奏，汝等欲一事不办乎？"[1] 再次将球踢给了总理衙门，并试图动用皇帝的行政资源迫使总理衙门的大臣们议准。

军机大臣找到了应对办法

与总理衙门那些老资格政治家相比，康有为乃至光绪帝无疑都过于幼稚。康等人不断向光绪帝施加影响的同时，也不断在同志中煽惑这一关涉大清王朝根本制度的改革的相关情况。这些传言在不断地复制过程中已严重变形，康有为先立后破，甚至立而不破的政治体制改革方案，终于被传成先破后立，甚至直接威胁到某些具体衙门或官员的实际利益。

根据康的原折，只是建议清政府另行组建制度局、新政局及十二分局，专司推行新政，并没有提及裁冗员、撤衙门。而这些传言在不断流布过程当中，物议沸腾，肆意矜张，且因新党中少年毫无避讳到处议论某官可裁，某人宜去，并吹嘘现已如何奏请皇上，而皇上如何发下谕旨等。

办大事者慎言语、慎用人，凡事不密则害成。京城官场到处流传六部九卿已裁撤，而设立鬼子衙门，用鬼子办事等谣言；竟有老迈昏庸之堂官、懵懂无知之司官对这些谣言信以为真，焦急欲死，但却无能为力，惟有诅谤皇上，痛骂康有为而已[2]。这无形中增加了改革的阻力，将那些并不一定反对改革的人统统推到了保守阵营。即便当事人康有为后来在回顾这一事件时也不能不承认：我康有为只是请于京师开十二局，外省开民政局。于是流言纷纭，都说我康有为的建议是尽废内阁六部及督抚、藩臬司道，甚至将张元济、岑春煊等人废督察院、翰林院等建议

---

[1] 《戊戌政变记》，《饮冰室合集》专集之一，18页。

[2] 苏继祖：《清廷戊戌朝变记》，《戊戌变法》(1)，337页。

皆归之于我康有为。于是京朝震动，外省怵惊，谣谤不可听闻 ①。

信息的不对称导致了秩序的混乱，而最了解事情真相的一些大臣们却期待着这种混乱，以便加重反对康改革方案的砝码。7月13日，总理衙门拖了差不多十天的时间方才对光绪帝再次重议的指示做出回答，这次回奏由于是在光绪帝再次要求后做出的，因此不可能继续以强硬的姿态直接否定康的方案，而是采取了更加迂回的办法，声称康的方案事涉重大，牵涉国家行政体制的根本变革，且更多的不属于总理衙门分管的外交及通商事宜，均系变易内政，故而建议皇上特旨委派王公大臣会同总理衙门一起讨论，寻找出一条可行性更强的办法。

变更国家固有行政体制确实不是总理衙门的权力和责任。按照清朝已有的权力架构，事涉重大的体制变更，必须通过具有议政功能的军机处。所以光绪帝只好采纳总理衙门的建议，指示由军机大臣会同总理衙门王大臣们切实筹议具奏，毋得空言搪塞 ②。

军机大臣们太清楚设立制度局、新政局及改革省以下行政机构的必然后果，那就是制度局立，军机处废，出于维护自己利益的本能，他们只能是坚决反对，有的军机大臣甚至公开宣称：开制度局，是废我军机也，我宁忤旨而已，必不可开。

如果军机大臣们真的采用这种极端手段，那么历史极有可能改写。因为果真如此，按照光绪帝的性格及当时的行事风格，他极有可能干脆地废除军机处，至少也要对军机处、总理衙门的构成进行一番大的改组。礼部六堂官的集体免职证明光绪帝具有这样的魄力。

然而，军机处的大臣们毕竟是大清帝国最为老道、最富有经验的政治家，他们可以背着皇帝发发牢骚，但决不会态度鲜明地直接对抗。新

---

① 《康南海自编年谱》，50 页。

② 《总理各国事务奕劻等折》，《戊戌变法档案史料》，9 页。

181

任汉军机大臣王文韶分析道，皇上的倾向性已很明显，他受康的蛊惑，已下定决心对整个帝国的行政体制进行全面改革。皇上既然让我们切实筹议具奏，那是给我们一次发言的机会，如果不利用这次机会充分表达我们的不同意见，尽量说服皇上回心转意，而是像总理衙门先前那样全面否定和驳斥，那么结果可能是皇上明发上谕，宣布成立制度局、新政局，并对帝国的整个体制进行全面改革。

王文韶的一番分析使大家茅塞顿开，经过一番周密准备，军机处于8月2日向光绪帝呈递了并没有"空言搪塞"的奏议。这份奏议虽然在目的上与总理衙门的两次驳议一样，是要彻底否定康的方案，但道理说得更清楚，论证也更周密。奏议说，根据皇上的指示，军机大臣会同总理衙门大臣对康的方案进行了讨论，认为康的许多看法是有价值的。大清王朝在最近若干年所面临的外交困难，确乎如康所分析的那样有着很深的背景与原因，要克服这些困难，确乎应该及时发奋，革旧图新，于中外局势、各国环伺中国的情形，了如指掌，知己知彼。像康所上的《俄大彼得变政记》《日本变政考》等，也确实有许多振聋发聩的精辟见解，他的许多建议切中要害，具有相当参考价值。

军机大臣们的这番陈词确实比先前总理衙门的驳议要好得多，至少他们没有再一味否定康的价值，而是在高度抽象的意义上充分肯定了康变法维新思想的意义，这就在很大程度上迎合了光绪帝的认识。

奏折接着说，至于听政纳言，设官分职，自我大清王朝定鼎中原以来，集中国历代百王之成法，在列祖列宗的主导下，已经建立一套比较完备的政治体制。当然，正如所有事物一样，积习相沿，法久则弊生，甚至弊存而法亡。所以，不断革新，与时俱进，是为政者时刻应该坚守的原则。不过，任何弃旧图新都是对旧有体制的修正和修补，而不必尽变其初立之法，从根本上否定旧体制的价值。军机大臣们表示，根据这一原则，他们故不敢任意纷更旧有政治体制，亦不敢执守成见，墨守旧

规，他们通过对康这些建议的讨论，既获得一些有益启示，也觉得有些看法还可以进一步讨论。大体上说，康的建议有应行变通者，有已经举办者，有尚须推广者，有应请缓办者，有不便施行者。这种评价有肯定，有否定，从"接受学"的角度去观察，这种做法与评判，在光绪帝那里当然比较容易获得理解，因为他们并没有完全否定康建议的价值与意义，而是做了相应的分类处理。

抽象的肯定，具体的否定，这是军机大臣们的应对策略。根据这一策略，他们对康的建议逐条做了讨论。关于大誓群臣、开制度局、设待诏所三问题，军机大臣们并没有直接反对，而是提出了三个变通的建议。他们认为，皇上在宣布明定国是时已强调国是不定，则号令不行，中外大小臣工各宜发愤为雄，以成通经济变之才。这实际上就是康所说的大誓群臣，宣布天下维新更始的意思，也是新政的正式开始。因此，皇上似乎没有必要再次大誓群臣，宣布天下。

至于制度局，军机大臣们提出的变通办法是建议皇上在接见廷臣时于部院司员中注意观察和选拔那些具有真才实学且深信其忠诚者，对于这样的政治新锐，皇上可以随时召对，借以观察其人之学识气度，参酌大政，以备任使。果如此，就没有必要设立叠床架屋的所谓制度局。

至于所谓待诏所，军机大臣们以为我大清王朝言路宏开，体制完善，各部院司员条陈事件，准由各堂官代奏；一般士民上书言事，准赴都察院呈递。现在需要加强的只是应该进一步要求各衙门堂官遇有属吏具疏呈请，应随时代奏，毋得拘牵忌讳，稍有阻格。各司员士民言事见诸施行而确有实效者，朝廷应该加以奖励，量才录用。果如此，所谓待诏所的功能在原有体制下一样可以发挥。

如果根据军机大臣们的办法，这些建议虽然具有新意，但不必付诸实践，因为经过适当变通，大清王朝固有政治体制完全可以容纳这些内容，这就是军机大臣高明于总理衙门大臣的地方。

根据这一既定原则，军机大臣们对于设立新政局及其十二分局的建议，一样不客气地予以拒绝。军机大臣们称，关于十二分局，在过去一段时间里，迭经出使大臣伍廷芳等人建议，皇上也有相关的批示，许多已经提上议事日程或正在办理之中，如关于教案方面的法律，关于印花税的设立和征收，关于设立农商局统一全国的农商政策，关于造币局的设立，关于继续派遣学生、官员出洋游历等。至于铁路、矿务，确为新政最要之关键，现在各省办法未能统一，甚或牵涉洋商，动多窒碍，拟请在京专设一矿务铁路总局，附属于总理衙门，仿同文馆之例，特派该衙门堂官二人总理其事，无论何省开矿筑路，俱归其统辖以一事权。至于工务，前经户部议复并由总理衙门奏请将制造各局招商承办，已令行各省斟酌办理，迄今尚无成议。不久前有上谕奖励士民制造新器、新艺，准给专利。凡此，都是应该进一步推广的政策。由此看，康设立矿务铁路等专门机构的建议并不具有前瞻性，其实政府已有规划，只需继续推广而已。

对于康那些"前瞻性"的建议，军机大臣们也有办法予以拒绝。如康在十二分局规划中有设立社会局的建议，其功能就是劝令人民设立各种新式学会，将会例、人名报局考察、备案。鼓励人民创办学会，聚众讲学，是康、梁在戊戌年间的一个重要思想，其创设社会局也有助于推动民间组织的完善与发展，应该说是有价值和意义的。军机大臣们对于这一建议，并没有采取绝对的拒斥态度，他们在肯定这一建议价值的同时，却提出目前条件并不成熟，应该缓办。

通过军机大臣们的技术性分析，康有为十二分局的建议，或者已经举办，或者应该继续推广，或者只能缓办。这样一来，他们虽然没有完全否定康的建议，但实质上已将其消解在大清王朝旧有体制之中，即便这些机构已经设立或将要设立，其结果已与康原来的设想南辕北辙。而且，军机大臣们认为，所谓新政十二局在固有政治体制中亦并非向来所

无，大抵分隶于各部及总理各国事务衙门，或散见于各项局所。

现实的困境、历史的教训、经费的困难，所有这些都摆在光绪帝的面前，如果皇上执意要接受康的建议设立什么新政局及其十二分局，那不是真的有点脑筋不正常了吗？

至于康提出的省以下行政体制改革，军机大臣们更明白地表示反对，以为这项改革根本不便施行。其理由是，康对省以下官吏队伍的判断根本不对，即便有个别官员不合格，但不能从总体上说尽属冗员，与民无关。如果接受康的建议，将省以下行政官员改官为差，安见官则必不得人，差则必得其人？此其一。

第二，康提出将厘金抵作各地所谓新政局的经费，更是不可行，即不免任意开销，造成新的浪费。况且各州县并不一定都有厘金，其有厘金的州县，亦多寡不等，岂能一概笼统，漫无限制？窒碍既多，更非政体，这项改革建议根本就没有多少参考价值。

军机大臣们的"切实筹议"有理有节，有张有弛，既没有完全否定康建议的抽象价值，且将个别有新意的建议容纳至清朝固有的政治体制之中。这样一来，即便光绪帝有心继续采纳康的建议以分解军机处和总理衙门的权力，他也无法继续从这个方面予以突破。所以康关于制度局、新政局及省以下行政体制的改革方案除了被提出来争论一番，徒添纷扰外，并不具有政治实践的价值，仅仅具有思想史的意义。

这个设想，就康本身来说，虽然期望能够获得清政府尤其是光绪帝的批准，但似乎并没有足够的信心，尤其是在政治高层不断传出反对的声音之后。但是，正如许多研究者指出的那样，康提出的改革中央政府组织结构的构想，固然有重建大清王朝政治体制的宏大理想，不过从私的方面说，也是因为他和他的那些年轻同志都觉察到，如果不变革旧有的权力组合模式，仅仅凭借他们的学识与影响很难挤进现有的高层权力场。从这个方面说，他们需要权力结构的重新组合，期待发生奇迹。所

以，他虽然预感到那些建议可能依然会被驳回，但不仅没有放弃努力，反而加大了力度。7月24日，当康的建议被光绪帝批转军机处会同总理衙门再次慎重讨论而尚没有结果的时候，康指使其弟子梁启超以李端棻的名义上了一份奏折，提出循大清王朝先前已有的例子，在内廷开设懋勤殿，以期通过这种特殊的机构设置以最便捷的办法进入光绪帝身边，参与议政。

对于这个建议，光绪帝并没有表示倾向性的意见，他一如惯例将李的奏折批转总理衙门大臣奕劻及孙家鼐会同军机大臣"切实复议具奏"。根据光绪帝的指示，奕劻与孙家鼐于7月28日分别向光绪帝呈递了处理意见。

奕劻对设立懋勤殿的主张未置可否，但倾向于皇上选择博通时务的俊杰作为身边的顾问，并建议由各部院择优保荐，由皇上亲自考察其人品、学识，从中选择一些作为身边顾问，朝夕侍从，讲求治理，这应该是一件好事。不过，奕劻也忠告光绪帝，现在一些年轻官僚和知识分子品类不齐，必须从严选择，慎之又慎，否则以康熙爷的圣明，当年都被高士奇那样的政治小人所蒙蔽。至于比较本分的外来传教士如汤若望、南怀仁等，都是比较专业的知识分子，康熙爷虽然也把他们作为顾问，但实际上只是偶尔召见，并非朝夕相处。从奕劻的平实叙述中不难觉察，他虽然没有明确反对，但其实质无疑并不太同意另行设置什么懋勤殿。

孙家鼐的处理意见与奕劻的很相似，他也原则上同意皇上选拔一些人才在身边以备顾问，同时也像奕劻一样告诫皇上不能以才华作为选取的标准，更要注意其人品、其心术，并建议采用公举的办法，尤其要注意公众舆论的认知度。对于那些心术不正、人品低劣的人，不论其才华如何出众，都必须坚决剔除[1]。很显然，作为老一代官僚，他和奕劻等人

---

[1]　参见孔祥吉《康有为变法奏议研究》，322页。

一样，在内心深处很瞧不起那些新派人物的人品与心术。这种明显的倾向性，对光绪帝很有影响。收到他们的奏折后，光绪帝很长一段时间没有再提及设立懋勤殿的问题。

设制度局、新政局以及懋勤殿的主张均在总理衙门大臣和军机大臣们软硬兼施的反对下不了了之，康有为先立而后破的行政改革思路明显受挫。但是不论那些老资格政治家怎样为大清王朝旧有行政体制进行辩护，一个不容怀疑的事实是清朝的行政体制也确实存在一些问题，行政效率的低下也是当时有识之士一致的看法。按照康原来的想法，他之所以要另起炉灶，除了想通过这种便捷的办法直接进入权力中心外，主要是为了减少改革的压力。他并不希望因为改革而导致大批旧官僚的失业，更不希望因此而引起政治场上的巨大风暴。他期待以和平的改革先立而后破，待到新体制运行一段时间，尽量容纳旧有官僚阶层之后再去处理旧有的行政体制。这就是他后来概括的"选通才以任新政，存冗官以容旧人"的改革策略[1]。

不仅仅是一个饭碗问题

康有为的善良愿望不得实现，而行政体制改革在光绪帝看来也刻不容缓，于是这一改革便无法沿着康所设计的平和改革路线前进，而是走上了剧烈冲突一途——从裁撤旧衙门开始，由此引发晚清政坛的一场大地震，新政改革失败的原因在此也可获得某些启示。

裁撤旧衙门是太仆少卿岑春煊8月23日提出来的。岑春煊是康有为的朋友，具有很强的维新思想倾向，这份奏折是否受到康的指使，目前的资料尚看不出来。这份题为《敬陈管见伏冀采择折》中提出的改革

---

[1] 《康南海自编年谱》，55页。

思路虽然在个别方面与康的明显不同，但在大的方面则基本一致。他提出的十点建议是：一、严赏罚以饬吏治；二、停捐纳以清仕途；三、裁冗员以节糜费；四、厚廪禄以养官廉；五、行采访以杜中饱；六、汰吏胥以除积蠹；七、颁档案以重交涉；八、收旧部以储将才；九、办团练以清内匪；十、免厘金以恤商困。总之，是通过一系列行政体制方面的改革，重建高效廉洁的政府体制。在这一点上，岑春煊与康的目标是一致的，所以当这份奏折提出后，许多不明真相的人都将这些见解归之于康，就连仔细阅读过这份奏折的光绪帝也以为这些见解与康的主张高度一致。

但其实，岑春煊的十点建议在细节上并不是康有为的主张，比如其中对当时政治影响最大的第三点即裁冗员以节糜费就与康素来的主张完全相反。

根据岑春煊的建议，大清王朝行政体制多因袭明朝体制，但时移势异，现在情况已发生很大变化，往往有官名仍其旧而职责已完全改变。前此已有一些条陈建议裁减一些衙门和官员，但他们提出的只是有针对性的裁减一二员，并不能从根本上解决问题。要想从根本上解决问题，必须不论大小，无论内外，分别裁并。以中央机构论，詹事府过去有着明确的职责，而现在国朝无立储体制，所以詹事府根本没有存在的必要；至于宗人府、大理寺、通政司、太常寺、光禄寺、鸿胪寺、太仆寺等机构都有类似情况，其职掌或已消失，或大幅度减少，因此或裁或减，或并入其他机构，都有讨论的空间。至于另外一些机构如内务府，其职掌固然不少，诚不宜概从简陋，然内务府现在的编制太多，至少可以裁减一半。

至于京外之官，在岑春煊看来可裁者更多。诸如现行体制中总督、巡抚，其职能就有很多重叠，建议同城之督抚可裁其一。至于设立河道总督，原本是统一协调黄河治理，现在看来已没有多少实际作用，亦属

可裁之列。河工之在山东境内，山东巡抚可以兼理，之在河南境内者，可由河南巡抚兼理。至于漕运、盐政等，都有类似情况①。在岑春煊看来，从建立高效廉洁的政府着眼，不论京员，还是外官，可裁撤的绝对不在少数。

岑的建议在清政府高层引起了强烈反响，有人赞成，有人反对。但这些建议在很大程度上迎合了光绪帝进行行政体制改革的想法，尽管存在着强烈的反对意见，光绪帝仍有意于采纳这些建议进行大刀阔斧的改革，他甚至引证康有为的观点，以为康也是赞成这些改革的。但如前所述，康一开始就反对大刀阔斧的改革，他主张"选通才以任新政，存冗官以容旧人"。所以，当岑的奏议在政治高层引起强烈反弹，且被光绪帝认为合乎康有为的素来主张，由此又引起更多人对康产生误会时，康觉得有必要为自己辩解，他似乎在某些场合明确表示岑的建议并不合乎他的想法，他的设想与岑氏的建议完全是两码事②。

康的这些说法引起了军机大臣廖寿恒的注意，廖觉得行政体制确实要改革，但不能因此引起无谓的混乱，否则欲速则不达，过于激进的改革势必引起激烈的反弹。于是他建议康将这些想法写出来，供光绪帝和政府高层参考，以阻止岑春煊那些过于激进的改革变成现实。

在廖寿恒的督促下，康有为于 8 月 29 日向清政府呈递了《厘定官制请分别官差以行新政以高秩优耆旧以差使任才能折》，对岑春煊的建议进行了全面批评，请求光绪帝在裁撤衙门、裁减官员问题上要高度慎重，统筹全局，从长计议，不要因这一局部改革而影响整个改革大业。现在最重要的问题是尽快制定出成文宪法，斟酌修订已有的典章制度，全面考虑新政的方方面面，然后待条件成熟时一一推行，方为有益。若

---

① 岑春煊：《敬陈管见伏冀采择折》，参见孔祥吉《康有为变法奏议研究》，306—307 页。

② 《康南海自编年谱》，55 页。

贸然行事，即便裁减一些衙门和官员，也无助于新政的推行，甚者走向反面。所以说，统筹全局，改定官制，事体重大，决不能很快进行。

根据这一原则，康有为重申区分官、差的界线，建议在改革之初，专论差使，不问本官，实行官差分离、官爵分离，"以高爵待耆旧，以差使任才能"。这样那些老资格的政治家各得其所，获得较高的政治地位和政治待遇，以官终身；而年轻一代政治家也可以比较自由地获得施展，以差获任。

应该承认，康的建议如获采纳，可以在很大程度上缓解既有官僚队伍对新政的敌视与反对。但是从纯技术层面说，康的建议比岑的方案更难操作，既有的官僚不可能同意放弃权力，只去当什么名义上享有崇高地位而实际上无权的傀儡。他们更明白，官差分离的新体制依然是要从他们手里分享权力，一旦大批新"行走"掌握了各个衙门的实际权力，他们能否继续享有那崇高的政治地位与政治待遇，也是一个未知数。所以说，康的建议虽然迎合了枢臣反对岑春煊激进的行政体制改革的想法，但他们同样不能支持康氏的方案，因为结果都一样。

再从光绪帝方面说，他不可能没有看到康氏渐进改革方案的好处，但现实使他深切地感到不彻底废弃旧有的行政体制，不进行大胆的改革，那么他曾经向国内外郑重宣示的所谓新政只是一篇空话，因为几个月来的政治现实已经使他深切地感受到了旧有体制的束缚和旧有官僚的怠慢。8月26日，光绪帝在上谕中批评各省官员积习相沿，因循玩愒，对朝廷一系列新政政策执行不力，犹复意存观望，并点名批评两江总督刘坤一、两广总督谭钟麟等对于中央政府几个月来的新政策并无一字复奏，迨经电旨催问，刘坤一辩称尚没有收到正式的文件，而谭钟麟竟然连催问的电旨都不予以回复。从中不难感受到光绪帝内心的苦闷与焦灼。在第二天的一份上谕中，光绪帝表达了同样的抱怨，并要求各地督抚以后奉谕交办之事必须依照限期赶快办理，克日奏闻，不得任意延

缓，致繁降旨严催。凡此都不难觉察光绪帝之所以执意采纳岑春煊建议的苦衷。所以光绪帝宁愿冒点风险也不愿意选择康有为的折衷方案，而是倾向于采纳岑春煊的大规模裁撤衙门和精减官员的建议。

8月30日，光绪帝发布上谕，宣布裁撤詹事府、通政司、光禄寺、鸿胪寺、太仆寺、大理寺等衙门，其相关业务分别并入内阁及礼部、兵部或刑部等衙门。京外所有督抚同城之湖北、广东、云南三省均裁撤巡抚，由总督兼管巡抚事。裁撤河工总督，山东境内由山东巡抚管理，河南境内由河南巡抚管理。至于各省无运可办之粮道、无场销盐之盐道，亦均裁撤。上谕还宣布，除应裁之京外各官本日已降谕旨暨裁缺之巡抚、河督、京卿等员听候另行录用外，其余京外尚有应裁文武各缺及一切裁减归并各事宜，著大学士、六部及各直省督抚分别详议筹办，并将筹议情形迅速具奏。上谕要求各督抚参照先前上谕精神，将现有各局所中冗员一律裁撤净尽，并将候补、分发、捐纳、劳绩等项人员一律严加甄别沙汰，限期一个月全部办理完毕并向中央复奏。

就事实而言，光绪帝宣布裁撤的詹事府等中央衙门多年来确实已沦为无事可办之冗署；京外督抚同城也如许多批评者所指出的那样，职权重叠，甚者不断发生冲突。至于河工总督、漕运、盐政等，久已失去其存在的意义，所以说裁撤这些机构，遣散这些冗员就事实而言确乎如英国驻华公使窦纳乐所说的那样，"在中国政界引起'革命'性震动"①，至少表明清政府在各方面力量的推动下已经迈出了第一步，理所当然地受到各方面的欢迎。

不过就情理而言，这样大规模地裁撤冗署，裁减冗员，且宣布除极少数高官由政府另行安排工作外，其他一般官员由此沦为失业者，他们在一夜之间从政府官员变得什么都不是，不要说他们心理上会产生严重

① 《窦纳乐致沙侯》，《戊戌变法》（3），548 页。

的失调，实际上也是不公正的。因为这并不是他们个人的过错，而是政府的决策错误，或者说是时代变化导致这些机构失去存在的价值，而他们作为个人，不管怎么说也是通过层层选拔走到今天的位置，甚至有的已在这些岗位上兢兢业业工作了一辈子，不说他们是大清王朝的宝贵财富，至少也为这个政府做出过自己的贡献。他们所处的衙门突然变成被裁撤的冗署，这不是他们的主观选择，就这样不明不白地将他们赶走，岂能心甘？凡此，似乎年轻的光绪帝在做出这一重大决定时并没有予以足够的重视。所以，这个重大决定委实过于草率。

再者，不论京卿，还是京外官员，他们多年来的唯一职业就是从政。除此之外，他们不可能另有谋生手段。如果是一个廉洁的官员，仅靠薪俸维持生计，一旦失去自己的职业，让他们怎样继续生存？在上谕发布的第二天，曾有友人劝叶昌炽不必以一官为恋，趁早另谋生计。叶氏对此似乎也有点心动，但转念一想又觉得不太现实，他在日记里写道："然寸铁不持，安能白战？家无长物，惟破书烂帖耳。平生所收，皆在牝牡骊黄之外，故聚之则成邾莒一小国，弃之则皆瓦砾也。倾筐倒箧，至多不逾二千，未可为孤注也。万一失算，将如之何？"[1] 叶氏的内心自白大体反映了当时这批"下岗官员"中比较老实忠厚者的一般心态。

光绪帝的果断决策不仅面临执行上的实际困难，而且使京城内外官场中早些天就已流传的所谓皇上批准康有为的建议裁撤六部九卿的谣言逐步得到证实。已被宣布裁撤的衙门中的官员自然焦虑不安，而尚未被宣布裁撤的衙门实际上也陷入一片混乱之中。这对后来恳请慈禧太后回宫重新主持朝廷的日常事务，即后来所说的所谓政变发生了直接的作用。

---

[1] 《戊戌变法》（1），530 页。

詹事府等中央冗署被裁撤后引起了京城的高度混乱，在中央衙门任职的中下层官僚普遍感到恐慌，已被裁撤的衙门其权力交接相对说来比较容易，但人员的安置、物品资产的转移等具体事务的进展似乎并不太容易。9月1日，光绪帝要求军机大臣、六部尚书等就所裁撤各衙门的善后事宜妥速筹议，并要求他们在五日内具奏。

五天过去了，这些大臣可能做了一些工作，但进展不太理想，尤其是人员安置成了最大的困难。为了解决这些困难，9月5日，大学士李鸿章呈递由"内阁主稿"的一折一片，表示裁并官职，诚为今日当务之急，然各衙门承办多年，另改旧规，非取其素有交涉者以类相从，不足以臻妥善。他们根据《清会典》中关于各衙门职能的规定，建议以类相从，将职能相近的机构予以归并，如詹事府掌文学侍从，拟请归并至翰林院；通政司掌纳各省题本，拟请归并内阁；光禄寺恭办典礼，鸿胪寺掌朝会宴飨，拟请归并礼部；太仆寺掌牧马政令，拟请归并兵部；大理寺掌平天下刑名，拟请归并刑部[①]。

在附片中，李鸿章等建议应对所有被裁撤的人员妥善安排，量才录用，以免向隅，不致引起人心惶惶，动摇政局；已裁并之各衙门地址，应留作中小学堂及各项公所[②]，希望通过比较周密的安置最大限度地缓解震荡。

被裁撤衙门人员的安置成了当时头等大事。同一天（9月5日），康有为代徐致靖起草了一份奏折，建议清政府增设三四五品散卿及三四五品散学士，以容纳那些被裁撤的人员中具有学识与能力的充当议政之官。因为在康有为看来，既然专门议政的制度局一时难以开设，那么不妨将这次被裁撤衙门中的优秀者充当专门的议政之官，"行政之官不可

① 《大学士李鸿章等折》，《戊戌变法档案史料》，174—175 页。

② 《大学士李鸿章等片》，《戊戌变法档案史料》，175 页。

冗，议政之官不厌多"①，藉此作为议政、行政分离的雏形。

也是在这一天，户部候补主事陶福履在一份奏折中提出"安闲员"的另一种思路，建议或将所汰末职微员，择有才有守者，分充幕友、经承，年资劳绩，仍予铨补，使目前有所自效，藉免饥寒；其科目出身之员，或由管学大臣派充各省府州县学堂教习，或由矿路农工商总局大臣派办各省分局事务。如此，则澄叙之中仍寓体恤之意，益将感激驱驰，力图报称②。其他类似建议还有户部候补主事聂兴圻后来提出的"设农爵以优待大臣"，仿古昔大臣复辟明农之意，设农爵三等，令大员之守旧不化者，加以农爵，令其退休田间，讲明农学，为诸农倡。庶民智开而大臣亦得保全③。

总之，在这些建议者看来，裁汰冗员的思路是对的，但为了稳定，总要使这些下岗的官员、职员不致忍饥挨饿，流离失所。因为，这不是他们个人的责任，而他们之中也确实有许多人兢兢业业、埋头苦干，或者具有一技之长。只要政府设法，就一定能够使他们下岗而不失业。

这些建议似乎都曾引起清廷重视，尤其是徐致靖的奏折更引起了光绪帝的注意，他当天即批转孙家鼐妥速议奏④。四天后（9月9日），孙家鼐议复赞成徐致靖的建议，并称国家积弊惟在敷衍颟顸，事无大小，多以苟且塞责了之。如能详细推寻，多方讨论，必不致百为丛脞，贻误至今。徐致靖谓议政之官不厌多，盖欲皇上广集众思，留心贤俊⑤。

孙家鼐一方面同意徐致靖的建议设置散员以容纳被裁撤下来的官

---

① 《戊戌变法档案史料》，176 页。

② 《户部候补主事陶福履折》，《戊戌变法档案史料》，40—41 页。

③ 《户部候补主事聂兴圻折》，《戊戌变法档案史料》，73 页。

④ 《光绪朝东华录》（4），4177 页。

⑤ 《协办大学士孙家鼐折》，《戊戌变法档案史料》，176 页。

员，另一方面又将徐奏议中的要点摘录送呈慈禧太后，结果在"慈览"后以"应无庸议"予以否决[1]，设散员以容纳"下岗官员"的设想终于没有变成现实。

---

[1] 孔祥吉：《康有为戊戌年变法奏议考订》，见《戊戌维新运动史论集》，374 页。

第七章　风起于青萍之末

设散员以缓解裁撤衙门的压力，说实话也是远水解不了近渴。鉴于这种情况，清政府最高层适时调整了政策。9月8日，清政府以光绪帝的名义发布上谕，强调现在裁撤各衙门业经分别归并，所有各该衙门裁缺各官未便听其闲散。现当振兴庶务，规划久远，应于铁路矿务总局、农工商务总局酌设大小官员额缺，以备将来量才任使，并要求总理衙门王大臣会同吏部就这一方案详加讨论，提出可行性的具体办法 a。显然，这份上谕较8月30日的裁撤上谕已有很大缓和，不再强调对那些冗署"下岗官员"不予安置，而是认为这些官员也是大清王朝的财富，应该适时将他们转到新政开始后一些新设的衙门如铁路矿务总局、农工商务总局中去，以此减轻被裁撤人员的压力，缓解京城骚动不安的气氛。

---

　① 《光绪朝东华录》（4），4182 页。

风乍起

对于这一新决定，总理衙门章京张元济 9 月 18 日呈递奏折表示反对，以为设立矿路农工商总局为各省表率，是专业性非常强的新机构，创设伊始，任务艰难，所有工作人员非训练有素、才识卓著者，断难胜任。而现在各衙门裁减下来的人员，虽然也有比较优秀的人才，但大都衰庸猥烂，部胥市侩杂出其间，能通晓中国旧学者尚难得一，若令他们从事新政，岂不贻误国是，腾笑远人？因此万不可将这些被裁撤下来的人员不加分别派充新政机关 [1]。

张元济的担心或许是多余的。事实上光绪帝虽然对裁撤冗署、冗员的政策略做调整，但并不意味着就此放弃行政体制改革的企图。恰恰相反，光绪帝在调整政策的同时并没有放慢改革的步伐。9 月 10 日，光绪帝再发谕旨，要求总理衙门王大臣会同六部尚书及各省督抚等就中央各衙门多余人员何者应裁，何者应并，详加讨论，提出方案。对于京外已裁实缺、候补各员应如何分别录用及饬令回籍候缺，也一并提出处理建议。至于外省道员及同通、佐贰等官及候补、分发、捐纳、劳绩等项人员裁撤，光绪帝的决心似乎并没有改变，他依然要求各省督抚从严掌握，认真裁并，并严加甄别沙汰，其各局所冗员一律裁并净尽 [2]。

光绪帝在行政改革方面之所以逐步坚定，可能有很多原因。旧有体制运转不灵，效率低下，尤其是他个人实在有点指挥不动可能是原因之一；另一方面，反对意见由于各种原因并没有及时上达天聪，而中下级年轻官僚却一而再、再而三向他呈递必须裁撤冗署、冗员的理由和方案。9 月 5 日，新任总理各国事务衙门章京、刑部主事张元济提出一份

---

[1] 《总理各国事务衙门章京张元济折》，《戊戌变法档案史料》，195 页。

[2] 《光绪朝东华录》（4），4186 页。

更为详尽也更为激烈的改革方案。

张指出，新政之所以受到一些重臣阻挠，进展缓慢，其实是这些旧有官僚有漠视朝廷之心，以为旧法终不能废，新政终不能行，任我皇上一人忧劳于上，久将必倦，倦则旧法复、新政废。这样，他们阻挠新政的目的就可以轻易实现。而旧有官僚之所以这样，实因他们年老力衰，但求敷衍数年，实际上是对国家未来不负责任。为变法正本清源，顺利推行新政，张建议设议政局以总变法之事、融满汉之见、通上下之情、定用人之格、善理财之策。

在"定用人之格"这一原则下，张元济建议解散内阁，裁撤翰林院、国子监，废除一切于新政无益的衙门；对各衙门的编制重新核定，主官只设一正一副，副职及以下属员均由正职主官选拔推荐，请旨擢用，如此方能减少摩擦，提高行政效率，建设高效政府；禁止兼差兼职；注意官员专业化，不要将官员随意进行跨行业调配，今日兵刑，明日钱谷，似乎万能，其实什么也不懂[①]。

张元济的建议相当激烈，并没有得到光绪帝的直接回应。不过值得注意的是，光绪帝在此后几天所发布的上谕明显加大改革力度，或许与此有关。官场人心惶惶，无心办事，政府行政体制几乎陷于瘫痪。为了扭转这种局面，廖寿恒再次出面诚恳劝说康有为利用自己比较特殊的政治身份建议光绪帝不要在行政体制改革上大动干戈，更不要一意孤行地坚持大规模裁减京内外各官，对于已裁撤冗署中的人员应该设法予以合理的安置，以免引起政局剧烈震荡。

廖寿恒的请求引起了康的兴趣，但他并没有按照廖的意思去劝阻光绪帝。恰恰相反，康于9月14日代山东道监察御史杨深秀呈递了一份奏折，建议不要轻易安置那些被裁撤的官员，即便其中确有真才实学及作为者，

---

① 《总理各国事务衙门章京张元济折》，《戊戌变法档案史料》，42—48页。

也应该严加甄别之后录用；但对那些碌碌无为、老朽不中用的旧官僚，根本不必考虑他们的去处 ①。

这份建议没有来得及被采纳，但这个建议以及光绪帝不顾后果"于变政勇决已甚"的政治姿态 ②，显然对于已经恐慌的人心起到了更大的负面影响。尤有甚者，在这份奏折呈递的同一天（9月14日），内阁候补中书王景沂也上了一份奏折，以为新政之所以举步迟缓，步履维艰，关键在于身居高位的大臣们不负责任，以部院堂官之罪居其二三，督抚之罪居其七八。部院堂官的责任之所以少些，并不是他们的作为优于督抚，而是他们的位置比较特殊，毕竟他们身在京城，处于皇帝及政府的严密监控之下，诏令所及，不得不疾首蹙额以奉行之，然且以因循为欺罔，以变乱为阻挠，惟希冀朝廷虑所不及以售其把持缘饰之术。至于外省督抚，其恣睢拗戾，又百倍于部院堂官，他们上对中央政策置若罔闻，下对百姓痛苦视而不见，司道守令相与望风承旨，恶新学若仇寇，藉守旧为护符。

根据王景沂的分析，现在舆论所称许的大臣们真能公忠体国的为数甚少，督抚不过数人，其余模棱两可之乡愿可善可恶者，已在不可必得之数。在这种情况下，而欲外患可消，内患可弭，主忧可释，民困可苏，是南辕而欲北游。王景沂建议在行政体制改革的同时，应该加大奖勤罚懒的力度，除了黜其尤庸劣者数人外，应严旨训饬，规定大小官员在要求的时间内对于不足与问题进行检讨并予以改正，如有锢蔽执拗者，必当威以重典，一定要改变大清王朝对高级官员只有奖赏而无刑罚的成规，促使这些高级官员成为推动新政的重要力量 ③。王景沂以高级官员作为重建吏治的基础，认为这是清政府建立高效廉洁行政效率的前

---

① 《山东道监察御史杨深秀折》，《戊戌变法档案史料》，181—182 页。

② 《康南海自编年谱》，55 页。

③ 《内阁候补中书王景沂折》，《戊戌变法档案史料》，183—184 页。

提，但这个建议实在超出了光绪帝主导的行政体制改革及裁减冗署、冗员的范围，所以并没有获得及时回应。

在王景沂上书的第二天（9月15日），兵部候补郎中李钟豫也向清廷呈递了一份奏折，建议清政府如欲进行行政体制改革，裁撤官员，就应该自高官厚禄始，这样就可以事半功倍，效果显著。他的理由是，候补人员自备资斧，听鼓当差，与国家财政收入与支出关系不大，此类人员不应该被界定为冗员。而那些享有高爵厚禄的大臣们以及那些坐享廉俸的实缺各官，不能称其职守，他们才是真正意义上的冗员。现在内外文武满汉大臣，其真能公忠体国、昕夕宣勤者，也不过数人而已。李钟豫建议对内外大员加强考核，奖勤罚懒，果如此，贤士盈廷，庸劣者也就不敢公然恋栈[1]。

李的建议确乎为建立一个廉洁高效政府提供了新的思路，但是如果按照这个建议去实行，很难立即看到成效，更不可能在短时间里裁撤冗署和冗员。所以这个建议除了引起那些守旧大臣们的反感外，似乎并没有产生怎样的政治影响。

廖寿恒的忧虑没有引起清廷政治高层的警觉与重视，以光绪帝为主导的以裁减冗署及冗员为主要内容的行政体制改革如脱缰的野马继续奔腾，稳定的政治局面实际上已不复存在，已下岗的官员和即将下岗的官员都成为政治体制改革的牺牲品，无论他们有多高的政治觉悟，都无法继续与光绪帝、康有为等维新领袖保持一致，分化已属必然，只是在等待时机而已。从这个意义上说，光绪帝主导的行政体制改革即便不是戊戌政变的直接原因，也在很大程度上影响了后来政治局面的发展，至少为光绪帝退居二线，慈禧太后重新出山垂帘听政提供了契机。时任顺天府尹的陈夔龙在多年之后依然能够生动地描述当时一般官员的切身感受，这为理解后来的

---

① 《兵部候补郎中李钟豫折》，《戊戌变法档案史料》，184页。

政治变动提供了直接和形象的证据。陈夔龙说，戊戌政变的关键，首先在于裁减各衙门的官员。据不完全统计，当时被裁撤或裁减的衙门不下十余处，因之失业者将达万余人，朝野震惊，颇有民不聊生之戚。

陈夔龙还具体描述了他所负责接收的太仆寺情形，由此也可见各衙门状况之一斑。他说，按照规定，太仆寺的所有业务及档案、文件、资产等，一并归入继续保留的兵部，隶属于兵部车驾司。兵部尚书刚毅以兵部承办司员办事不力的理由，特请陈夔龙专办此事。陈力辞不获，又不愿因此结怨同僚，遂会同兵部车驾司的相关人员公同办理各项移交手续。然而当前往太仆寺查看情形时，却大吃一惊。原来太仆寺在接到裁撤命令后，群僚如鸟兽散，衙门内几乎空无一人，非特太仆寺的印信、文件一无所有，即便是门窗等也已被拆毁无存，接收工作无从下手。后来他们考虑到太仆寺管理马政，与兵部时有公文往来，兵部与太仆寺的书吏消息时时相通，估计这些下层办事人员或许还有联系，于是请兵部平时与太仆寺下层官员时有业务往来的下层官员出面，终于找到太仆寺的一些下层官员，善言晓谕，以安其心，告诉他们太仆寺作为一个衙门虽然被裁撤，但其中所有官员、职员并不因此而全部裁撤，太仆寺此时遵旨归并兵部，不过于兵部另设一科，仍将责成原太仆寺的官员、职员等旧人负责办理相关业务。劝告这些下级官员回明堂上，速将太仆寺的印信、文件交出，以便尽快完成交接工作，也必将有助于在兵部迅速设立相应部门，尽快将原太仆寺的人员纳入兵部，不致流离失所。这些下层官员告诉陈夔龙等人说，当太仆寺收到朝廷裁撤命令后，堂司等官一哄而散，信印、文卷无人过问，已由他们暂时收存，今日特携带到兵部静候处理。陈夔龙等人闻言大喜过望，一面回奏刚毅等兵部堂官，一面于兵部车驾司五科之外特设马政一科，以便安置原太仆寺的人员[1]。

---

[1] 陈夔龙：《梦蕉亭杂记》，《戊戌变法》（1），485页。

太仆寺的移交有惊无险，结果还算顺利和满意，而其他被裁撤的衙门，其情况应该与此相差无几。由此可知，突然而至的行政体制改革命令确实在各个衙门中引起高度恐慌，几乎所有人对未来都没有绝对的把握，他们确乎有树倒猢狲散的毁灭感觉，于是这些将失去饭碗的行政人员不能不将矛头对准以康、梁为代表的所谓维新派，不能不向由他们主导的新政发难。改归知县庶吉士缪润绂9月22日的一份奏折虽然是在政变发生之后呈递的，但其中所表现的恐慌以及对康、梁的怨恨还是比较深刻地反映了历史实情。缪指出，自皇上宣布变法以来，朝授一官，暮下一令，四民读邸抄者皇皇无主，虑及失业，则人人自危，愁叹之声不绝于路，新政未行先受变法之害，街谈巷议遂谓举朝无正人，百官无忠谠，群阴构难，大盗生心，祸机之萌近在眉睫①。

缪润绂上这个奏折时，尚不知已经发生了政变，由此可见因裁撤冗署、冗员而引起的官场混乱是非常严重的。在这种情况下，清政府若不采取特别措施，其后果是非常可怕的。

一个值得琢磨的细节

因裁撤冗署、冗员将引起高度恐慌的情形并不是没有人预见，那时也确实有一些比较负责任的官员建议政府在裁撤人员方面从缓进行，因为这毕竟关涉每个人的切身利益。康有为以徐致靖的名义上书建议设散员以容纳被裁减的有用人员，李鸿章更建议裁并官职虽为今日之要务，但第一不应影响各项工作的正常进行，第二不能使大量官员失业，所以他建议在正式裁并之初对各衙门的职能及合并后的情形进行慎密的研究，更要注意保存被裁撤各衙门的案卷、文档，以便政府各项政策保持

---

① 《改归知县庶吉士缪润绂折》，《戊戌变法档案史料》，462—463页。

连续性。凡此种种建议，都没有引起政府高层的警觉与重视，清政府行政体制改革在光绪帝匆忙决策中仓皇进行。

与裁减冗署、冗员并行的另一条主线是添设新机构。其实，裁减衙门及冗员之所以发生在很大程度上也是康有为提议设立制度局、新政局而不被批准所引发的一个结果。按照康的最初设想，新政改革并不涉及对旧衙门的清理，只要允许在已有政治架构中设置新的政治机构，这些旧衙门可以在相当长时间里继续存在，只是其职能必然因新设机构的出现而削弱。然而，康的建议几乎遭到清政府政治高层一致反对，制度局、新政局的设立也就无从说起。

当这个建议基本无望时，康等人曾经提出仿国朝旧例在内廷设立懋勤殿，作为制度局的替代机构，其功能依然是为皇帝备顾问，直接参与新政的规划与执行。这个建议也曾得到光绪帝的赏识，并批转由庆亲王奕劻、总理大臣孙家鼐会同军机大臣切实复议具奏。7月28日，奕劻与孙家鼐分别奏复，对这个设想并没有提出反对意见，但对于人选标准却提出了人品与心术的问题，这又使懋勤殿的设想有重蹈制度局覆辙的可能。

进入8月，随着政治改革不断深入，特别是随着裁撤詹事府等衙门引起的风波越来越大，康有为等人觉得时机又到，于是重提设立新的政治机构以容纳政治新锐并化解裁减冗员的压力。

8月19日，康有为代内阁学士阔普通武拟就并呈递了一份仿照西方近代国家设立议院的奏折，以期上下一心，变法自强[①]。这就比先前提出的设立制度局、懋勤殿走得更远。康有为似乎已明白中国在政治上进两步退一步的规律，因此在方案提出之初将标的悬得极高，以便与政治对手讨价还价，以清廷根本无法同意的议院体制去换取设立懋勤殿的目的[①]。

---

① 王栻：《维新运动》，345页，上海人民出版社1986年。

在此前后，镶白旗蒙古生员诚勤也上书清廷，建议仿行西方近代国家设立议院，并详细列举了设立议院的各种好处，以为对中国有百利而无一害，并不影响皇权的威信：盖事虽定于上，下议院仍奏其君裁夺。君曰可，即签名准行；君曰否，则发下再议。其立法之善，思虑之密，要皆由于上下相权，轻重得平而已。欧洲之强，实基于此①。

甚至到了9月19日，仍有候选郎中陈时政上书要求清政府设立上下议院，建议参照现有的组织架构，将军机处改为上议院，所有人员一仍其旧，于朝中特派一骨鲠白首、耆艾魁垒之士主持其事；若下议院，即从现在所撤去之衙门中择其一所开办。他乐观预言：上院既定，下院既立，以之议政，何政不行？以之言事，何事不成？②

如果仅仅从政治学的原则说，康有为、阔普通武、诚勤、陈时政等人的这些说法自然成立，对于清廷政治高层也应该具有极强的诱惑力。这对于仿行近代西方的政治体制实行君主立宪，对于设立上下议院，特别是对于在内廷开设懋勤殿的设想无疑都具有相当的舆论效果。

在徐致靖呈请置散卿以广登进的同一天（9月5日），张元济也向清廷呈递了一份进行政治体制改革的建议书，以为近代西方国家差不多都将行政与议政判为两事，应该说这是中国目前应该向西方学习的一个最为重要的方面。中国从来不分行政与议政的区别，以行政之人操议政之权，今日我议之，明日即我行之，岂能不预留地步以为自便之计？所以中国旧有的行政体制凡为行政之官所惯行者必不废，废则无以抑制新进之辈；政为彼之所未行者必不兴，兴则显其前事之非。张元济认为，不欲变法则罢，如欲变法，不妨仿懋勤殿旧制于内廷设议政局，由皇上亲

---

① 《镶白旗蒙古生员诚勤呈》，《戊戌变法档案史料》，186—188页。
② 《候选郎中陈时政折》，《戊戌变法档案史料》，196页。

握其纲领，对将行各项新政预先制定办法及详细章程①。

专职议政机构的设立对于皇权专制形态的大清帝国来说或许过于恐惧，所以张的建议并没有及时获得回应。不过，清廷已经启动的政治体制改革走到了这一步，设置议政机构也成为政治改革的应有之义，只是其机构的名称、形态及职能如何而已。所以张的建议虽然没有进入政治实践，但在当时肯定产生了一定程度的影响，至少在舆论上有助于类似机构的成立。9月11日，裁缺左中允黄思永上书建议利用裁撤行政机构的机会设立集贤院，荟萃天下之人才而甄别之，砥砺之，以务得其真为度。然后将其学其志其才其事一一胪陈，听候皇上召试甄录，必能有助于大清王朝政治之发展②。

不论是集贤院，还是议政局、懋勤殿，其本质都是想在现有的行政执行系统之外另外成立一个专门的议政机构，说到底也只是为皇帝备顾问咨询而已。所以对此最有兴趣的莫过于光绪帝本人，以及那几位新进的军机章京。因此，在外有康有为等人的鼓吹，内有新进军机章京的鼓动，原本就曾与翁同龢商量过设立制度局以统筹全局的光绪帝不能不对这种舆论表示关切。9月13日，光绪帝终于下定决心于内廷设置懋勤殿，选集通国英才数十人，并延聘东西洋各国政治专家共议制度，统筹全局，将一切应举、应革之事全盘筹定，定一详细规则，然后施行。是日晨，光绪帝召见与张之洞关系密切的湖北补用知府钱恂，试图了解张氏对设立议政局的看法，并向钱允诺"议政局必设"③。

为了郑重其事，也为了应对慈禧太后的不同意见，光绪帝于同一天（9月13日）特派遣内侍持《历朝圣训》等书送给谭嗣同，命谭氏查考

---

① 《总理各国事务衙门章京张元济折》，《戊戌变法档案史料》，43—44页。

② 《裁缺左中允黄思永折》，《戊戌变法档案史料》，177—178页。

③ 《张之洞书牍》附《钱守来电》，《戊戌变法》（2），614页。

雍正、乾隆、嘉庆三朝设置懋勤殿的故事并拟一上谕，以便其持此赴颐和园面见慈禧太后，待讨论并经太后批准后见诸实施。

重设懋勤殿以议新政在光绪帝那里当然是出于对大清王朝未来命运的考虑，但在另外一些推动者那里则未必不包含有其他目的。偏激的谭嗣同对于新政改革怀有至诚之心，但守旧势力的庞大使他对新政的前途越来越灰心。为了冲决守旧势力的束缚，他是四位新进军机章京中最"呕呕欲举新政"者[①]，也是他利用与光绪帝近距离接触的特殊条件"日言议政院"，成为最终说服光绪帝的重要人物之一[②]。所以，当他接到光绪帝代拟上谕的指示后，很快便完成了任务。

代拟谕旨原本是谭嗣同的职责，但此次对于谭来说却引起了极大的心灵震撼，他由此感到帝后之间的关系可能确如康有为等人一直所认知的那样并不协调，而光绪帝的权力也非至高无上，真实的情况可能是大权依然掌握在慈禧太后的手里，光绪帝不过是一个政治傀儡而已，"今而知皇上之真无权矣"[③]。退朝之后的谭嗣同将这种感觉告诉了康等人，并似乎透露了其代拟谕旨的部分内容。

谭嗣同的不祥感觉并没有迅速传染给康有为，更没有影响他的情绪，甚至与谭的感觉相反，康觉得光绪帝既然已下令谭嗣同代拟上谕，并将这份上谕向慈禧太后提出，那么可见光绪帝已下定了决心，帝后之间的最终摊牌即将到来，权力再分配肯定将因此而进行。于是康有为于同一天代宋伯鲁草拟《请选通才以备顾问折》，建议清政府于内廷开设懋勤殿，由皇上亲自选聘天下通才十人入值，作为皇帝的高级顾问，并在此折中推荐黄遵宪、梁启超二人。

---

① 《康南海自编年谱》，56页。

② 参见《戊戌变法人物传稿》（增订本）上，135页。

③ 《戊戌政变记》，《饮冰室合集》专集之一，107页。

谁知我心

康有为在京城政治场大肆活动，致使京城官场人人咸知光绪帝已决定设置懋勤殿，以为今日谕旨将下而卒不下，于是益知慈禧太后与光绪帝之不相容。原本因大规模裁撤冗署、冗员而高度恐慌的京城官场更加动荡不安，谣言四起。

康有为代宋伯鲁拟就推荐奏折之后仍不放心，他于是日（9月13日）午后，面有喜色的找到王照与徐致靖，将他从谭嗣同处获知的消息大体转告，并信誓旦旦地声称谭已请光绪帝开懋勤殿，用顾问官十人，业已商定，但须由外廷推荐，并将此十人名单出示，要求王照、徐致靖二人立即草拟奏折，推荐此十人。

王照表示他二人正起草一份重要的奏折，恐怕今天来不及写。康有为闻言哄骗二人道："皇上业已说定，欲今夜见荐折。此折最要紧，汝另折暂搁一日，明日再上何妨？"

不得已，他们只好放下手头的事情，分别缮写奏折。王照参照康有为的名单推荐了康广仁、徐致靖、宋伯鲁等六人；而徐致靖则参照康的名单推荐了康有为等四人。是日夜，这两份奏折分别呈递清廷。

王照、徐致靖的两份奏折虽然呈递上去了，但由此却暴露了康设置懋勤殿的建议在很大程度上具有相当大的私心。这样明目张胆地要求别人保荐自己，即便过程再保密，也不免引起各方面的猜疑。新任军机章京杨锐对康有为的这些做法可能早都不以为然，对于康等人开懋勤殿的建议总以为是他们的私心在作祟，并预感如此猖狂的做法势必引起更加激烈的反弹，于大局极为不利。

康欲于体制之外另行成立由其控制的议政中心的目的被清廷中的政治大佬看得一清二楚，他们出于自身利益及大清王朝总体利益的考量，无论如何也不会让这一计划得逞。这些反对的意见肯定也影响了光绪帝，所

以当他于第二天前往颐和园的时候，也只是将这两份保荐奏折交军机处"记名"，并不准备与慈禧太后具体讨论懋勤殿的人选问题[①]。

从光绪帝方面来说，9 月 14 日这一天和往常一样，在按先前的计划在乾清宫召见北洋水师学堂总办候补道严复及办理其他事务后，至颐和园乐寿堂向慈禧太后请安，并准备就懋勤殿等事务当面请示。而这一天对慈禧太后来说却不同寻常。几天来被革职的礼部尚书怀塔布夫妇利用与总管内务府太监李莲英的特殊关系不停地哭诉委屈，并离间太后与光绪帝的关系，称"皇上为左右荧惑，变乱朝政，求老佛爷做主"。而那些被怀塔布收买的大小太监们也可能因为新政的改革最终将侵害他们的利益，于是也随着怀塔布在慈禧太后面前肆意诋毁新政改革。

怀塔布，叶赫那拉氏，满洲正蓝旗人，1896 年调任礼部尚书，也算是老资格的满族政治家，所以当光绪帝主导的新政开始之后，怀塔布先后几次故意刁难，出面反对。9 月 4 日，光绪帝借礼部主管无故扣压王照的上书为由，将怀塔布等礼部六堂官一并革职。被革职后的怀塔布并没有心服，第二天就赶赴天津，向时任直隶总督兼北洋大臣，也可以说是当时满洲贵族掌门人的荣禄哭诉，希望他能够利用与慈禧太后的特殊关系予以关照。而怀塔布的妻子也与慈禧太后有着比较密切的关系，所以当怀塔布被革职后，他们求助于荣禄与慈禧太后，也在情理之中。

光绪帝将怀塔布等礼部六堂官一并革职，并由此提升年轻的汉人四军机章京，确乎应了古人所说"小不忍则乱大谋"的训诫。礼部六堂官的一并革职将这些原本并非真心或坚定反对改革的政客一律推到了对立面，而年轻的汉人政治新锐的提升也势必在满洲贵族中引起激烈的震荡。怀塔布的妻子的哭诉，就比较注意满汉冲突的细节，她不断向太后

---

① 《关于戊戌政变之新史料》，《戊戌变法》（4），332 页。

陈说的也是担心光绪帝如果这样一味地听信汉人进行政治改革，其最终后果必然是"尽除满人"①。

慈禧太后在恭亲王奕訢去世之后之所以很快同意光绪帝的新政计划，除拯救大清王朝于危亡之中的考量外，主要还是为了维护其统治集团即满洲贵族的利益，这一政策底线她在新政开始之初曾三番五次地向光绪帝交代过，光绪帝也就此向慈禧太后明确表过态。他们共同默认遵守的游戏规则就是在不危害满洲贵族利益的前提下，实现富国强兵的计划，重建大清王朝的辉煌。因此当新政开始一段时间以来，慈禧太后在颐和园颐养天年，似乎并不愿意为国事继续劳神。然而当光绪帝大刀阔斧地进行人事变动尤其是急不可待地进行所谓政治体制改革的时候，慈禧太后日趋感到这不仅侵害了她的权力与威严，而且也势必有损于满洲贵族乃至整个大清王朝的利益。所以当怀塔布等失意的满洲贵族不断向她求救和哭诉时，慈禧太后便自然感到局势越来越失控，光绪帝主导的改革可能确实像这些人所描述的那样，是受了那些年轻的汉人的蛊惑。正是在这个意义上，9月14日这一天对光绪帝来说或许和往常一样平常，但慈禧太后却期待着年轻皇帝按照计划如期到来，她似乎有许多话要向年轻的皇帝交代与告诫。

勤奋的光绪帝在9月14日的前半段时间里一如既往地处理公事，从他们那天上午的对谈中丝毫感觉不到清廷内部发生了什么问题。他要求严复将他几个月前发表的《拟上皇帝万言书》缮写一份呈上御览，微叹"中国就是守旧的人多"。可以肯定的是，他此时依然想着怎样继续推动艰难的变法，怎样改变中国人的守旧观念，根本没有考虑到后来将要发生的变故。

之后，光绪帝即至慈禧太后处请安。一般性的寒暄之后，应该是慈

---

① 参见《戊戌变法人物传稿》（增订本）下，538页。

禧太后先谈到礼部六堂官尤其是怀塔布革职所产生的后果，尽管慈禧太后也承认怀塔布之类的满洲贵族政客确为"老谬昏庸之大臣"，但出于政治层面的考量，她似乎也有意劝告光绪帝在人事处理上不可操之过急，不要轻易罢黜他们，不要将那些年轻的汉人政治新锐提拔到政治高层，更不能改变大清王朝的既成体制，由这些所谓"通达英勇之人"去议政。慈禧太后担心，如果一味在人事布局上进行变动，那么极有可能因此而失去人心，特别是失去满洲贵族的信任。果如此，满洲贵族所组成的"寡头政治集团"就不可能对现有的皇权中心继续支持。

对于慈禧太后的指责与劝戒，光绪帝有些能够接受，有些则不免要解释与辩白。但他并不知道这中间的背后故事，因此不仅不能说服太后，反而激起了太后的愤怒。于是慈禧太后毫不客气地批评道："小子为左右荧惑，使祖宗之法自汝坏之，如祖宗何？"

太后的愤怒终于勾起了光绪帝的满腹委屈，他边哭边向太后说："时事至此，敌骄民困，不可不更张以救，祖宗在亦必自变法。臣宁变祖宗之法，不忍弃祖宗之民、失祖宗之地，为天下后人笑，而负祖宗及太后之付托也。"[1]

光绪帝的哭诉与辩解自有其道理，但在慈禧太后看来无疑有点不听话，心中的懊恼可想而知。光绪帝循往例礼节性地在颐和园乐寿堂"侍膳"之后，二人不欢而散。光绪帝根本无时间也无心情向太后提及与讨论于内廷开懋勤殿的计划，极其郁闷地返回自己的住所玉澜堂。

"康不得去，祸不得息"

慈禧太后与光绪帝9月14日的冲突仅仅在政策层面，不会因此而

---

[1] 《戊戌变法文献资料系日》，1019页。

影响他们母子之间的感情。光绪帝虽然当面对太后有所辩解，但事实上他回到寓所之后也有所反省。光绪帝想了很多，也想得很苦。他虽然对太后的误解感到委屈，但依然认为太后是大清王朝的靠山，是中国政治的最后把握者。他期待有重臣能够从中斡旋，期待太后在明了真相后的谅解。他曾设想请满洲贵族中最有权势与威望的重臣出面协调，向太后解释他之所以如此不顾后果地推动新政的苦衷，可惜的是，恭亲王奕䜣已经去世，庆亲王奕劻已与太后疏远，端王载漪兄弟及各王公大臣对于新政多有不同的看法，指望他们到太后面前进行解释只能是越描越黑。

至上的光绪帝真的成了孤家寡人，无奈中他只好去求助于颇通世故人情的新任军机章京杨锐，希望能为他出个主意。不料却因此引发后来一系列大变故。主意未成，却把自己给绕了进去。

光绪帝之所以看重杨锐，主要是因为他在新任四军机章京中最为持重与稳健，而且具有张之洞的政治背景，是张的重要亲信之一。而张又是当时清廷政治格局中慈禧太后最为信赖和最为倚重的汉人重臣。所以，当光绪帝考虑寻找重臣出面协调与太后的关系而无法实现时，他想到找杨锐谈谈，这其中也许有请求张之洞出面协调的深层意义。

不料，第二天光绪帝将自己的意思告诉杨锐，并请求杨出出主意的时候，却遭到他的拒绝。杨锐告诉光绪帝："此陛下家事，当与大臣谋之。臣人微言轻，徒取罪戾，无益也。"

持重的杨锐当然知道大清王朝的历来规矩，他不愿因此而介入清廷最高统治层的内部纠纷。他觉得凭借光绪帝的努力，按照大清王朝的成例，由大臣们尤其是满洲贵族内部的协调，应该不难化解光绪帝与太后的矛盾。

杨锐的拒绝应该是基于对清廷旧有体制的恐惧，清廷严格禁止官员议论、介入皇族内部的纠纷，特别是汉大臣更无权干预皇族的内部事务。这是体制使然。或许是为了克服杨锐的这一恐惧，光绪帝特别向杨

下达了一份密诏，以便他将来因此而获罪时能够得到一定程度的解脱。这应该是光绪帝9月15日给杨锐密诏的背景，否则既然当面谈过，何须密诏呢？

这份密诏当时很少有人知道，甚至可以肯定地说，林旭、康有为、梁启超等人都没有看到过原件。政变后康、梁等人转述的这份密诏文字之所以不同，并不是他们有意篡改，而是确实没有看到过，只是听杨锐转述而已。这份密诏只是留给杨锐或杨家的一个凭据，但在当时通过不同渠道进行转述与解读过程中又发生了理解方面的误差，深刻影响了后来的政治发展，故而有必要将学者们公认的文本引录在此。诏曰：

> 近来仰窥皇太后圣意，不愿将法尽变，并不欲将此辈老谬昏庸之大臣罢黜，而登用英勇通达之人，令其议政，以为恐失人心。虽经朕累次降旨整饬，而并且有随时几谏之事，但圣意坚定，终恐无济于事。即如十九日朱谕，皇太后已以为过重，故不得不徐图之，此近来之实在为难情形也。朕亦岂不知中国积弱不振至于阽危，皆由此辈所误。但必欲朕一早【旦】痛切降旨，将旧法尽变而尽黜此辈昏庸之人，则朕之权力，实有未足。果使如此，则朕位且不能保，何况其他？今朕问汝，可有何良策，俾旧法可以渐变，将老谬昏庸之大臣尽行罢黜，而登进英勇通达之人，令其议政，使中国转危为安，化弱为强，而又不致有拂圣意？尔等与林旭、谭嗣同、刘光第及诸同志等妥速筹商，密缮封奏，由军机大臣代递，候朕熟思审处，再行办理。朕实不胜紧急翘盼之至。特谕。①

---

① 上谕第228，《戊戌变法》（2），91—92页。

从这份密诏看，可以得出几点启示：

一、光绪帝与慈禧太后9月14日的交谈并无根本的利害冲突，其实质只是那些被罢黜的"老谬昏庸"大臣在太后面前的哭诉引起了表面上从来以慈善面貌示人的慈禧太后的同情。太后希望光绪帝在今后处理人事方面更加谨慎，不要动辄罢黜这些大臣，以免人心惶惶。具体事例就是礼部六堂官的罢黜，明显操之过急且过重。

二、在提拔汉族出身的政治新锐方面，慈禧太后建议光绪帝要谨慎，防止那些政治小人乘此机会步入政治高层，以免贻祸将来。

三、对于一、二两点，光绪帝也曾与太后进行过沟通，但太后以为这是政策底线，不容讨论，而光绪帝却觉得如果不能在这两个方面有所突破，未来的改革便很难进行。他目前的苦闷，也即需要杨锐等人所思考的问题是，怎样既能在这两个方面有所突破，而又不至于因此有拂太后的意思。

由此可见，9月14日的帝后冲突可能因为后来的政治发展而被无限扩大，其真实情况可能并没有那么严重。

杨锐似乎也没有意识到这一点，更没有预见到这份密诏会在后来起到那样的重要作用。所以，当他与光绪帝当面检讨新政以来所有举措得失的时候，似乎也觉得太后的某些指责有道理，光绪帝采取的一系列重大政治举措诸如罢黜守旧大臣、提升政治新锐等已经超出了当时的极限，基于这种判断与考虑，他也向光绪帝做了三点建议：

第一，建议重建皇权中心的权威与秩序，由慈禧太后郑重其事地举行一次授权仪式，亲挈天下以授之皇上，而皇上也应该确认太后在王朝政治决策中的至上地位，即同意太后拥有最终否决权，应宜遇事将顺，行不去处，不宜固执己意；

第二，鉴于新政推行以来的秩序混乱，建议光绪帝要对所有将要进行的改革方案通盘考虑，宜有先后，宜有次第，不能再如过去那样，新

政诏书联翩而下，臣民目不暇接，虽然获得一些舆论的表面支持，而实际效果却极差；

第三，杨锐认为人事变动至关重要，在新政推行期间进退大臣不宜太骤，以免引起不必要的纠纷与反弹。

杨锐相信，如果能够在这三个方面有所改善，帝后之间的关系并不难协调，新政推行中的困难也不难克服。

鉴于光绪帝这一系列失误或者说被慈禧太后看作是失误的主要原因都是因为偏听偏信了康有为误导的事实，杨锐建议光绪帝一定要尽快与康脱离关系，不要因康而贻误大清王朝的前途和光绪帝本人的地位，杨锐的原话是："康不得去，祸不得息也。"[①]

康有为过于激进的政治主张深刻影响了光绪帝的一系列决策，这在当时的清政府政治高层已是公开的秘密。而康的个人人格与急于介入政治高层的政治野心也几乎没有任何的掩饰，这也引起了相当大的震动，相信这些议论也会多少传到慈禧太后的耳朵里。慈禧太后之所以当面劝诫光绪帝不要急于提拔那些政治新锐参与新政，在很大程度上实际是为康所发。当时和后来的许多传闻都表明慈禧太后确认康"毒化了"光绪帝的思想，挑拨了帝后之间的矛盾，紊乱朝政，非君谤上，建议光绪帝应该对康采取决断措施。

这一系列的外在影响已经使光绪帝对康有为有所警觉，此次一经杨锐点破，更促使光绪帝猛醒。谈话的第二天，即9月16日光绪帝依然驻跸颐和园，相信他在与太后这一天中会谈到一些政治问题，甚至有可能谈及很具体的问题诸如如何处置康有为等[②]。

---

① 参见《戊戌变法人物传稿》（增订本）上，141 页。

② 李提摩太：《亲历晚清四十五年——李提摩太在华回忆录》，246 页，天津人民出版社 2005 年。

康有为是推动新政的有功人士，新政开始之后他的一些活动曾引起政治高层的反感，也引起了光绪帝的疑虑，但是毕竟此时尚没有抓住康有为的大把柄。为了不动声色地平息因康而引起的高层不安，经过两天的郑重考虑及与相关决策者比如慈禧太后的协商，光绪帝于9月17日即召见杨锐之后的第三天明降谕旨，命康迅速出京，前往上海督办官报，毋得迁延观望①。

这份明诏已经给康有为留下足够的面子，可惜在不同的解读者那里却引起了不同的回应。康在多年之后的回忆中依然以为这份明诏表明政变即将发生。他认为，皇上明诏敦促我出京，于是国人骇悚，预感可能要发生什么大事。因为按照惯例，没有大事就不明降谕旨，一般事务不过由军机大臣面传谕旨而已。他推测，如果不是那些保守官僚步步紧逼，断不至由皇上明降谕旨促我离开京师前往上海之理。何况我不过是不入流的微官末臣，将要创办的《时务官报》也不是什么大不了的军国大计，何必由日理万机的皇上明发上谕？再者说，上谕既严责诧异，便当革职，为什么又说皇上欲得通达时务之人与商治法，说什么康有为素日讲求，应该给予奖励呢？再，皇上召见臣工，无烦自明，此明发上谕乃声明召见一次，亦大清王朝从来未有之事。这到底都是为什么呢？②

康的疑惑是有道理的，这些理由也都成立。但他不知道这一不同寻常的重要决策之内幕，即便他知道慈禧太后对他的反感以及光绪帝对他的爱护，偏见也使他不能正视这一反常的"明降谕旨"，不能做出正确判断，反而促使他采取更加极端的措施。

现在可以肯定的是，让康有为迅速离开北京是杨锐9月15日的建议。杨锐比较认同张之洞稳健的改革方案，他早就对康等人的激进主义

---

① 《光绪朝东华录》（4），4195页。

② 《康南海自编年谱》，58页。

表示过反感。对于光绪帝将礼部六堂官集体革职他当时就觉得处理太过，并向高层表示过自己的看法；对于帝后之间的关系，杨锐不愿偏袒任何一方，他以为说到底是母子之间的家务事，作为臣子，应该为皇权中心的权威及大清王朝的重振贡献心智，决不能借助任何不正当的手段去挑拨或利用帝后之间的矛盾。正是基于这些考量，杨锐在与光绪帝讨论了相关问题退朝后，立即于当日黄昏时分急邀林旭至自己设在绳匠胡同的寓所，交换看法，对于林旭也过于听信康的偏激主张且误导光绪帝的做法提出了批评。可以相信，正是在这一过程中，杨锐曾将密诏给林旭过目，使他能够引起足够的重视，以便在适当的场合劝告康有为。

对于杨锐的批评与指责，林旭默然无声，表示接受。按照计划林旭将于9月17日被光绪帝召见，杨锐似乎是劝告林旭不要再给光绪帝出那些激进的主意，而且最好与康、梁等人保持一定的距离。这可能也是杨锐急于找到林旭通报情况的原因之一。

林旭获知情况的当天，已经没有时间再向康等人通报，而且他们可能也认为时局虽然正在发生变化，但并不是没有办法转危为安。他们的一致看法是，只要康迅速离开北京，脱离政治漩涡，大局就将好转。这可能是杨锐找林旭通报情况的另一个目的，即希望林旭在被召见时，设法坚定光绪帝让康迅速出京的决心。

9月17日上午，光绪帝按计划在颐和园召见林旭。关于这次召见的详细情况史料缺载，我们已经无法复原。但这次召见为后来康有为等人的行动提供了一个明显的助动力，那就是由林旭传出的光绪帝的第二份密诏，此即康有为后来所说的所谓"衣带诏"。而真实的情况是，由于杨锐已将相关情况向林旭做了通报，也由于密诏中曾经提及请杨锐等四位新任军机章京协商怎样既能有效地推动新政的改革，而又不拂慈禧太后的圣意，而且还因为杨锐已经劝说光绪帝下令让康有为迅速离开北京，而光绪帝可能还就此与慈禧太后有过一定程度的沟通，达成了某些

共识。所以，光绪帝召见林旭时，两人直入主题，很快达成共识，那就是为了克服已经出现的政治危机，必须尽快摆脱康有为。于是在召见之后很快由光绪帝极端反常地"明降谕旨"，责成康迅速出京，不得迁延观望。

明降谕旨毕竟只是官样文章，光绪帝与林旭似乎都意识到仅仅凭借这个，还不足以促使康迅速出京。因为委派康督办官报的谕旨早于7月26日就已经下达，可是固执的他却找到种种理由借故继续留在京师，介入新政。为了促使康这次必须尽快出京，他们自然想到由林旭在退朝后火速面见康，甚至设想以夸大危机的冒险办法促使他必须如此。由此情理而推断，光绪帝在召见林旭时，可能并无成文的密诏交给他，即便从保护林的角度也不再需要颁给如杨锐那样的密诏了。否则，经过百年沉淀后，这份密诏也应该如那份密诏一样由林旭家人或朋友传布出来。

关于光绪帝给林旭密诏的真伪与有无，学术界几十年来争论不已。即便承认有此密诏者，也以为必经过康的改篡，以为康在道德上不诚实。其实，平心静气考虑康的心情与处境，他没有必要冒如此大的道德风险去伪造或改篡这么一份重要的文件。更何况经历此事过程的人并没有全部被杀。所以，不必先以道德的偏见遮蔽了眼睛，我们相信这些当事人所言都是事实，只是他们都有自己的视野局限，而无法重建历史的全部真相而已。

林旭当天退朝之后曾经去找过康有为，但由于康不在寓所，林旭也就没有继续等待，只是留有一个字条，称来而不遇，嘱康明日勿出，有要事相告。由此细节也可反证林旭手中没有谕旨，否则他当天无论如何也必须找到康有为宣旨。而且还可证明，光绪帝及林旭虽然觉得康必须迅速出京，但也没有急迫到必须当天执行的程度。

最近，京城中各种谣言满天飞，康有为或许已经预感到局势正在出现某种危机，但对这两天所发生的事情，他肯定不知道，否则就不会外

出不归，而会在寓所等待消息。据康自己说，那天晚上他在宋伯鲁家喝酒，同席还有他的同道李端棻、徐致靖，唱昆曲极乐，而声带变徵，曲终哀动，谈事变之急，相与忧叹①。由于不知道发生了什么，他们也只能在寻欢作乐之余发发感慨而已。至深夜，返回寓所，一是看到敦促他迅速出京的那份明降的谕旨，他对此似乎久有心理准备，故而也没有太在意；二是看到林旭留下的字条，由于没有说什么具体事情，他似乎也没有怎样介意，遂于醉醺醺中安然入睡。

第二天（9月18日，八月初三日）一大早，林旭如约前来拜见康有为，他先向康转述了9月15日密诏的大致内容，劝说康遵旨尽快离京，前往上海督办官报。对于林旭的劝说及其转述，康半信半疑。在这种情况下，林旭向他通报了自己昨天面见光绪帝的情况，并概括口述光绪帝的口谕如下：

> 朕今命汝督办官报，实有不得已之苦衷，非楮墨所能罄也。汝可速外出，不可延迟。汝一片忠爱热肠，朕所深悉。其爱惜身体，善自调摄，将来更效驰驱，朕有厚望焉。特谕。②

从这份上谕的用词与语气看，正如许多研究者已经指出的那样，不像是成文朱谕，更像口谕，所以这段文字不仅在后来的引用者那里出现不少文字上的差异，即便是康本人在后来的历次引用中，也有文字的不同。凡此，不能说都是康的伪造，如果真的要伪造，至少会在各个版本中保持一致。这是最起码的常识。

---

① 《康南海自编年谱》，58—59 页。

② 《新闻报》光绪二十四年九月初五日；转引自汤志钧《戊戌变法史》（修订本），569 页，上海社会科学院出版社 2003 年。

想象中的敌人

作为昨天唯一与光绪帝见过面的人，林旭的转述毫无疑问引起了康的高度关切，他觉得这件事太不同寻常了。清政府既然以光绪帝的名义明降了谕旨，何以又让林旭面传光绪帝的口谕呢？朝廷究竟发生了什么事？难道圣明的光绪帝已经被以慈禧太后为首的守旧派所控制而不得自由了吗？康有为不敢继续猜想下去，于是他一面草拟密折谢恩，并宣称誓死救皇上，请林旭持还复命；又奏报自己肯定将在第二天启程赴上海督办官报，并启用官报官防；一面差人招来谭嗣同、梁启超、徐仁镜、徐仁录及乃弟康广仁等，一起商量应对之策。袁世凯的重要幕僚徐世昌不知何故亦来康的寓所，一起参与讨论。

此时，大概林旭已持康有为的奏折而离去，康凭借自己的记忆转述了光绪帝先后向杨锐及林旭颁布的两道密诏。由于康始终抱怨所谓的守旧派，因此无疑会夸大危机的程度，以为新政已经在以慈禧太后为首的守旧势力的反扑下彻底失败，圣明的光绪帝可能已经被那些守旧势力所干掉。在康的煽惑下，包括徐世昌在内的所有与会者都抱头痛哭。激于义愤，他们决心不惜牺牲自己去拯救皇上，并由此将他们心目中的慈禧太后由先前的守旧势力头目设想为真正的敌人。讨论的结果是尽快准备武力或设法动用清朝已有的军队武力解决问题。

对和平变革步履维艰早就不耐烦的康有为很早就期待军事解决问题，他以为光绪帝如果能够拥有一支自己的军队，那么情况肯定会好些。据他后来回忆，在新政开始之初，当清政府以荣禄替代汉大臣王文韶出任直隶总督兼北洋大臣的时候，他就敏感地意识到这是守旧势力在政治上无法阻止中国的变革之后在军事上所采取的一个重要步骤。后来，随着天津阅兵日期的日趋迫近，各种传闻层出不穷，他由此愈益担心守旧势力可能会借天津阅兵的机会除掉光绪帝，拥戴慈禧太后重新

出山。至光绪帝下决心开懋勤殿，征用通达时务之士以议新政的时候，因一个小小的细节处理不慎，遂引起这些"小臣"以"小人之心"度"君子之腹"。

这就是 9 月 13 日准备向慈禧太后汇报关于懋勤殿的准备情况并征求同意时，光绪帝曾责成谭嗣同就大清王朝往例寻找根据，以便慈禧太后当面问及时有所交代。这其中并没有多少深意，但被康有为等人解读后却证实光绪帝只不过是徒具虚名的政治傀儡，大清王朝所有政治权力依然掌握在慈禧太后一人手里。此事经过康不断渲染，不仅使先前根本不相信的谭嗣同信以为真，就连康本人也被自己的猜测所迷惑，将假设当作政治真实。于是他在此后几天时间里连日草拟一份极端重要的奏折，建议光绪帝仿日本的军事体制，建立属于自己统帅的参谋本部，选天下虎黑之士、不二心之臣于左右；建议将光绪二十四年改为"维新元年"以新天下耳目；建议光绪帝变衣服而易旧党心志；请光绪帝迁都上海以控御天下。

如果抛开当时清廷内部复杂的矛盾，在一个比较和谐的皇权中心指导下，康的建议未尝不可以一试。中国的军事体制是应该改革，旧有的朝服也确实不太适合当时的国际交往，至于北京的守旧氛围尤其是其资源短缺、污染严重也都是不争的事实，但是康有为这样直言不讳地向光绪帝建议，其后果无疑是严重的。这既是挑战慈禧太后从来不允许挑战的政治权威，事实上康的主观目的也是要人为地造成清政府最高政治层的分裂。凡此，不但慈禧太后不能同意，即便是光绪帝一旦从大局来考虑，也不会同意这种鲁莽的主张。

可惜的是，年轻的光绪帝并没有把握住全局，他被这些比较新颖的见解所吸引，"上皆然之"①。这应该是慈禧太后得悉这些情报后之所以指

---

① 《康南海自编年谱》，57 页。

责光绪帝的根本原因之一。

康在这里所提出的几项改革建议实际上在过去都有人分别提出，如迁都的问题，在《马关条约》签订前后曾经引起国内高层的普遍关注；至于仿行东西洋各国重建军队体制，不仅是甲午战败后国内思想界的共识，而且实际上已经进行过不少试验，其中最著名也最有成效的当属袁世凯所练的新军，这支人数并不太多的新式军队已经成为中国军队未来改革的模式。所以当康有为提出仿照日本的军队建制成立以皇帝为最高统帅的参谋本部的建议时，自然容易获得一心想富国强兵的光绪帝的支持。而必须考虑到的因素是，光绪帝支持建立参谋本部，是为了重建中国的军事体制；而康的主张除了此点外，还明显具有未来一旦新政发生危机，或假想中的守旧派准备动手的时候，他们可以依靠这支自家军队出兵勤王，或一举将守旧势力摧毁。这是康始终没有向光绪帝说明的真实心迹，也是后来慈禧太后之所以严厉指责康谋反而并不因此而株连光绪帝的根本原因。因为康的所有谋反活动，实际上都是背着光绪帝干的。

重建一支属于自己的正式军队或收买一支现成的军队为我所用，都需要相当的时间，这一点康有为和他的追随者都很清楚。然而时不我待，政治局势的日趋危机迫使康等人做出极端冒险的决策。他们除了继续设法拉拢袁世凯或其他军队领导人之外，还运用最便当的办法，组织或利用会党进行军事冒险。按照康等人的计划，只要能够调集一批绿林好汉，出面发难，劫制慈禧太后，迫使她同意放权或放手让光绪帝进行政治改革，新政计划就可以继续进行。一旦被拒绝，他们就可以将劫制在手的慈禧太后予以废黜。

康的这些计划得到了谭嗣同等人的回应，也许是谭等人最先提出这样的计划也未可知。谭出身世宦大家，按理说与绿林中的人物不应该有多少关系，但特殊的经历却使他和一般的世宦子弟明显不同。他为人豪

爽，在先前参与湖南新政的那段时间里与两湖地区的会党建立了密切关系，实际上成为会党中的重要人物。所以，一旦谭嗣同觉悟到光绪帝不过是个傀儡，真正的实权人物还是慈禧太后，只有除掉她才能推动中国维新运动的时候，他很自然地想到了那批绿林兄弟。

作为军机章京上行走，谭嗣同虽说官品不高，但无论怎样也是清廷的命官。他心中很清楚，一旦启动利用会党发动政变的程序，废黜慈禧太后，不管其目的如何，实质上都是犯上作乱，所以谭嗣同的内心一定也进行着艰苦的自我斗争。他后来之所以不愿出逃，静待清廷诛戮，实际上都可看出其内心的矛盾与惶惑。所以从这一点进行判断，谭嗣同虽然认同了以武力解决僵局的计划，但在与会党的联系方面可能还是出于被动。

谭嗣同被动地引来会党方面的人物也有其必然性。他在总理衙门任职的消息传出之后，两湖地区的会党当然感到高兴，尤其是与谭有着极深友谊的湖南会党首领毕永年更是匆忙赶到北京，他期待通过谭的关系在京城谋取一个比较优厚的职业。

1898年9月12日，毕永年一行抵达北京，当天暂时寓居广升店。第二天上午九时许，前往南海会馆拜访康有为，并于当天移居南海会馆，与湖南宁乡人钱维骥同室。旧友相逢，欣慰之至。通过钱的关系，毕永年当天就已获知康将通过武力解决僵局的计划，而康大概也觉得毕永年既是谭的朋友，又是绿林中的豪杰人物，所以也让毕介入了这一计划。

抵达北京的第三天（9月14日），毕永年陪同康前往译书局，在那里会见与毕一起来京的日本友人平山周、井上雅二以及泷川、田山四人。毕的本意是将来也许有借助于这些日本人的地方，然康但欲见井上雅二，而不欲见平山周。因为在他的认识中，平山周是孙文同党，他此时虽然有意以武力手段劫制慈禧太后，但目的还是为了大清王朝，

所忠于的主子还是光绪帝。所以康有为此时还不愿落草为寇,与孙中山结盟。

当天夜里九时许,康有为招毕入其室,正式拉他入伙。他说:"汝知今日之危机乎?太后欲于九月天津大阅时杀皇上,将奈之何?吾欲效唐朝张柬之废武后之举,然天子手无寸兵,殊难举事。吾已奏请皇上,召袁世凯入京,欲令其为李多祚也。"

听到这里,毕永年说:袁世凯是李鸿章一手培养出来的,而李是慈禧太后的铁杆,所以从政治立场上看,袁世凯恐不可用。且从袁的经历看,他也不是可谋此事之人,听说当年他在高丽时,自请撤回,胆量极小,估计这一次也不会轻易答应。

对于毕的分析,康表示部分认同,但他更相信自己的能力以及与袁的个人关系。他说:袁世凯前两日已经到了北京,我康有为已派人到他那里行反间之计,袁表示相信。现在他心里深恨慈禧太后与荣禄。再者说,我还奏请皇上,请皇上在接见袁时,隆以礼貌,抚以温言,又当面赏茶食,竭尽笼络之手段,这样袁必定对皇上愈生感激而图报。现在你只要知道这个情况就行了,耐心的等待吧,我康某还有要重用你的事情呢。

9月16日上午,毕将这些情况向谭嗣同做了转述,希望能够得到指教。谭听了之后说:"此事甚不可,而康先生必欲为之,且使皇上面谕,我将奈之何?我亦决矣,兄能在此助我,甚善。但不知康欲如何用兄也。"由此可知,谭最初并不赞成康以武力劫制皇太后的计划,但当康下决心进行的时候,谭又觉得应该尽力帮助他实现这一计划。午后一时许,谭病情加剧,无法继续谈话,毕只得辞出。

当晚八时许,忽传上谕,知光绪帝在当天的召见中,已经任命袁世凯以侍郎候补的身份专责练兵。消息传来的时候,康有为正与梁启超、毕永年等人一起吃饭,康对这一消息乃拍案叫绝,称天子真圣明,较我

等所献之计，尤觉隆重，袁世凯必更喜而图报矣。他将一线希望寄托在袁世凯的反水上。

康有为随即起身命毕随其入内室，询问如何办法。毕说："事已至此，无可奈何，但当定计而行耳。然而我个人终究还是怀疑袁此人不可用。"

对于毕的说法，康很不以为然。他说："袁世凯极可用，吾已得其允据矣。"说着取出袁上康氏书，其书中极谢康氏之荐引拔擢之恩，并云"赴汤蹈火，亦所不辞"之类的话语。康自信地问毕："汝观袁有如此语，尚不可用乎？"

在这种情况下，毕不能不说道："袁可用矣，然先生欲令仆为何事？"这是康与其谈话的核心，也是毕氏最为关心的事。

康说：我准备请你到袁军中任参谋，以便就近监督袁的行动，不知你是否同意以及有什么打算？

毕说：只我一人在袁的军中，那有什么用处？如果袁真的有异志，也非我一人所能制衡。

康又说：还有一个方案可以供你考虑，即由你率领百人配合袁行动，待袁率部围住颐和园的时候，你则率百人奉诏往执慈禧太后而废之。

对于这个方案，毕似乎觉得稍有可行性，于是他问道：那么我什么时候见袁呢？康答曰：且再商也。

正谈至此处，康广仁、梁启超也进来参与议论。梁启超对毕说：此事兄勿疑，但当力任之也。然兄敢为此事乎？

梁似乎对毕的胆量有所怀疑，或许是故意用激将法。毕氏闻言不禁恼怒道：何不敢乎？然我当熟思而审处之，且尚未见到袁世凯，我毕竟不知其为人何如也。

梁又说：假如袁是大可用的人，那么你是否现在就能爽快答应呢？

毕永年此时正紧张地考虑，并没有立即回答梁氏问话。不料在此的

康广仁即有愤怒之色，似乎觉得毕到了这样的关头还如此胆小怕事，真是辜负了大家的一片热心。

康广仁的脸色毕当然也看到了，但他考虑的是此事既要发动，就应该设法成功。待他想通了一些细节之后，遂对康有为等人说：此事我终不敢独任之，何不急催与各位也非常要好的朋友唐才常入京而共谋之呢？

与毕永年一样，唐不仅敢于任事，而且也与绿林中的人物有很多交往，如果能够将唐请来，当然有助于成功。康、梁闻言均大喜曰：甚善，甚善。但我等的意思，此事相当急迫，可能要在数日内发动，如果一定要等唐君到来，势必又要拖延许多时日，不知如何是好？

康、梁的说法也自有道理，踌躇片刻，他们一起来到与唐关系更密切的谭嗣同处商量。谭认为，稍缓时日不妨也，如果真能将唐请来，成功的把握更大。谭的说法赢得了大家的认可，康总结道：事已定计矣。汝等速速调遣兵将可也。于是共拟飞电二道，催唐才常速速入京共谋大事。

毕虽然口头答应了此事，但这事毕竟过于重大，不论出于什么目的，执杀慈禧太后都是犯了弥天大罪。经过一夜的思考，毕第二天（9月17日）早上就有些反悔。他不知道康究竟如何让他与袁见面以及具体时间，时间紧迫，而还不尽快接触，毕担心仓猝间接触，相交甚浅，无法深谈，如何能够在如此重大问题上合作？早饭后，犹豫不决的毕有意找康广仁诉说，不料康不待听完乃大怒曰："汝等尽是书生气，平时议论纵横，乃至做事时，乃又拖泥带水。"

心中不快的毕反驳道："我并不是拖泥带水。康先生欲用我，就应该与我讲明办法，我个人的一命虽然微小不值得一提，但也不能糊里糊涂地去死。而且，事贵审谋熟虑。康先生既令我同谋，何以我竟不能置一辞乎？再者说，康先生令我率百余人往执慈禧太后，此事如此重大，

尤不可冒昧。况且我为南方人，初至北方，初领北方的军队，领此彼此不识之兵，不过十数日中，我何能将其收为心腹，得其死力乎？即便起孙子、吴起于九原，而将此百人，亦无十数日即可用之理。我八岁即随父叔辈来往军中，我太知道军队的特征与弊病了。我现在以一个有母丧之拔贡生专将此兵，不独兵不服，即同军各将必将皆诧为异事。"毕总算将心中的不快一并吐出，不料康广仁对这些理由根本不予理睬，面色不悦，冷笑而出。

康梁系的人马无意听取毕的不同意见及审慎看法，他们按计划继续进行自以为得意的活动。不料当天晚上七时许突然传来催促康火速出京的谕旨，这一下子使他们慌了手脚。

毕永年对康有为说："今必败矣。未知袁世凯的消息如何？"康答道："袁世凯处有幕友徐世昌者，与我关系极好，我考虑派谭嗣同、梁启超及徐世昌三人前往袁处明言现在的处境，希望他能够明白成败在此一举。"

接着，毕永年将当天与康广仁的谈话向康有为转述一番，不料康有为不待毕氏讲完即粗暴地打断，盛气凌人地告诉毕："汝以一拔贡生而将兵，亦甚体面，何不可之有？且此事亦尚未定，汝不用先虑也。"

由此，毕已清楚地知道，康广仁不仅已将先前的谈话告诉了康有为，而且他们都以为他提出那些问题是在讨价还价，怀疑毕不过是个利禄之徒，只是要谋取官职而已。

康有为的话语显然深深地刺激了毕永年，毕氏由此与他们无形中产生了隔阂。第二天（9月18日），但见康氏兄弟等纷纷奔走，意甚忙迫，毕冷眼旁观，也未多作询问。待到中午吃饭时，与毕同居一室的钱维骥颇为神秘地告诉毕："康先生欲弑太后，奈何？"毕氏问道："兄何以知之？"钱氏曰："梁启超先生刚刚告诉我，说康先生之意，其奏知皇上时，只言废黜太后，待到所派军队前往颐和园时，执而杀之可也。未

知毕君肯任此事乎？"

梁启超请与毕永年关系交好的钱维骥前来试探其真实态度，不料钱将此事的前后因果和盘托出。既然如此，毕永年也就不必向钱氏继续保密，他说："我久知之。他们确实找过我帮忙助成这件大事。至于未来如何发展，我自己也不知道，兄且等着看吧。"是日夜，康有为、谭嗣同、梁启超等人彻夜未归，毕永年判断他们一定是去找袁世凯当面商量此事[①]。

"非袁莫属"

毕永年的判断确实不错。是夜，康、梁、谭等人彻夜未归，确实是去找袁世凯了，因为他们知道，毕手中现在没有一兵一卒，仅仅依靠江湖之勇很难成功。而且从新政大局来考虑，不论是仿行日本成立由皇帝主导的参谋本部，还是为未来的危机准备一支自家军队，都不能完全依赖江湖中的会党，而必须获得军方的支持或在已有的清朝军队中物色人选。

当时的军方布局中，最具权势的无疑为直隶总督兼北洋大臣荣禄。康有为曾与荣禄过过手，不仅知道荣禄的厉害，而且根据他的自我想象，荣禄只是慈禧太后的心腹，与他所敬奉的光绪帝并不同心。且当时盛传的所谓守旧势力准备利用天津阅兵的机会废黜皇上，拥立太后，也都是把荣禄看作极恶势力的主脑。所以康对荣禄既嫉恨，又恐惧，自然不愿找他参与此事。

退而求其次。在荣禄地位之下且手拥重兵者有袁世凯、聂士成、董

---

① 毕永年：《诡谋直纪》；参见汤志钧《乘桴新获》，26—28页，南京：江苏古籍出版社1990年。

福祥等人，他们可能都曾进入过康的选择视野。早在新政开始之初，康就曾部署相关人员与袁联络，期待一旦发生危机时，袁能够摆脱荣禄的控制，坚定地站在光绪帝也即自己的一边。他认为，将帅之中，袁世凯夙驻高丽，知外国事，讲变法，昔与同办强学会，知其人与董、聂一武夫迥异。思想上的契合，更使康有为觉得袁是最理想的人选，所以他就有意识派徐致靖的侄子，也是康有为的高足徐仁录与之联络，以期将来有所凭借。

袁世凯在当时的政治格局中虽然官不算太大，但由于他的经历特别是天赋，使他在应对方方面面时轻松从容，相对说来他与各方面的关系都比较好。至于对当时如日中天的南海康先生，袁自然也不忘与其搞好关系，更何况康的许多主张虽然偏激，但不因人废言，他也确实看到了中国问题的症结，而这些也不能不使略具维新思想的袁世凯有深得我心之感慨。

然而，袁世凯毕竟是一个多疑和用心思的政客，他的耳目遍布京城，当然也知道南海康先生只是获得了光绪帝的恩宠，而朝中一班大臣对康似乎并不感冒，这就不能不使他对康派员与其联络保持某种必要的戒心。所以当徐仁录来到天津小站时，袁并不愿出面接待，而是派其营务处负责人徐世昌与其接洽，他通过徐表白自己对康的仰慕与倾心，不惜肉麻地吹嘘康有悲天悯人之心、经天纬地之才。这也是后来康执意要找袁起兵的原因之一。

自作聪明的康有为为了拉拢袁，他还让徐仁录设法挑拨袁与其顶头上司荣禄的关系，声称我康有为与梁启超、宋伯鲁、谭嗣同曾多次向朝廷推荐过你，可是皇上总称荣禄谓袁世凯飞扬跋扈不可大用，不知你袁世凯与荣禄的真实关系如何？

袁世凯是何等聪明的人！他太知道康有为想让他说什么了，尽管他与荣禄的关系非常好，但他讲出来的故事也使人感觉真实。他对徐仁录

说："过去常熟翁同龢几次希望增加我的兵权，而荣禄却说汉人不能任握大兵权。翁同龢曰曾国藩、左宗棠亦汉人，不亦曾为大清王朝的中兴披挂上阵、号令三军？然荣禄始终不肯增加我权力。"①

徐仁录将所见所闻做了汇报，袁世凯通过手下人员所表达的"模棱语"不能不引起他们的关切。所以当9月初康预感情况可能有变时，他的第一反应并没有将袁作为首选。

据亲历其事的王照后来回忆，当袁世凯奉诏进京谒见光绪帝之前十日左右，康有为托徐致靖、谭嗣同及徐致靖的次子徐仁镜先后两次劝说王照前往聂士成处进行联络，待聂同意后，然后上奏光绪帝召其入觐，且可以直隶总督的位置许诺聂。王照在政治理念上赞成康的改革主张，但不同意其对清廷内部政治格局的分析，他始终认为帝后之间并没有根本的冲突与分歧，所谓帝党与后党的划分实际上是人们的想象。外人或误会为慈禧反对变法，其实慈禧但知权力，绝无政见。帝后之间的矛盾，纯为家务之争。

基于这种判断，王照竭力劝说康等人与其介入帝后之间的冲突，不如设法弥合他们之间本来并不大的矛盾。可以将主导改革之名送给太后，奉其为中国改革的至上领袖，使原本对名看得比较重的慈禧太后获得心理满足，则皇上之志可由屈而得伸，久而顽固大臣皆无能为也。

王照曾将这些想法写在呈递给光绪帝的第一份奏折中，也以此意屡次劝说过康。但是按照王照的说法，康为张荫桓所蔽，坚执扶此抑彼之策，以慈禧太后为万不可造就之物。康的政治选择是，辅助光绪帝进行新政，同时抑制慈禧太后，将她想象为政治上的反对势力。基于这样一种理念，王照声言不做范雎，即不愿奉康等人的命令去劝说或者策反聂士成效忠皇上，将矛头对准慈禧太后及荣禄。

---

① 《康南海自编年谱》，57—58 页。

王照的不配合激怒了康有为等人，徐致靖以老年伯之意态训斥王照，称尔如此怕事，乃是为身家计也。受皇上大恩，不趁此图报，尚为身家计，于心安乎？

王照闻言正色道：我以为拉皇上去冒险，心更不安。

康有为、徐致靖联络聂士成的计划终因王照的不配合而作罢。

王照坚持不找聂士成的理由可能并不如此简单，还可能与聂仅为一介武夫，不懂政治，只能鲁莽害事有关。王照事后曾说过：世人或以为袁世凯负心，殊不知即便与聂士成、董福祥等人合作，此事亦无不败之理。倘若我真的接受康的指派前往聂士成处，则机密泄漏可能更快①。

这似乎表明他们对聂士成、董福祥之类没有政治头脑的纯粹军人并不放心。所以当与聂士成联盟的计划放弃后，康等人的本能反应是继续找袁合作，希望能够通过光绪帝的感召力迫使他输诚。

9月11日，康有为代徐致靖草拟了一份保荐袁世凯的密折，盛赞袁家世将门，深娴军旅，于近代西方各国兵制及中国现在应行内政外交诸政策，无不深观有得，动中机宜。由袁负责训练的新军不仅在中国诸军中出类拔萃，而且获得了诸如俄国、日本一些军事将领的赞赏。可惜的是，袁负责训练的新式军队仅有七千人，为数太少，为力过单。袁虽曾奉旨添练数营，徒以军饷无着，不敢冒昧招募，是以迁延至今。当此国际局势日趋变化、外交危机接踵而来关头，中国政府应该加大军事方面的投入，特别是袁的新军更应该及早增加数量，以备外交不时之需。奏折称袁昔使高丽，近统兵旅，谋勇智略，久著于时，然而官止臬司，位卑则权轻。因此建议破格提拔，使之独当一面，永镇畿疆②。

这封保荐书今日看来有许多明显隐语，诸如劝告皇上"俯察危局"，

---

① 王照：《方家园杂咏纪事》，《近代稗海》(1)，4—5页，成都：四川人民出版社1985年。

② 《署礼部右侍郎徐致靖折》，《戊戌变法档案史料》，164—165页。

建议皇上对袁世凯"加以恩意"，破格提拔，并暗示使其独当一面等。但在当时，这份保荐书如同光绪帝于新政开始后谕令各省督抚保荐人才的所有保荐书一样，只是陈说推荐人才的理由、建议使用方式与位置，光绪帝在日理万机中不可能读懂这些所谓的暗示。于是他在阅读了这份保荐奏折后按程序发布上谕：电寄荣禄，著传知袁世凯即行来京陛见[1]，并下令按程序将这份保荐书"恭呈慈览"。由此可知，即便康有为保荐袁世凯真的如其所说是个阴谋的话，那么这个阴谋并没有向光绪帝透露，光绪帝本人并不知道康的计划，他如果真的介入或知道的话，他还会通过袁世凯的顶头上司荣禄传知袁进京陛见吗？他还会将这份保荐奏折恭呈慈览吗？事实真相可能是，光绪帝对阴谋与用心一无所知，他的批示，只表明他一如既往地为大清王朝网罗有用之才而已。这也是康有为阴谋败露后慈禧太后并不追究光绪帝责任之根本原因。

在康有为起草奏折时，还代谭嗣同起草了一份密折，其主题是建议光绪帝召见、安抚袁世凯以备不测[2]。或许这份密折对清廷内部分歧及所谓帝党与后党矛盾分析得过于露骨，或许在这份密折中康更直接地挑拨光绪帝与慈禧太后之间的冲突，所以谭嗣同私下扣住这份文件而没有呈递。不过，也完全可以这样设想，康有为所谓光绪帝正处在危机之中的说法至少到现在为止还只是他的主观想象，而从光绪帝方面来说，这种感觉根本不存在，谭嗣同或许也意识到这种感觉上的错位，所以不愿意将这份密折呈递。他似乎也意识到，在这种态势下贸然递上这份具有明显挑拨性质的密折，那么不要慈禧太后动手，光绪帝也会觉得康有为等人真的是在图谋不轨。可能主持镇压的就不是慈禧太后，而是光绪帝本人了。

---

① 上谕第 211，《戊戌变法》（2），84 页。

② 《康南海自编年谱》，58 页。

如果仅仅就选拔人才的角度说，光绪帝对袁世凯早有印象。当他下达各省督抚保荐人才的命令后，新任直隶总督兼北洋大臣荣禄就于7月29日郑重保荐过袁世凯，作为大清王朝当时最受重用的满族大臣，荣禄的保荐应该在光绪帝那里留有比较深刻的印象。所以当由徐致靖署名的保荐奏折于9月11日呈递后，光绪帝理所当然的要求袁即行进京陛见，予以直接考察，然后予以提拔。从这一点上说，光绪帝是没有任何私心可言的。

从目前所能见到的资料看，由于光绪帝召见袁世凯的上谕程序合法，所以这一消息并没有在所谓的守旧势力那里引起什么反响，一切都处于正常状态。但是在所谓维新阵营中引起了不同的反响，并由此而铸就后来的结果。

9月13日上午，王照得知光绪帝将召袁世凯入京陛见的消息后，由于他太知道康有为这一阴谋的真实用意，或许在保荐袁世凯的时候，他依然像对待聂士成的事情一样持反对态度，故而康有为、徐致靖等人并没有将这一消息及时转告给王照，这就使他感到更加恐慌。所以，当他得知消息后立即找到徐致靖了解详细情况，徐称保荐奏折及光绪帝的上谕都只表明召见袁是为了抵御外侮，无论谁都很难从中看到有什么阴谋。王照辩驳道，你们太低估了慈禧太后的判断力，相信她能够从这份奏折及皇上的电谕中读出某些新意。因此，为了减轻太后的猜疑，不使光绪帝陷入更危险的境地，王照决定向光绪帝上一个紧急奏折，请求光绪帝命令袁世凯移师河南归德镇压土匪，借此掩饰电谕袁进京陛见的真正目的。

王照的奏折因康有为执意让他起草推荐懋勤殿人选的事情而耽搁。第二天（9月15日）一大早，王照风尘仆仆地来到颐和园，向驻跸在那里的光绪帝呈递了《敬陈管见折》，请求光绪帝命令袁率兵南去。

或许是因为王照的这份奏折写得过于隐晦，他的深意并不被单纯且

无心于此项阴谋的光绪帝看明白。光绪帝在这份王照看来十分重要的奏折上并没有表示自己的意见，而军机处在当日递交给慈禧太后的报告中提到了这份奏折，但称俟拟定办法之后再恭呈慈览。似乎原折并没有随时呈递给慈禧太后。

不论光绪帝是否看懂了此折的深意，也不论慈禧太后是否看到过这份奏折的原文，可以肯定的是，从光绪帝方面说，他召见袁世凯没有什么阴谋和深意，不仅程序合法，而且一切都处在高度透明的状态中。至于王照这份奇怪的奏折是否引起慈禧太后的猜疑，现在既没有档案证实，也没有材料证否。不过，引起清廷政治高层的关注与警觉应该是有可能的。

不仅光绪帝在召见袁的问题上坦然处之，即便当事人袁也肯定不知道康有为、徐致靖及谭嗣同等人的阴谋。当他收到荣禄转来的召见上谕后，于9月14日由天津乘当天第一班火车抵京，租寓法华寺。由于光绪帝驻跸颐和园，袁世凯于当天托友人代办相关手续，约定9月16日在颐和园觐见皇上。

9月15日，袁世凯起床之后检点衣冠各件，先派人赴海淀觅租裕盛轩作为寓所，午后即至该处歇息。当日无事。

9月16日黎明前，袁世凯一行来到宫门等候召见。黎明时分，光绪帝在颐和园玉澜堂召见袁。光绪帝垂询军事方面的问题甚详，袁均据实回答。召见本身似乎也没有多少内容，君臣之间的对话也没有什么出彩的地方。原本对召见甚有期待的袁世凯颇感失望，他在退下之后即奏曰："九月有巡幸大典，督臣荣禄饬臣督率修理操场，并先期商演阵图，亟须回津料理。倘无垂询事件，即请训。"

光绪帝就此传下话来，嘱袁静待几日请训，不会耽搁天津方面的事务等。袁世凯只好奉命怏怏返回，耐心等待请训后再返回天津。

闷闷不乐的袁世凯似乎还没有睡着，忽有苏拉来报称光绪帝已任命

他为侍郎候补，专责训练新式军队，所有应办事宜着随时具奏。要求袁以修明武备实为第一要务，勉益加勉，切实讲求训练，俾成劲旅，用副朝廷整饬戎行之至意①。

就内容而言，这份上谕只是勉励袁世凯在专责练兵的新岗位上要更加勤奋，切实讲求训练，不要辜负朝廷的期望而已；就情理，合乎徐致靖保荐奏折的期待——破格提拔，俾增新练之兵；就程序，也合乎新政开始以来的用人体制，且公开宣布，并没有任何秘密可言。随上谕而来的还有军机处交片，奉旨令袁世凯9月20日请训。

被迫滞留京师的袁世凯对于新的任职自然高兴。接下来的时间里，他和所有进京办事的官员一样，尽量利用这短暂的时间拜访一切可以拜访的更高一级官员。当天下午，他专程前往西皇城根南街礼邸拜谒首席军机大臣礼亲王世铎，不遇，又谒刚毅、王文韶、裕禄等大员，备述无功受赏，万不克称，并与王文韶商量怎样上书请辞。王告诉他，这次提拔出自特恩，辞亦无益，反着痕迹。袁世凯只好放弃请辞的打算。

第二天（9月17日）一大早，袁世凯又来到颐和园谢恩召见，并当面向光绪帝表示自己无寸尺之功，受破格之赏，惭怵万状。光绪帝笑着说："人人都说你练的兵、办的学堂甚好，此后可与荣禄各办各事。"②

这句话后来被许多研究者所注意，以为光绪帝有意引袁世凯以自卫，甚至是企图借助于袁的军事力量以便将来某一时刻与慈禧太后武力对抗。这种说法实际上带有政变之后康、梁话语陈述的深刻影响，相信并夸大了光绪帝与慈禧太后之间的冲突。事实上，从当时的语境看，这句话并没有多少深意，因为：第一，徐致靖的保荐奏折中明白强调过像袁这样有能力的将才不应该久居他人之下，受成都府，应该破格提升，

① 上谕第238，《戊戌变法》(2)，95页。

② 袁世凯：《戊戌日记》，《戊戌变法》(1)，549页。

234

使之独当一面；第二，昨天的上谕已经实现了第一点，即专责袁以侍郎候补的身份训练新式军队，并享有"随时具奏"之权，在事实上已认定袁的新军并不直接隶属于荣禄，而是由朝廷直接负责。强兵是甲午战争后的头等大事，也是新政开始之初就已明确的工作，特别是当康有为组建参谋本部的建议已被光绪帝接受之后，他们有意让袁扩大训练新式军队的数量与权力，以便作为将来正式成立参谋本部的基础。

就袁世凯方面而言，他也并不认为这番话有什么深意，更不会如康、梁事后所想象的那样，是光绪帝在离间袁世凯与荣禄之间的关系。所以，尽管他已被赋予新的使命，但依然觉得自己是隶属于荣禄的。又一天（9月18日），袁世凯先是拜访李鸿章，两人就军事方面的问题交换了看法。午饭后，赴西城定阜街庆邸拜谒庆亲王奕劻，由于庆亲王还在颐和园，袁世凯等到傍晚也没有见到面。而恰当此时，天津小站军营来电报，谓有英国多艘兵舰在大沽口外海面上游弋。接荣禄的传令，饬各营整备听调，袁世凯只好匆匆离开庆邸，返回位于东城多福巷的法华寺寓所做复电。

刚刚返回寓所，袁世凯又收到荣禄派专人送来的函件，称已调聂士成带兵十营来津驻扎陈家沟，盼袁即日回防。由于袁已奉谕旨定于9月20日请训，不便擅自离开北京，但是从荣禄传来的消息看，他又觉得自己作为军事主管，应该设法尽快返回自己的岗位。基于这种考虑，袁世凯请幕僚拟定奏折说明缘由，请军机处安排能否提前一天即在9月19日请训。

告不告密确实是个问题

袁世凯正在室内秉烛草拟奏折时，忽闻外面有人声。很快有人持名片来告，新任军机章京谭嗣同有公来见，不候传请，已下车至客堂。

谭嗣同之所以在夜幕沉沉中匆匆拜访，必须从这天早晨康有为等人从林旭处获知光绪帝的第二份密诏说起。

前面已经说过，9月18日一大早，林旭如约到康有为寓所拜见，向他转述光绪帝9月15日交给杨锐的所谓第一份密诏及9月17日给林旭的口谕即所谓第二份密诏。这两份密诏的主题与9月17日明降谕旨一样，都是督促康尽快离开北京，赴上海督办官报。但由于两份密诏可能都经林旭的转述而有所夸张，字里行间使康感到政局在变，甚至觉得以慈禧太后为首的守旧势力可能已经控制了光绪帝，这使康既恐慌又亢奋，觉得历史性的决战时刻终于到来。在草折谢恩请林旭复命的同时，也与他的同志如徐致靖、谭嗣同、梁启超、康广仁、徐仁镜、徐仁录以及袁世凯的幕僚徐世昌等人密谋怎样才能救皇上。

康认为，慈禧太后当国近四十年，更变多而猜忌甚，经验丰富，手段老辣，党羽遍布内外，徒争口舌根本无法挽救皇上[1]。言下之意，康有用武力解决问题的想法或计划。

对于康的说法，谭表示支持，并以为只有与袁联手，用其所部新军围颐和园，以兵劫持慈禧太后。康、谭的想法获得了梁启超的赞同，但林旭则以为袁狡诈多智谋，担心即便袁同意联手，成功之后他也是一个重要的隐患。林旭建议如果真的要动手，也应该去找董福祥，而不要用袁世凯。对林旭的建议，谭嗣同以为不可，坚持与袁联手，并自告奋勇担任与袁联络的任务。

谭嗣同的坚持可能有两个考虑：一是袁刚刚获得的提升，毕竟是他及徐致靖等维新派成员推荐的结果，袁应该知恩图报；二是他相信徐仁录等人传来的情况，以为袁与其顶头上司荣禄有矛盾，只要善于利用这些矛盾，就应该能够说服袁一起合作。这就是谭嗣同夜访的由来。

---

[1] 胡思敬：《戊戌履霜录》，《戊戌变法》（1），377页。

对于谭嗣同，袁世凯当然也相当了解，知道其既是康的密友，也为光绪帝所信任。他估计，谭的突然夜访肯定不是一般性的拜见与寒暄，必有要事相商，于是停笔出迎。

谭首先对袁的提升表示祝贺，紧接着就告诉袁有密语相告。袁稍感诧异，即请其入内室，屏去仆丁，各自略表久仰及相见恨晚之意。谭以面相之法谓袁有大将格局，继而忽言："公初五请训也？"

袁告知谭，刚刚收到天津方面的电报，得知英国兵舰数艘在大沽口海面游弋，正在准备具折明日请训，之后即回天津。听了袁的说明，谭引入正题道："外侮不足忧。大可忧者，内患耳。"世凯急询其故，嗣同乃云："公受此破格特恩，必将有以图报。上方有大难，非公莫能救。"

袁闻言失色，急忙辩白道："予世受国恩，本应力图报称，况己身又受不次之赏，敢不肝脑涂地，图报天恩？但不知难在何处？"

有了袁的表态，谭直截了当地说，根据情报，荣禄最近向慈禧太后献策，将废立弑君，你作为荣禄的重要部下，难道不知道这件事情？

袁称，在天津的时候，也常与荣禄晤谈，察其词意，颇有忠义，毫无废立弑君的意思。所以阁下的情报恐怕与事实不符，肯定是什么人有意造谣，断不足信。

听了这些冠冕堂皇的言辞，谭根据康等人的先前分析，似乎觉得袁与荣禄之间的关系决不是那样简单，他们二人长期交往及其隶属关系，总不可能没有可利用的裂缝。谭接着说，你袁世凯固然是光明磊落的人物，但你不知道荣禄此人极其狡诈，他表面上对你信任，让别人都觉得他对你很好，实际上在他内心深处对你猜疑、防范甚多。试想，你辛苦那么多年，成绩显著，中外钦佩，去年仅仅晋升一阶，这是什么原因？说白了，就是荣禄故意抑制你。

谭甚至不惜编造故事，说南海康有为先生与你的交情你是知道的，

他非常器重你，曾在皇上面前保荐过你。但皇上说："闻诸慈圣，荣禄常常说袁世凯此人跋扈，不可用。"这个消息是确实的，知道的人也很多。至于我谭某亦在皇上面前迭次力保，均为荣禄所阻。就连皇上后来都说，袁世凯办事甚为明白，但不知为什么总有人说他不可用。说实话，你这次之所以能够获得破格提升，皇上费力甚大，你如真心救皇上，我谭某倒有一策，不知你是否有兴趣？

袁表示愿闻其详。谭遂出一草稿，如名片式，内有荣禄"谋废立弑君，大逆不道，若不速除，上位不能保，即性命亦不能保。袁世凯初五请训，请面付硃谕一道，令其带本部兵赴津，见荣某，出硃谕宣读，立即正法。即以袁某代为直督，传谕僚属，张挂告示，布告荣某大逆罪状，即封禁电报局、铁路，迅速载袁某部兵入京，派一半围颐和园，一半守宫，大事可定。如不听臣策，即死在上前"等。

看了这份草稿并听了谭不动声色的解释，袁大汗淋漓，魂飞天外，此类据兵谋反的主意，才真是大逆不道。他不禁问道，派兵围颐和园意欲何为？

谭嗣同答道，慈禧太后是最大的祸首与罪魁，不除此老朽，国不能保。这件事有我谭嗣同去办，你不必过问。

慈禧太后是当时中国实际上的最高领导者，谭嗣同等人竟然准备对太后动手，这件事实在是非同小可。袁深知，慈禧太后的地位不仅在内外大臣的心目中至高无上，即便是一般士兵，也对太后怀有无限崇拜与景仰，以这种军队去捕杀太后，根本就不能成功。他告诉谭嗣同：皇太后听政三十余年，迭平大难，深得人心。世凯之部下，常以忠义为训戒，如令以作乱，似乎必不可行。

谭对这种担忧不以为然，他自信地告诉袁："嗣同雇有好汉数十人，并电湖南召集好将多人，不日可到，去此老朽，在嗣同而已，无须用公。但要公以二事：诛荣某、围颐和园耳。如不许我，即死在公前。公

238

之性命在我手，嗣同之性命亦在公手。今晚必须定议，嗣同即诣宫请旨办理。"

话说到这个份上，袁无退路可言。但毕竟此事过于重大，除了恐惧之外，也必须冷静地面对。久经沙场、见过世面的袁并没有被逼到死角，他从容地告诉谭："此事关系太重，断非草率所能定。今晚即杀我，亦决不能定。且你今晚请旨，上亦未必允准也。"

谭嗣同充满自信地说："我有挟制之法，必不能不准。初五定有硃谕一道面交公。"

据袁事后描述，当时谭"气焰凶狠，类似疯狂，然伊为天子近臣，又未知有何来历，如显拒变脸，恐激生他变，所损必多，只好设词推宕"。他分析道：天津为各国聚处之地，若忽杀总督，中外官民必将大讧，国势即将瓜分。且北洋有宋庆、董福祥、聂士成各军四五万人，淮练各军又有七十多营，京内旗兵亦不下数万，本军只七千人，出兵至多不过六千，如何能办此事？恐在外一动兵，而京内必即设防，上已先危。

对于袁的设词，谭不以为然。他建议袁："公可给以迅雷不及掩耳。俟动兵时，即分给诸军硃谕，并照会各国，谁敢乱动？"

袁又接着称："本军粮械子弹均在天津营内，存者极少，必须先将粮弹领运足用，方可用兵。"

对于这些实际困难，谭也能理解。他说："可请上先将硃谕交给存收，俟布置妥当，一面密告我日期，一面动手。"从这段话分析，谭等人虽然意识到政局可能会发生转变，但并没有到必须立即发动的份上，似乎还有从容准备的时间。

谭的建议又引起袁新的疑虑，他说："我万不敢惜死，恐或泄漏，必将累及皇上，臣子死有余辜，一经纸笔，便不慎密，切不可先交硃谕。你先回，容我熟思，布置半月，二十日方可复告你如何办法。"

对于袁的拖延，谭当然不会同意。他和康、梁等人先前也考虑到这

一点而有所准备，他一面告诉袁"上意甚急，我有硃谕在手，必须即刻定准一个办法，方可复命"，一面从容地拿出一份所谓硃谕。此份硃谕为墨笔所书，字甚工，亦很像光绪帝的口气，上有"朕锐意变法，诸老臣均不顺手，如操之太急，又恐慈圣不悦，饬杨锐、刘光第、林旭、谭嗣同另议良法"等语。显然，这只是光绪帝交给杨锐的第一道密诏的抄本，且并不是逐字逐句的照抄，而是杨锐给林旭看了之后，林凭记忆口述给康，然后由康凭记忆默写出来的。

这份可疑的硃谕引起了袁的联想，他以为即便这份硃谕为真，其大概语意一若新任四军机章京请求皇上急变法，而光绪帝设婉辞以却之者而已。于是袁就此提出疑问："此非硃谕，且无诛荣禄、围颐和园之说。"谭回答道："硃谕在林旭手，此为杨锐抄给我看的，确有此硃谕，在三日前所发交者。林旭等极可恶，不立即交我，几误大事。谕内另议良法者，即有二事在其内。"

谭的解释是真诚的，但由此可知：第一，他并没有亲眼看到过光绪帝颁给杨锐的密诏之原件；第二，由于他的真诚，极富政治经验的袁看到了他及其背后那些人做伪的痕迹，这使袁可以更加从容地应对此事的发展，他已经没有刚才的恐惧感了。他告诉谭："青天在上，世凯断不敢辜负天恩。但恐累及皇上，必须妥筹详商，以期万全，我无此胆量，决不敢造次为天下罪人。"这实际上是拒绝与谭等人合谋。

对于袁的态度，谭心知肚明。但既然已将所有计划和盘托出，他也只好继续使用挟制的办法。他再三催促袁立即召开会议，拟定详细计划，以待他向光绪帝汇报。几至声色俱厉，愤怒异常。袁看到谭腰间衣襟高起，似有凶器，于是知道他不得到准确的回答决不会轻易离开。稍加考虑，袁说：皇上很快即将巡幸天津，待至伊时军队咸集，皇上下一寸纸条，谁敢不遵，又何事不成？

谭对曰：等不到皇上巡幸天津即将废弑，势甚迫急。

袁道：既有皇上巡幸之命，必不至遽有意外，必须至下月方可万全。

谭曰：如皇上不出巡幸，将奈之何？

袁曰："现已预备妥当，计费数十万金，我可请荣相力请慈圣，必将出巡，保可不至中止。此事在我。你可放心。"

谭云："报君恩，救君难，立奇功大业，天下事入公掌握，在于公；如贪图富贵，告变封侯，害及天子，亦在公；惟公自裁。"

袁闻言而怒，信誓旦旦地告诉谭："你以我为何如人？我三世受国恩深，断不至丧心病狂，贻误大局，但能有益于君国，必当死生以之。"

对于袁的这一表态，谭似乎比较满意，遂起立向袁氏作揖致敬，并称赞袁为奇男子。

有了谭的初步信任，袁又说："你我二人素不相识，你黉夜突来，我随身所带来的员弁必生疑心，设或漏泄于外人，将谓我们有密谋。因你为近臣，我有兵权，最易招疑，你可从此称病多日，不可入内，亦不可再来。"对于这种安全交代，谭甚以为然。谈话气氛也开始转变。

接下来，袁询问两宫之间不和，其原因究竟何在？谭对曰："因变法罢去礼部六卿，诸内臣环泣于慈圣之前，纷进谗言危词，怀塔布、立山、杨崇伊等曾潜往天津，与荣禄密谈，故意见更深。"

袁说："何不请上将必须变法时势，详陈于慈圣之前，并事事请示；又不妨将六卿开复，以释意见；且变法易顺舆情，未可操切，缓办亦可，亦何必如此亟亟，至激他变？"

谭说："自古非流血不能变法，必须将一群老朽全行杀去，始可办事。"

如此血淋淋的话语给袁极大的心灵震动，他实在无法认同谭等人的想法与做法，觉得他们"志在杀人作乱，无可再说"，且夜色已晚，遂托辞还要赶着写明天要用的奏折，请谭离去[①]。

---

① 袁世凯：《戊戌日记》，《戊戌变法》（1），550—553页。

谭离开之后，可想而知，袁的心情无论如何也难以平静，他反复筹思，如痴如病。原准备天亮前递折请训然后提前一天返回天津的计划也只好告吹。

第二天（9月19日），郁闷的袁世凯没有离开寓所，也没有资料表明这一天他与其他人有过联系。但这一天，他肯定想了很多，对于这件事情可能导致的后果及所有的利害关系也许都进行过类似沙盘式的演绎。作为朝廷命官，袁无论如何也不能认同谭的看法，更不愿意假己之手去杀害自己的顶头上司和至高无上的慈禧太后。从大局考虑，他觉得如果容忍谭等人胡作非为，必将酿生大变，危及宗社。考虑的结果是，他决定在原定请训时向光绪帝稍稍透露一些信息，希望光绪帝出面预防可能发生的事故，以期补救。

9月20日晨，袁按计划赴宫中请训，他在奏折中隐约表达了对时局的担忧，希望光绪帝能够从这份奏折中读出他的忧虑，并采取相应的措施，避免出现大的意外。这份奏折包含三层隐意：

一是告诫光绪帝改革从来都是很难的事情，万不可操之过急，以致欲速则不达；

二是建议光绪帝应该选拔、调任老成持重如张之洞那样的大员来主持朝政；

三是劝诫光绪帝对那些新进诸臣不可过于依赖和信任。

袁建议光绪帝请张之洞入京主持朝政，并不是因谭的来访而突然提出的。至少在9月17日上午前袁已将此意告诉了张之洞的驻京代表钱恂，钱立即电告张，张在第二天的回电中要求钱恂劝阻袁的提议[①]。所以这一条建议虽与第一、第三条有关联，但并没有因果关系。而且，征调老成持重的张之洞到中央主持朝政似乎是当时舆论的一般看法，在袁提出这一建

---

① 张之洞与钱恂的往来电报见《戊戌变法》（2），614页。

议的同一天（9 月 17 日），户部候补主事闵荷生也提出同样的建议，以为变法自强首在择相，张之洞才堪济变，才干识量，种种过人，而精力又强，资望亦深，不可谓非其选[①]。第二天（9 月 18 日），江苏松江府知府濮子潼也建议清廷重用张之洞，以为张智虑忠纯，规模宏远，识足以洞达中外，学足以贯通古今，凡所建白，实出近日建言诸臣上，建议朝廷于饬令廷臣会议之件，拟请一并发交张之洞议奏，以收兼听并观之效；则张之洞虽不在朝夕论思之地，亦可尽献可替否之诚，实于新政大有裨益[②]。

至于劝诫光绪帝对那些新进诸臣不可过于依赖和信任，袁的意思是这些新进诸臣固不乏明达猛勇之士，但阅历太浅，办事经验太少，不能慎密，倘有疏误，累及皇上，关系极重。他劝皇上一定要格外注意。

这些话已经说得很明白，光绪帝为之动容，但不知出于怎样的考虑，光绪帝并没有就这一敏感话题表示自己的看法，此后也没有采取相应的措施。

光绪帝的真实态度在有限的文献资料中并没有更多的反映，不过袁表达了自己的政治态度，并期待光绪帝能够依靠那些老成持重的政治家进行稳健而有序的改革。应该说，他比较出色地做到了他那个位置可能做到的工作，剩下的就是怎样与他的顶头上司荣禄进行交涉。

请训之后，袁世凯直接赶赴火车站。抵达天津时，太阳已经落山。他没有急于赶回自己的小站，而是赴荣禄的总督府汇报此次北京之行的惊与险。略述内情，并称皇上圣孝，实无他意，但有群小结党煽惑，谋危宗社，所以必须设法保全皇上以安天下。袁尚未将全部情况讲完，有人来谈其他事务，袁拖至很迟仍找不到机会继续谈此事，于是只好先行告辞，约明日再来详谈。

---

① 《户部候补主事闵荷生折》，《戊戌变法档案史料》，132 页。

② 《江苏松江府知府濮子潼片》，《戊戌变法档案史料》，167—168 页。

袁之所以没有打断别人的谈话继续已经说到的话题，显然是因为他认为谭的夜访及其所谈到的情况虽然重要，但他们毕竟只是一群书生，如果不能获得他袁世凯或其他军方人士的支持，他们根本没有能力发动大的政治行动，更不要说是杀荣禄、围谋颐和园了。所以，他并不认为局势已经到了非常危险的地步。他相信光绪帝在他的暗示下应该有所警觉，康、谭等人的阴谋不可能实现。

第二天（9月21日）一大早，已知道一些大概但并不清楚详细情况的荣禄迫不及待地"枉顾"袁处详谈。出于责任和作为大清王朝命官的道义感，袁如实地向荣禄描述了事件全过程以及自己的看法。由于谭夜访的主题是杀荣禄、围颐和园，所以在描述的过程中他也不时向荣禄重申这只是谭、康等"群小结党煽惑"，他们利用了光绪帝的信任，打着皇帝的招牌招摇撞骗，所谓杀荣禄、围颐和园等并不代表光绪帝的意思，甚至可以说，光绪帝对于这些阴谋并不知晓。

按照谭嗣同夜访袁世凯时的说法，他们之所以执意要杀荣禄、围谋颐和园，是因为荣禄参与并主导了废立阴谋，而慈禧太后则是一切守旧势力的保护者，是中国政治改革迟迟难以推进的巨大绊脚石。

对于这些指控，素来沉着的荣禄大惊失色，大呼冤枉："荣某若有丝毫犯上心，天必诛我。近来屡有人来津通告内情，但不及今谈之详。"

说荣禄在此之前没有丝毫犯上之心应该属实，但是当他听了这么多的内幕，尤其是康、谭等政治新锐把他作为犯上作乱的罪魁祸首及守旧势力的干将时，袁世凯相信，此时的荣禄除了对他们充满仇恨外，也不能不开始怨恨当今皇上。为了宽慰荣禄，也是为了保护皇上，袁明确表示：所谓杀荣禄、围谋颐和园的计划"与皇上毫无干涉，如累及上位，我唯有仰药而死耳"[1]。

---

① 袁世凯：《戊戌日记》，《戊戌变法》（1），553 页。

事情已经很明白了，但是怎样处理，却使荣禄、袁世凯颇费脑筋。他们筹思良久，迄无善策，荣禄只好返回总督衙门，与其幕僚们继续筹思良策。经过一整天的商量，也没有找到什么好的办法。不料至傍晚，却从北京传来有关慈禧太后重新训政、康有为革职以及缉拿康广仁等方面的电报。也就是说，尚未待袁世凯、荣禄动手，北京方面已由慈禧太后成功地控制住了局势。换言之，如果上述描述都能够成立，那就意味着，尽管袁世凯不赞成谭嗣同的极端举动，尽管他出于道义上、君臣名分上的责任曾向光绪帝有所暗示，并毫无保留地向荣禄如实汇报，但是这些在实际的政治运转中似乎并没有发生作用。那么，所谓由袁世凯告密而引发戊戌政变的指控恐怕就很难成立。袁世凯在从变政向政变的转折过程中可能起到过某种作用，只是并不如康、梁等在戊戌政变之后所指控的那样重要。

第八章 巧合，还是阴谋

就职责范围及职业道德而言，袁世凯向荣禄如实汇报谭嗣同等人的计划，不能构成告密，更不必由此承担道德上的责任。事实上，如果袁隐瞒不报，并进而与他们合作，真的诛杀荣禄、囚禁乃至杀掉慈禧太后，辅助光绪帝进行政治改革，其后果可能更糟，中国必将进入一个新的动荡时期。这一点袁看得很明白，他在后来曾指出：

谭嗣同等煽惑构乱，离间两宫，竟欲陷光绪帝于不义，讵为天理所能容？当其谋乱之时，国之危机有三：倘其凶谋果成，内忧外患一时并起，中原疆域立见瓜分，其危一；假设我稍露圭角，该党必将害我，以其党代之，内有悍徒，外有劲旅，何堪设想？其危二；或者发泄后荣相不即入枢廷，善为调和，保全光绪帝，各国必将借口交讧，匪党挟以有辞，将至不

可收拾，其危三。[1]

应该承认，袁的分析自有其道理，他的一系列做法也没有什么可挑剔处。

期待客卿

将袁的所谓告密与戊戌政变联系起来，只是康、梁等人在政变后夸大的说法，这在过去若干年中已被许多研究者证实。康、梁之所以利用话语权力夸大袁告密在政治运作中的作用，并蓄意掩盖他们确曾制定诛杀荣禄、围谋颐和园，囚禁乃至诛杀慈禧太后的阴谋，是因为他们不愿承担戊戌政变的责任，这是他们新的现实斗争的需要。这在许多研究者的成果中都有很好的说明，我们不必在此饶舌。

与"袁世凯因素"相类似的另一个故事是所谓"日本因素"，即日本前首相伊藤博文来华，这一原本并不太重要的活动也被康梁系的政治家夸大为戊戌政变的直接导火索[2]。

所谓维新派意欲建议清政府聘请伊藤博文为客卿、而光绪帝受到这些人的煽惑也准备接受这一建议的说法在当时确曾一度广为流传。9月11日，户部候补主事聂兴圻上书建议"设客卿以奔走外臣"，以为自来列国相持，楚才晋用，原不为嫌，但视用之者专与不专耳。建议设文武客卿等级，以待外洋之有志欲强我中国者[3]。甚至到了9月19日，候选郎中陈时政依然上书建议聘请伊藤博文、赫德等为客卿，协

---

[1]　袁世凯：《自书戊戌纪略后》，《戊戌变法》（1），554 页。

[2]　苏继祖：《清廷戊戌朝变记》，《戊戌变法》（1），342 页。

[3]　《户部候补主事聂兴圻折》，《戊戌变法档案史料》，73 页。

助办理新政事宜[1]。

掌广西道监察御史杨崇伊"风闻"伊藤博文"将专政柄"，遂于9月18日上书慈禧太后，恳请即日训政[2]。许多研究者认为正是这份奏折刺激了慈禧太后的敏感神经，促使太后返回宫中，发动了政变。

这种说法固然有一定的道理，但仔细分析相关史料并揆诸情理，也很容易感到这种说法过于天真：

一、伊藤博文来华访问游历在当时并不是保密事件，他的行程与所要会见的中方人员在相当大的范围内也是比较公开的；

二、民间舆论及某些官员确曾有聘请伊藤博文及英国传教士李提摩太等人为政府顾问的想法，并利用他们的关系固结英、美、日三国[3]。

类似言论在当时开放舆论、允许臣民上书的政治背景下丝毫不会觉得奇怪，建议归建议，采纳归采纳，这样重大且又涉及邦交的人事安排不要说光绪帝没有这么大的权力，即便他真有，也必须与他的高级官员们进行商量，这样通过正常的公文程序，慈禧太后即可得知这一消息。所以根本不存在慈禧太后通过杨崇伊等人的奏折方才获知相关信息。这种说法过于低估了清政府的行政运作能力与效率。

伊藤博文是日本著名政治家，长时期担任政府首脑，为日本的近代化做出过卓越贡献。伊藤吸收西方近代国家的政治精神与政治理念，创建并确立了日本的近代政治体制。1894年的甲午战争，就是伊藤博文政府蓄意挑起的；1895年的《马关条约》，也是伊藤担任内阁总理大臣时的"杰作"。所以，在很大程度上说，近代中国在甲午战争之后的不断衰败，伊藤负有很大的责任。

---

① 《候选郎中陈时政折》，《戊戌变法档案史料》，197页。

② 《掌广西道监察御史杨崇伊折》，《戊戌变法档案史料》，461页。

③ 《戊戌变法档案史料》，15页。

政治上、外交上从来只有永远的利益，而没有永远的敌人。甲午战争使中国蒙受了极大损失，但在当时具有进步思想倾向的中国人那里，他们对伊藤不仅没有多少敌视，恰恰相反，他们极端崇拜伊藤，以为他主导的日本政治变革才是中国发展的方向。所以当甲午战争后，国际局势尤其是远东局势发生重大变化，俄国对远东的扩张急剧加快的时候，不仅中国内部有联合英、日抗衡俄国的主张，即便先前几年还与中国为敌的日本也竭力拉拢中国联合抗衡俄国对亚洲的蚕食。

1898年6月，伊藤内阁倒台。赋闲后的伊藤很快萌发到中国游历的想法，至少在7月中旬这种传闻已在日本国内公开。当时在日本的王仁乾于7月20日致函汪康年，报告了日本方面对此事的反应，以为前首相的中国之行不可能没有政治目的[①]。

其实，伊藤博文自己并不否认此次中国之行的政治目的，他在晋见光绪帝之前曾与正在北京的英国记者莫里循有过一次长谈。据莫的印象，伊藤访华的目的可能还没有人知道。根据莫的记录，伊藤谈了至少两个方面的问题，一是中国的内政即正在进行的维新运动，一是日本与中国联盟的可能。

关于前者，伊藤在与莫里循谈话之前已经会见过中国的许多高官如李鸿章等，所以他对中国内政的看法已有实地考察的经验做支撑。在谈到中国政治时，伊藤对正在进行的变法维新运动感到非常失望，理由是中国没有杰出的政治家在关键时刻负责任，没有人敢在追随者面前勇敢地站出来冲锋陷阵。光绪帝虽然在过去几个月中颁发了大量的变法维新诏书，但却因种种原因从未付诸实践。光绪帝颁发的一道诏书要求政府官员应当正直廉洁，但这并不能改变那些不可救药的贪官污吏。他们经过世世代代的遗传，已经腐败透顶，贪污成性。在谈到财政时，伊藤认

---

① 《汪康年师友书札》，35页。

为，中国政府必须增加岁入，唯一的办法是改善交通工具，修筑铁路。中国还必须设法减少开支，最可行的办法是削减或者废除大量满族旗人每年吃掉朝廷大约三百万英镑的俸禄。要达到这个目的，伊藤认为最简便、最有效而且最明智的办法莫过于把中央政府迁出北京。否则，任何改革措施都是水中之月。日本实行改革时，就是把政府从京都迁往东京。

谈到外交，伊藤认为，俄国政府出于自身利益的考量，也会同意中国政府迁都，因为世界各国的重大利益都集中在北京。一旦迁都，俄国势力的南下就不容易受挫。伊藤还认为，俄国对中国的野心巨大，为了对付俄国，中国应该依靠英国尤其是日本的帮助训练一支新型军队，这样就可以促使中国与英、日关系更加密切，甚至结盟[1]。

从伊藤的谈话看，他的中国之行即便不负有政府的特殊使命，但作为一个有经验和国际视野的老政治家，他的中国之行决不是寄情中国的山水之间，而是别有目的，尽管这些目的在访问中国之前并不明朗。

由于伊藤访华目的不明朗，这就引起中国乃至世界各方面人士的高度关切与猜测。国内的维新势力期待伊藤访华能够对正在进行的维新运动有所推动。外交界和政界一些反对李鸿章联俄政策的人，也期待伊藤能够说服中国方面放弃这一政策，转而依靠英、日等国，并进而与日本结盟。特别是经过伊藤访华前日本政府差不多两年多辛勤工作，中国政界的一些大员如张之洞、刘坤一乃至一些中下层官僚，也大都具有联日制欧的思想倾向。这在江苏松江府知府濮子潼的奏折中有明确反映[2]。中国社会各阶层特别是中下层官员在戊戌年间对日本看法已有很大改变。

---

① 《清末民初政情内幕——泰晤士报驻北京记者、袁世凯政治顾问乔·厄·莫里循书信集》，111—112页。

② 《江苏松江府知府濮子潼折》，《戊戌变法档案史料》，13页。

所以，伊藤中国之行虽然不具有正式外交名分，但其对中国政治必将发生巨大作用，则是可以预见的。

其实，日本方面深知中国国内新派政治人物对伊藤的期待。据日本驻天津领事馆报告，伊藤访问中国的消息传来时，正值中国改革之气运旺盛，上下共同仰视日本，而欲将其作为中国文明先导者的议论甚嚣尘上。鉴于此，日本政府对伊藤的中国之行高度重视，他在启程前曾与明治天皇多次秘密会谈，日本政府中的一些重量级人物也多次拜访，提供意见和咨询[①]。

一笑泯恩仇

不论中国政府内部对伊藤中国之行有多少争论，总体来说还是非常重视的，计划给予这位"东方贵宾"以盛情款待。在访问的第一站，直隶总督兼北洋大臣荣禄特委派北洋道候补、北洋学堂总办王修植，海关道李珉琛以及日文翻译官陶大钧等为接待委员，并派出王修植及陶大钧在抵达前专程到领事馆商洽有关接待事宜，并确定了几条接待原则：

一、计算抵达大沽口的时间，届时派遣两艘大沽镇守府的小汽艇去伊藤博文所乘坐的"肥后丸"上去迎接。

二、伊藤换乘小汽艇经过大沽炮台时，炮台鸣礼炮致敬。由直隶总督下达特别命令，礼炮不依国际惯例发射，此是为了表示直隶总督荣禄的敬意。

三、在塘沽码头登陆后，立即由该处乘专车前往天津。

四、海关道李珉琛以及总督府官员前往车站出迎。

---

① 参见郑匡民、茅海建：《日本政府关于戊戌变法的外交档案选译》，《近代史资料》(111)，39页。

五、伊藤与荣禄互访结束后，荣禄于北洋医学堂设宴款待。原来天津素无宴请外宾之所，故北洋医学堂之一室常常充当款待贵宾的宴会厅。

六、天津至北京间亦备有专车，为伊藤一行入京提供方便。

七、伊藤一行在天津逗留期间，以水师营务处为其下榻之所。此处亦是先前德国及俄国王室来津时下榻的地方。

由此亦可见中国政府特别是荣禄确实对伊藤此次访华具有相当的期待。后来的接待规格与行程安排亦大体照此进行。

在伊藤一行乘坐的"肥后丸"预计抵达大沽的前一日，即9月9日下午五时，荣禄委派的接待员王修植、陶大钧以及日本驻天津领事馆的官员、日本侨民代表数人乘车前往塘沽等候。他们在该地住了一晚，于第二天即10日早晨七时乘坐大沽镇守府专为迎接伊藤一行而准备的"飞龙号"和"快顺号"小汽艇驶出大沽口外，恭候伊藤一行的到达。

按计划，"肥后丸"应该于9月9日抵达烟台，10日上午八时许抵达大沽口外。但极不凑巧的是，自9日上午起，狂风大作，巨浪滔天，泡沫飞扬，天气极为恶劣。"肥后丸"虽于10日上午抵达大沽口外，但因风急浪高，中国方面派出的"飞龙号"等两艘小汽船根本无法接近伊藤乘坐的"肥后丸"，当天的进港计划无法实现。王修植等一干迎候人员不得已奉命返回大沽，俟风浪平静再行出迎。

10日早晨起，天津车站中一室装饰一新，酒果齐备。海关道李岷琛、天津道任毓华观察、天津县吕大人、水师营务处总办潘大人、招商局总办黄建筦、总督衙门的文武官员以及天津附近各衙门官吏数十人齐到车站迎接。但一直等到下午五时左右，终因风浪太大，伊藤一行无法上岸，所有欢迎人员不得不原地解散。

翌日（9月11日）一大早，大沽口外风平浪静。中国方面派出"飞龙""快顺"两艘小汽艇于清晨六时再度出迎，终将伊藤一行迎出。

当时，"大岛号"舰长荒木中佐亲自乘坐第一艘汽艇前往迎接伊藤

博文，当伊藤乘坐的汽艇经过大沽炮台时，炮台上数十面旗帜翻飞，数百名士兵整列出迎致敬，并鸣礼炮 19 响。

上午十时许，伊藤一行抵达塘沽码头。为方便伊藤乘车，中国方面特将事前准备的专车驶到码头的栈桥附近。中国方面的接待委员王修植、李珉琛以及日文翻译官陶大钧等早早抵达塘沽迎候。待伊藤登岸，王修植等迎上前去转达了荣禄对伊藤的仰慕之意。伊藤甚感兴奋，遂请王修植代为向荣禄表示，中国方面如有咨询借助之事，甚愿竭力相助。由此也表明，在伊藤的心目中，他并没有将此次中国之行视为纯粹的观光旅游。

稍事寒暄，伊藤一行于中午十二时在此转乘火车前往天津。大约于下午一时许抵达天津火车站。昨日出迎的文武官员又全部赶到车站欢迎。他们将伊藤迎至车站事先准备好的一室，献上茶点。伊藤稍事休息，随后乘坐总督衙门为其特意准备的轿子前往水师营务处下榻。

海关道李少东观察为祝贺伊藤平安抵达天津，特于其下榻处设午宴招待。按照总督衙门的部署，伊藤一行下榻水师营务处期间，总督府派出的轿子及马车均可随时调用。又有士兵十名、下士一名驻扎于此处负责保护。他们与伊藤一行共同出入，前后警卫。

是日晚七时，日本旅津侨民为了表示对伊藤一行的欢迎及祝贺平安到达，于日本驻天津领事馆设宴为其洗尘，日本驻津领事官出席作陪[①]。

伊藤抵达天津的第二天（9 月 12 日）上午九时，赴总督府拜谒直隶总督荣禄，双方交谈一小时之久，其如何议论，外人不得而知。

下午六时，荣禄于北洋医学堂设宴款待伊藤一行。当他们抵达时，百余名士兵在学堂门前手持洋枪整队出迎，军乐队奏军乐。日本方面出席作陪的除了伊藤的随员外，还有日本驻天津领事郑永昌、副领事滕田

---

① 《伊侯抵津详述》，《国闻报》光绪二十四年七月二十六日。

风三郎、邮政局冈直孝等；中国方面有袁世凯、聂士成以及天津学堂总办王修植观察、运司方勉甫、海关道李少东观察、天津道任毓华观察、天津府李大人、天津县知县吕增祥、招商局总办黄建筅、水师营务处总办潘大人、电信学堂总办以及其他文武官员三十余名[1]。这是荣禄代表中国官方一次规格比较高的招待宴会，双方交谈很融洽。伊藤的随行书记官森泰次郎于席间赋诗，中有"最是推袁多骏骨，明朝携手上燕台"之语[2]，似乎对袁世凯格外欣赏，垂青有加。

荣禄与伊藤并肩而坐，亲切交谈。席上虽无演讲等事，但主宾不断为两国皇帝万岁而举杯。席间，荣禄认为伊藤此次访问，对中国而言将是一个极好的机会，故请伊藤毫不客气地对中国的改革提出建议。伊藤答曰：为了中国的发展与繁荣，他将尽自己的能力提出建议，此对自己而言，乃义不容辞之举。

晚间九时半，宴会结束。伊藤步出医学堂时，中国士兵复持枪致敬，军乐队复奏乐。

根据日本方面的记载，现场气氛相当融洽，然而不知何故后来却有传闻称荣禄在此次宴会时，神色惨沮不欢，未遑终席，借事辞去[3]。这显然是根据政变后的感受追忆当时情形。

在天津逗留的第三天（9月13日）中午十二时许，天津县知县吕增祥、日文翻译官陶大钧二人于天津居留地梁园门外之李氏花园设便宴招待伊藤一行。由于吕增祥曾经随使到过日本，与伊藤的随行人员时冈茂宏有过接触，此次旧友相逢，双方都甚为高兴，稍伸杯酒之欢。

是日晚七时许，北洋大学堂总办王修植在西洋饭店旅顺德款待伊藤

---

① 《中堂款待伊侯》，《国闻报》光绪二十四年七月二十八日。

② 《伊侯赴京》，《国闻报》光绪二十四年七月三十日。

③ 苏继祖：《清廷戊戌朝变记》，《戊戌变法》（1），342页。

一行，日本驻中国代理公使林权助、日本驻天津领事郑永昌等出席作陪；中国方面出席作陪的有吕增祥、夏曾佑、陶大钧（杏南）、汪伯虞等，皆一时文化名流。酒过数巡，王修植即席赋诗一首，称伊藤"元老宾王国，知非汗漫游"，猜测伊藤的中国之行一定负有重大的使命，并期待伊藤若有机会见到光绪帝，一定要设法促进中国的进步与发展，"吾皇求直谏，前著孰为筹？"伊藤的随行书记官森泰次郎也随即和韵一首，表达伊藤此次中国之行的使命就是加强中日关系，以中日为纽带共建亚洲联盟，抵抗欧洲势力的入侵，"势岂三分国，洲唯半壁欧；谁防未然祸，尔我慎边筹"[①]。伊藤中国之行的政治意味越来越浓。

据传闻，伊藤在天津的短短三天时间里，光绪帝曾有电报询问：可否在津多留数日？伊藤答以两礼拜。守旧者据此惶惶不安，以为光绪帝在维新势力的诱惑下准备重用伊藤做客卿，或者让他留在天津等到九月份的天津阅兵。这个说法其实并没有根据，光绪帝得知伊藤来华之后应该是急于与之相见，以此借鉴日本改革的成功经验，而不应故意阻止伊藤在天津逗留。事实也证明，伊藤并没有在天津逗留两个礼拜，而是于抵达天津的第四天即9月14日中午十一时三十分乘专列火车离开天津。车内也准备了茶点及午餐，接待十分周到，其用心无微不至。当初伊藤抵达时前往欢迎的中国官员，此日悉集车站欢送，北洋大学堂总办王修植与日文翻译官陶大钧陪同前往北京。

当天下午抵达北京永定门外马家堡车站，总理衙门委派梁振东观察以及郑孝胥、胡云楣、顺天府府尹胡燏棻、津芦铁路总办吴调卿等官员在车站迎候。

对于北京，伊藤心仪已久。他不是关心那里数百年帝都的文化遗产，而是关心中国政治发展，及其可能给日本带来的影响。作为先前敌

---

① 《嘉宾设宴》，《国闻报》光绪二十四年七月二十九日。

对国的政府首脑，此次北京之行显然具有极端重要的政治意义，他不仅要和解先前冲突所留下的政治阴影，而且设法与中国尽释前嫌而结盟。伊藤在途经高丽时曾作诗两首，大体反映他对北京之行的期待。

其一云：

> 远辞韩阙向燕京，为是微忠寻旧盟。
> 不问风涛千里险，雄心直欲掩沧瀛。

其二云：

> 志冀思千里，求朋寰宇中。
> 虚怀忘彼我，痼疾慕英雄。
> 万死平生志，千秋一寸功。
> 天晴终山碧，云断夕阳红。[①]

抵达北京的当天下午，总理衙门大臣张荫桓前往伊藤的寓所拜访，大概是一般性地寒暄及为此后几天在北京的行程安排等。是日晚，日本驻华代理公使林权助在使馆为伊藤设宴洗尘，并邀请各国驻华使臣出席作陪。

第二天午后一时半，伊藤应约赴总理衙门拜见总署王大臣，林权助、郑永昌等随行；中国方面出席的有庆亲王奕劻、崇礼、廖寿恒、张荫桓等。双方进行了第一次比较有实质内容的谈话如次：

庆亲王说，阁下现在虽然卸去了政府中的重要职务，但想必也是天皇所倚重的人，还经常过问政事吗？

伊藤答称，是的。鄙人住所离东京仅十五里地，此次来华访问前

---

① 《伊侯赴京》,《国闻报》光绪二十四年七月三十日。

夕，特地到东京拜谒天皇辞行，面见天颜达三小时之久。

庆亲王说，阁下能够得到天皇的如此信任，则再次出任政府要职，恐怕也只是个时间问题。显然，庆亲王和中国方面希望得到伊藤的肯定答复。

伊藤并没有直接回答庆亲王关心的问题，他说，鄙人不论在朝还是在野，但对天皇的忠心未改，惟以奉答御咨、披沥陈言为荣。在宦与否，总为君臣，自有亲疏之分。况我日本为立宪政体，庶政多由议会协助，若是则政见歧异，政党林立，势所难免。初涉政党时，颇感难于驾驭。日本政府的组成，均由天皇陛下允裁，授意组阁。就此而言，在下的责任只是设法巩固现内阁，得以完成辅弼之任而尽力。现在大任既完，不谋其政也。

对于日本的政治体制，庆亲王等人似乎并不真的理解，他们总以为像伊藤这样为日本发展做出过重要贡献的老臣，一定始终能够获得天皇和政府的信任。所以，庆亲王对伊藤的这番话，只能感慨系之，称此真是老臣之言。

关于日本方面的情况，伊藤似乎不愿多说什么，他主动将话题引到中国方面，尤其是正在进行的变法维新运动。他说，此次漫游贵国，最令人惊叹者，乃贵国大皇帝聪明而勤于政事。以我寡闻之人，亦闻大皇帝致力于革除积弊，振兴庶政，励精图治，以求变法。此乃我日本国深为欣幸之事。因为贵国今日急务，实有关于东亚大局乃至整个国际形势。窃以为贵大臣亦仰赖圣主，以成中兴之业否？鄙人确信此图必当实现，兹向贵王大臣敬贺。

谈到中国的维新运动，庆亲王似乎也有话说，他向伊藤透露，我皇上圣聪，锐意图治，欲咨询于阁下。贵国与我中国乃唇齿之邦，又为同雠。阁下又久历兴邦之事，趁此游历之机，能否以邻谊修睦之念，不吝教诲，以济艰难，实我国君臣上下之厚望。显然，庆亲王透露的光绪帝

将咨询伊藤的消息，是清廷内部已经讨论定案的，而按照当时的行政程序，这一决定不可能不通过慈禧太后。所以，根本不存在慈禧太后得知光绪帝将召见伊藤的消息后，迅速返回宫中的事情。

从伊藤的回答中，也似乎能够感觉到光绪帝将召见的事情已通过一定的外交渠道加以协商，所以他的回答仅仅是礼节性的，对于召见并没有丝毫的意外。他说，鄙人来华漫游，仅为一外国人而已。贵国大政，无容置喙。或以我日本国维新三十年之经历，而从贵国之利害关系出发，略陈一二。所幸者，中日关系现在较过去已有很大改善，两国之间倍感亲切。故倘蒙贵国大皇帝垂询，必当赤诚敷陈。

说到中国的改革，中国的官员当然都有话要说。参与会见的廖寿恒说，单云变法图强，其实谈何容易？曾见所上新政之事，虽所言洶洶繁繁，不免庞杂纷纭。窃见革新之道，因循轨辙为上。廖的这几句话，表明他虽然赞成新政改革，但鉴于实际情况，以为应该渐进，而不能过于冒进。

廖寿恒的话引起了伊藤的兴致，他回忆道，当年他担任日本政府内阁总理大臣的时候，中国驻日公使曾奉恭亲王之命向鄙人询问兵制改革方面的意见。当时，鄙人曾告诉公使说，改革兵制之要著，为士官之培养，须精选一二学校培养士官，并置于贵国大皇帝直接统辖之下，此为最先要务。其他再分缓急疾徐，渐次实行。至于现在清谈的新政，也极易流于空言。贵国大皇帝锐意图新，实贵国千秋大事，何物当急，何物当缓，必顺序以进，应详加规划，理其端绪，全仗贵大臣等辅翼。显然，伊藤比较倾向于渐进的改革，不赞成急剧的变动。

庆亲王接着说，尊教谨领。唯我中国数千年积习，一朝尽改新法甚难。敢问贵国维新，循序渐进，至今端绪如何？

伊藤答道，当年的艰难情形可谓多矣，贵国现在的情况也是如此。凡闭关锁国的国家在开放维新之初都曾面临过类似情况，确非一夕之间

能告成功。不过，国是既定，方针既明，则最初阶段依然坚持守旧固陋看法的人，略与持新见、主张开放维新者相半。待政策渐次执行，收效初见，利益渐明，人们从开放维新中获得某种好处后，则先前那些顽冥不灵之见恰似霜雪逢旭日而消释，支持改革的人就会越来越多。伊藤显然是要告诉中国官员，要有足够的耐心，要通过改革不断地给人们以实惠，这样拥护改革的人就会越来越多。

日本的明治维新或许与中国的新政根本不同，前者是在一种常态中进行的自动改革，所以能够有序渐进，而后者则是在外来压力下所进行的被动改革，带有很强的焦灼情绪，激进的中国人恨不得一夜换了人间，所以对于伊藤循序渐进的解释，实在是难以接受。廖寿恒接着问道，我中国改革之必要，如燃眉然。今日年老因循守旧顽固者，概行罢斥，而易以壮年新进熟谙洋务者，果如何？愿闻高见。显然，这一提问正是目前朝廷最感困惑的地方。

伊藤答曰：以学术、识见、经验言之，皆老成练达之士，不能易之。有关国家利益得失之举，尤应慎重周详，且忌轻躁之行为。若是老成练达之人适于佐助改革方针之确立，而盛壮气锐之士则擅事务之协理。变法需细细考虑，而非猝然急激。否则，乱阶将起。

听话听音。如果仔细分析伊藤的这段对话，他不是在赞赏中国政府大刀阔斧的人事变动，而是蕴含有某种批评，至少他的政治理念中，和平的政治变革不应在人事变动上多做文章。如果一定要说伊藤访华及光绪帝的召见是引起政变的一个原因的话，恐怕是伊藤所持的批评态度恰恰启发了那些对新政怀有不满的利益受损者。

伊藤触及到中国正在进行的政治改革的要害部位，各位大臣就此"相顾而首肯"，他们似乎默认伊藤的看法，但也不想再继续讨论。于是庆亲王奕劻转换话题问道：贵国兵备取法于泰西，已然盛矣。敢问教练之法何如？

伊藤重申先前的建议，称军备、兵卒之强弱，悉赖士官。故设立士官学校，为一国军备之第一关头。士官之教养，于兵卒训练有决定作用。伊藤之所以这样回答，可能也与他对莫里循所说的那些话有关，即他此次中国之行的目的之一，就是要通过两国的军事合作，加强两国的联系，直至结盟。

中国方面当然不可能知道伊藤的真实想法，他们所关心的只是如何建立一支强大的军队。庆亲王接着问道：贵国的士官学校有点类似于我中国的武备学堂，贵国有多少士官学校，其情形如何？

伊藤就此答曰：我日本国陆海军各有一所大学校，讲求各自专门的学术与技术。此外，我日本国还有参谋学校，学习测图、运筹等学。现在我日本陆海军指挥训练兵卒之名将皆入此类学校，刻苦钻研，备尝艰辛，而效果也十分明显。

廖寿恒又问富国之道：贵国已富强，敢问富国之道如何？基本取之于海关税否？

伊藤答称，否。国家之本，岂在关税？富源之民，在于殖产。而机器制造、火轮运输等事极为必要，是为巩固国家财政之要素，不可蔑视。故政府设制造所、铺设铁路，利民生、拓利源，为最便之法。即以千国之海关税、移民财于国库而富，且谓之本，谬甚。

此后，庆亲王又问及日本在铁路方面的建设经验，当他们知道日本的铁路基本上全由外国人所造，遂相与咨嗟①。

此次谈话进行了大约一个半小时，他们相约明日午后由总理衙门诸王大臣赴公使馆回拜。

此次会谈，在当时也算不上什么秘密。除日方的记录外，《国闻报》

---

① ［日］森太二郎：《晤谈节略》；转引自汤志钧《乘桴新获——从戊戌到辛亥》，14—16页。

光绪二十四年八月初六日的报道也有比较详细的记述，基本内容与日方的记载一致。光绪二十四年八月二十六日出版的《昌言报》第六册译载《泰晤士报》9 月 24 日《伊藤侯与总理衙门堂官会晤述略》，大致意思也基本相同 ①。中方的正式谈话记录肯定会有渠道上达慈禧太后和光绪帝处，他们最迟第二天肯定知道这次谈话的详情。问题在于，究竟应该怎样解读这次谈话？怎样理解伊藤谈话的基本精神？

过去的研究者过于夸大伊藤北京之行与政变之间的关联，以为伊藤的北京之行特别是光绪帝的召见，引起了守旧势力的高度恐慌，他们遂集结起来向慈禧太后请愿，呼吁太后重新训政，从而导致了政变的发生。这种解释注意到了伊藤北京之行与政变存在着某种相关度，但其因果关系基本倒置。如果说其中真有关联的话，那么这种关联不是引起了守旧势力的恐慌，恰恰相反，伊藤的一些看法特别是他的谈话为守旧势力提供了依据。再加上当时一连串急剧性的人事变动所引起的恐慌，过于激进的政治变革只能刹车。请看中国方面当时公开的信息：

伊藤对总理衙门王大臣说：我到贵国正是朝廷改法之时，甚为欣幸。

王大臣云：改法尽用年少之人，到底有无流弊？

伊藤云：用年少人固可，但必须才、识、胆三者兼备方可，否则未有不败，尚不如老成人而以年少者佐之。且改法须有轻重有秩序，若杂乱无章，则必不可。

王大臣云：富国之策首在通商，商务盛则税金旺，然乎否乎？

---

① 《伊藤侯与总理衙门堂官会晤述略》，《昌言报》(影印本)，343 页，北京：中华书局1991 年。

伊藤云：不然。关税不过财政之一端，而其本原之地则在农工商，农能尽地力，工能制物品，则商务自然兴旺，国日以富。然欲兴农工商，尤非广设学堂不为功。

又，某公谓伊藤曰：阁下如见皇上，凡中国应改之处，与现在改不得法之处，务必直言无隐。

伊藤曰：我是外臣，未便先言。如贵国皇上有事下问，则我知无不言。但我言之而无人助，皇上行之亦是枉然。我看政府总署诸公未必以改法为然，且近来用新进而退老成，亦不免太骤。且贵国君臣之礼实在过严，此乃必须改变之一大端。如此礼不能改，则诸事均不能改也。我在日本如皇上不从我言，我立即告退，何以贵国大臣中既不能谏行言听，而卒无一人告退者？盖大臣非自立身份则信任必不能专，信任不专则必不能办事也。

又，伊藤退而语人曰：我赴总署拜谒各堂，王大臣延见与谈，而两旁站有司官十余人，以及苏拉、跟班等又数十人，我虽有言，如何能说？至贤良寺拜会李鸿章李中堂，而门内、门外家人簇立。中国此等习气一日不改变，即一日不能办事①。

从这些公开的谈话内容看，一、伊藤并不赞成光绪帝大胆启用年轻政治新锐，更反对将老成持重的政治家一律视为守旧者。他的建议是，以老成持重的政治家主持朝政，启用才、识、胆三者兼具的年轻政治新人予以辅佐；二、伊藤主张变法图强必须循序渐进，详加规划，切忌急躁，更不能猝然激进；三、伊藤并不准备向光绪帝主动建言，他似乎已明显感觉到中国政府诸公并不以改法为然，特别是光绪帝最近一个时期

---

① 《国闻报》光绪二十四年八月初六日。

大胆启用一批政治新锐，已严重挫伤了这批老臣的积极性。

凡此，很难说伊藤的来访是导致旧势力恐慌的原因，相反，他们应该觉得终于找到了知音。外来的和尚好念经。所以他们期待，甚至公开要求伊藤在面见光绪帝的时候，能够知无不言，言无不尽，将中国应改之处特别是"现在改不得法之处"直言无隐。

伊藤一行从总理衙门告辞后，遂来到贤良寺拜访9月7日刚刚被罢免总理衙门大臣职务的李鸿章，双方谈话不足一个小时。李鸿章应该说是伊藤外交上的政治对手，他们在甲午战争后的外交谈判中有过许多接触。双方虽然互为对手，但实际上也是旗鼓相当，相互佩服。当李莫名其妙被罢免时，伊藤正在前往中国的途中，他虽然不太清楚其被罢免的真实原因，但决定还是应该去拜访这位昔日的对手。伊藤知道李鸿章在甲午战争之后对日本缺乏起码的信任，李主张联络俄国以抗衡日本在远东的崛起。他的这一想法或许是正确的，但在当时很难获得清政府内部高层的支持，因为他们比较倾向于联合英、日以抗衡正在远东崛起的俄国，所以李鸿章实际上成为日益孤独的政治人物。

不过值得注意的是，李鸿章与慈禧太后有着比较特殊的关系。如前所说，他在甲午战争后实际上替慈禧太后承担了相当大的责任，所以李被免职，可以看作他的失势，但在任何有远见的政治家看来，李氏未来的政治作为绝不能小估。从这个意义上说，伊藤对李鸿章的拜访，实际上具有极为深远的政治考虑。伊藤说你李鸿章在中国的北方可是真的建造了一个伟大势力的屏障！言下之意是讥讽李鸿章联合俄国以抗衡日本。对此，李鸿章当然无话可说，但谁又知道他会在这种刺激下做出什么样的反应呢[1]。

下午三时许，伊藤在林权助的陪同下返回日本驻华公使馆。是日

---

[1]　林权助:《戊戌政变的当时》,《戊戌变法》(3)，569—570页。

晚，伊藤在与林权助共进晚餐时谈了他初到北京的感受，席间谈及中国如欲变法须首先禁绝鸦片，此乃自治之权。如此事不能行，遑言其他？伊藤随员中有人力陈中国禁烟为难之故，伊藤与之辩驳一点钟之久，卒谓中国如此事不能行，一切都是枉然①。来到北京的第三天，即9月16日上午十时许，李鸿章回拜伊藤。同日午后，总署王大臣回拜伊藤。至此，伊藤在北京的活动主要局限于中国政府的高层方面，没有什么秘密可言。

不过，由于伊藤特殊的身份与背景，特别是那时传媒业并不是太发达，遂使其本来并不具有秘密可言的活动蒙上了一层神秘的色彩。京城内外围绕着伊藤的传言四起，或云其将于某日被皇上召见，他将向皇上呈递改革的条陈②；或有京朝大小官员连日上奏请朝廷聘请伊藤为中国政府的顾问；更有传言称庆亲王奕劻与端王等一起赶赴颐和园，哭请慈禧太后训政，以防止皇上擅自作主聘请伊藤为中国政府的顾问，到那时，恐怕大清王朝不复为太后有矣③。这些传言虽然没有多少真实根据，但在当时已经极度紧张的政治气氛下，肯定会对时局的演变发生不同程度的影响。

觉悟似乎太迟了

或许伊藤也感觉到北京城因他的到来而格外紧张，所以在抵达京城之后他并没有四处活动，除了一些礼节性的拜访、回访之外，他似乎只在被动地等待光绪帝的召见以及他人的来访。9月17日晚，竭力主张联

---

① 《伊侯谠论》，《国闻报》光绪二十四年八月初四日。

② 《郑孝胥日记》（2），681页，北京：中华书局1993年。

③ 苏继祖：《清廷戊戌朝变记》，《戊戌变法》（1），344页。

264

合英、日的总署大臣张荫桓设宴款待伊藤一行。张荫桓与伊藤在甲午战争后的交涉中有过联系，似乎伊藤此次游历中国，也由张氏从中促成。考虑到几天后皇上的召见也将由张领见，那么此次相会估计也不可能有什么过于机密的东西，更不可能有什么阴谋。

大臣们不可能也不敢与伊藤有什么阴谋，他们即便请求伊藤在拜谒光绪帝或者慈禧太后时就中国的改革问题直言无隐，也不过是期待借助于外来和尚的特殊身份表达他们的焦虑而已。但是，那些政治新锐确有利用伊藤来华访问而促成中国政治变动的阴谋，或许正是阴谋的泄漏促成了后来政治的变动也未可知。

体制外的政治新锐主要是康、梁等人，也正是他们促成了伊藤以私人身份到中国游历，并引起中国政府方面的重视。根据李提摩太的回忆，1898 年夏，康有为曾与他商量过变法的计划，李提摩太在这一过程中曾建议康，既然伊藤那样成功地改变了日本，使日本很快成为世界一流强国，而伊藤现在已下野，那么最好的办法就是由中国政府聘请他做外国顾问。李提摩太的建议引起了康、梁的极大兴趣，他们随后通过各方面的关系终于促成了此事。

根据李提摩太秘书程淯的记载，李提摩太于 9 月 9 日离开上海，约 9 月 15 日至京，先寓英国驻华公使馆，适英使避暑外出，翌日晨乃迁至米市施医院，与伊藤住在同一个旅馆，并与其秘书主任有过长时间的谈话 [1]。李提摩太是否影响了伊藤对中国的看法尚不太清楚，但他毕竟居中沟通了康、梁等人与伊藤的关系，并对康有为政治策略的调整起到过一定的作用。

9 月 18 日下午三时许，康有为至李提摩太寓所拜访，告诉他新政进行得甚为艰难，他已奉皇上谕旨赴上海督办官报，如果不发生意外，应

---

① 李提摩太：《亲历晚清四十五年——李提摩太在华回忆录》，245 页。

该在明天即南下。康还说，现在的形势已相当危急，他原准备请求包括英国在内的各友邦向清廷进忠告，警告清政府不要妄为，更不要由慈禧太后重新出山训政，废止光绪帝的权力。康说，可惜贵国公使外出避暑，不在北京，这一请求根本无法实现。

康的说法引起了李提摩太的注意，李氏清楚地意识到所谓危急也只是来自于慈禧太后对光绪帝的不满，所以他劝康道：难道两宫之间的矛盾不能调和了吗？

对于李的疑问，康有自己的解释。他说：皇上推行新政，进行改革，肯定将损害一些既得者的利益。而清政府盈廷皆衰谬老臣，他们只担心自己的政治地位、政治特权是否会随着改革的进行而丧失，所以整天在太后面前哭诉。太后信之，致横生阻力，哪里还有调和的可能与机会呢[①]。

康虽然不相信两宫矛盾还有调和的余地，但李氏的告诫也不能不引起他的注意。所以，他此时一方面与其门徒积极准备以武力手段解决问题，另外也参照李氏的建议，力图调和两宫矛盾以赢得时间。而当时，由于英国公使不在北京，指望由他们出面的可能不存在，能够对清廷产生一定影响的也只有正在北京的伊藤。第二天，即9月19日午后三时，康专程来到伊藤寓所进行拜访，两人进行了长达三个小时的谈话，基调就是请伊藤出面说服慈禧太后支持改革。

在简单寒暄后，康有为开宗明义地强调，阁下此次来中国旅游，正值我中国大皇帝锐意革新之时，我中国维新志士深望阁下赐教，以维持东方大局。

伊藤谦逊地答道，鄙人性好游览，环地球各国名胜，足迹殆遍。此次之所以来到贵国，亦欲望山川风景，不敢与人家国也。

---

① 程浯：《康南海先生墨迹跋》，《戊戌变法》（1），421页。

康氏称，虽然，但我皇上决图变法，以贵国与敝邦同洲、同种、同文、同俗，更加亲睦。我中国维新志士原欲师法贵国进行变法，草泽士民，亦同此志。甚望阁下有以教之。

伊藤曰：贵国欲变法，要先除自尊自大陋习。世界不论何种人，皆生长天地间，岂彼贱我贵，可以自称"中华"而称他人皆"夷狄"哉？

康就此解释道：此种议论，敝邦四五年以前人多持之，但自甲午战争之后，大梦为贵国惊醒，现在中国人持此种议论的已不复存在。

伊藤接着说，有些知识分子喜欢妄发议论，排斥外国。应当设法使他们知道外国的真相，这样对贵国极有好处。至于一般百姓，每每因教案问题妄杀外国人。对此，贵国政府及维新志士有责任劝诫老百姓不要这样做。这一点可能是贵国目前最重要的一个问题。

对于此项指责，康甚不以为然。他指出，阁下为什么这样轻蔑敝邦？实际上，此种议论在大约三年之前可能还有意义，因为那时一些守旧年迈大臣还有鼓励士民盲目排外的想法。但是，最近几年来，年龄在三十岁以下的士大夫已很少持此义。因为随着各地学校、学会、新闻杂志等新事物的兴起，民间知识大开，年轻一代已具有相当的世界眼光。鄙人现在所欲闻于君者，乃大学专门学的条例系统，而阁下仅告知以诵读之方，这不免令人稍感失望。

康的指责并没有引起伊藤的注意，他的关注点似乎还在中国正在进行的维新运动特别是政治改革方面。他问道：请问贵国数月来变法决图，而推行未效，何故？

这正是康有为的兴奋点，对于改革之所以迟缓，康有许多话要说。他认为，行政方面的改革，必须全体俱改革方可。若此事改，彼事不改，则劳而无效；又若枝叶改，本原不改，则尤劳而无效。这个道理我皇上知之甚明，极欲改革全体，且极欲从本原改革做起。无奈皇上并没有拥有全部权力，欲改革的事情，不知花费了多少苦心，而有时此事能

变，而彼事不能变。夫变法非变本原则积弊难除，虽行新政，适多贪劣人开营私舞弊之路。况且正如中外许多政治家所知道的那样，我皇上并没有主导改革的全权，一切改革诏书莫敢奉行，视为一纸空文，皇上也无如之何。这就是改革之所以推进缓慢的根本原因。

康的分析合乎当时的实际情况，但在伊藤看来却极难理解，因为中国所谓几千年的帝王专制，无非是说帝王拥有至高无上的权力。于是伊藤问道：贵国君权专制无限，环地球之所知。今贵皇上无全权云何？

康氏曰：光绪帝嗣位虽已二十余年，其实权力一直掌握在慈禧太后的手里。皇上深知中外情形及中国的危机，故决意改革。而太后反之。而且太后所接触的主要是那些满洲权贵，如庆亲王奕劻、荣禄、刚毅、怀塔布、立山、崇礼等人，他们愚昧无知，绝少识见，毫无国际眼光，根本不知道外国情形。在他们的意识中，所谓改革只是汉人向满族人夺取权力或分享权力的一个阴谋，改革的结果肯定对满洲贵族不利。他们认为，凡提倡改革者，都是阴谋叛逆之人。这种荒诞的言论日入于太后之耳，不由得太后不相信。所以自皇上明定国是、宣布改革以来的几个月，这些满族大臣无日不环绕在太后的周围哭诉，以为如此改革，他们的政治地位必然下降，仕宦途绝，衣食路穷。中国古语有三人成虎的说法，他们不断地向太后渲染，太后常惑其言。所以皇上在进行每一项改革的时候，都必须多次向太后泣谏，而后乃得渐行一事。这种情况在中国的高层官员中是公开的秘密，他们都知道中华帝国的政治权力并不在皇上手里，所以当皇上的改革诏书联翩而下的时候，这些官员则阳奉阴违，并不实力执行。皇上对这种状况心知肚明，也曾设法解决，不日前因王照条陈一事，遽治怀塔布等礼部六堂官抗旨之罪，也多少表明皇上有意改变目前的僵局。这件事情事前没有请示慈禧太后，连日来怀塔布等数十满洲贵族相率跪拜太后面前哭诉，请太后出面阻止皇上改革。我皇上地位如此，改革艰难，故愿请阁下深察其情。

如果从康有为的政治立场看，这番谈话当然也能自圆其说。他从来都是将一切改革的阻力推到所谓保守的满洲贵族身上。不过，当他这样向伊藤博文陈述的时候，实际上就有借外来势力干预国政的嫌疑，这可是一切专制体制最不能容忍的事情。康的陈述获得了善意的回应，伊藤不禁叹息道："天无二日，民无二主。今国权出两途，革新诚难矣哉！"

康有为似乎觉得伊藤理解了他的意思，如果伊藤愿意帮助，事情或许会有转机。他说："近日救敝邦之计，但能致太后明晓中外情形，不阻改革，皇上自得行其志。"康希望伊藤劝说慈禧太后放弃权力，或者转而支持以光绪帝主导的激进改革。

对于康的请求，伊藤问道：那么怎样才能使太后明晓中外情形呢？

康氏答道：皇上之所以能够明晓中外情形，是因为他经常读书，多见臣下。太后则反之。所见之人皆极顽固者流。于接见时，唯唯诺诺，无一忠言谠论者，情形安得明晓？仆等汉臣，俱系小臣，欲当面拜谒太后说明一切是根本不可能的。阁下是国际著名的政治家，此次在京若有机会入见太后，肯为剀切陈说一切情形，感动太后回心转意，实敝邦之福也。

伊藤说：按照欧美外交惯例，外臣既得谒见皇帝，则必得谒见太后以及皇后。惟贵国体制严别，不同于欧美，在下恐欲谒见太后而不能。伊藤的意思似乎是说，他很想按照康的办法帮助中国，但从目前的安排看，他的日程中似乎并没有安排拜见太后的活动，所以很难答应。

康有为并不甘心，他说：今年德国亨利亲王来华访问，慈禧太后也曾接见。阁下为亚洲大名人，太后必欲接见。

伊藤说，既然如此，那么在下谒见太后时，当尽忠告。伊藤原则上同意了康的请求。

康又说：慈禧太后听从满洲贵族的谗言甚多，他们对于皇上的改革

心怀不满，皆诬皇上以狂病，心存废立，未知确否，虽然，请阁下在谒见太后时，对于光绪帝主导的新政改革多加美言，多夸奖皇上贤明行改革事，为诸外国所深喜。

伊藤曰：诺。

康氏又曰：还请求阁下见太后时，请极言各国相迫，外患甚急，断行革新，则中国尚能自立。不然，必难挡各国分派，其祸害不可胜言。显然，康有为将慈禧太后视为一个不明世界大势的家庭妇女了，这一判断肯定有问题。他根据这一有问题的判断进行动作，便难免处处碰壁。

尽管如此，伊藤依然同意在面见太后时向其陈说国际大势及中国在国际社会中的真实处境。

康再请求：阁下拜见太后时，请极言倡论改革之士，皆具忠心为国家谋幸福，并无他意。改革若决行也，不独汉人享其利，满人亦享其利；改革若不行也，则不独汉人受其祸，满人亦受其祸。康这样说固然没有大错，但似乎有点烟雾弹的性质，想到他此时正与谭嗣同等人密谋杀荣禄、围谋颐和园，真不能不佩服他的沉着与冷静。

对此，伊藤表示接受。紧接着，康再提一个要求：阁下拜见太后时，请极言满人、汉人，同为大清王朝的赤子，如一母生两子，岂可认兄为子，而认弟为贼哉？满汉界限，切不可分。

满汉之间的冲突，确乎为戊戌年间的重大问题。慈禧太后对满洲贵族的倚重，对满人特权的保护，确乎较为明显，也确实引起了一些汉族士大夫的不满。而光绪帝由于与一些汉族出身的年轻一代知识分子有过密切接触，所以没有像慈禧太后那样对满洲人的利益给予格外的关照与保护。对于这个请求，伊藤表示可以接受，答应在面见太后时尽量化解太后的误会。

康最后请求：阁下拜见太后时，请极言今日要务，宜引见汉臣通外事者以资访问，勿徒受满洲一二老臣之壅蔽，尤其不要听信那些宦官、

宫妾拨弄是非，而应该与皇上一起讲求变法条理，共同追求中国的振兴与富强。伊藤表示届时他会见机行事，予以陈说。

伊藤的友好态度给予康有为心理上极大的满足，他不禁当面称颂伊藤曰："君侯能为太后逐一言此，则一席话足救我中国四万万人，岂惟敝邦幸福，东方局面，地球转运，实系君侯焉！"

康的赤胆忠心也深深地震撼了伊藤，他不禁夸赞康氏谓："公等赤心，仆所敬服。仆必以尽心于敝邦者，移以尽忠于贵国也。"[1]

几个小时不知不觉地度过，眼见暮色苍然，座皆举烛，康有为不敢久留，遂告辞匆匆而去。

伊藤与康的谈话，通过各种渠道很快就流传了出来。从这些谈话看，康并没有什么阴谋，他所请求诸多事项，归根结底一句话，那就是请求伊藤利用自己的特殊地位，在有机会拜谒慈禧太后时，能够为皇上、为康有为等所谓维新志士们美言美言，以化解慈禧太后的仇视。这是康有为思想的一大转变。因为之前康氏从不把两宫的和解当作一回事，相反，在很大的程度上，他更愿意利用两宫之间的矛盾去推动他所倡导的改革。他现在之所以转变，显然是他已经意识到了他及光绪帝所面临的危险。可惜的是，这个觉悟实在太迟了些。

从这个谈话内容还可以看到，当时京城内外所传的所谓由康有为或其他什么人出面建议清政府聘请伊藤出任政府顾问的事情纯属子虚乌有。康自始至终都没有涉及这一问题。按照他的性格，这件事情不要说已经做过，即便他有这个念头，也会当作真的一样去告诉伊藤。康有为派徐仁录、谭嗣同先后去说服袁世凯，实际上都采用过这一策略。

---

[1] 《游清纪语》，《台湾日日新报》明治三十一年十一月十三日、十五日；转引自汤志钧《乘桴新获》，19—22页。

了无深意的会面

伊藤出于礼貌与同情答应了康的一系列请求，但内心相当清楚，他没有机会拜谒慈禧太后，所以他的答应并没有多少实在意义。在伊藤与康会面的同一天（9月19日），中日双方已经通过外交渠道安排伊藤第二天拜谒光绪帝，伊藤在中国的所有行程似乎都在中国政府的掌控之中。

9月20日上午9时许，总理衙门派武弁赵源等八人引导伊藤、林权助及其翻译、随员进宫，九时二十分出东华门，经景山，由西华门至西苑门入宫。总理衙门大臣崇礼、廖寿恒、王文韶、裕禄、张荫桓等十余名中方官员迎候，过太液池，经金鳌玉东桥左折朝房前，庆亲王奕劻在此迎候，导至朝房休息片刻，约30分钟后，于午前十一时许至勤政殿拜谒光绪帝。根据日本方面随行人员的记载，二人对话如次：

伊藤说：外臣博文此次前来贵国，原系自行游历，今蒙大皇帝召见，殊为光荣，不胜荣幸。大皇帝近日变法自强，力图振作，此于亚东局面之保全，实关重要。博文回国之后，当告知我国天皇知之，当必欣悦。愿大皇帝永保盛业，长享景福。

光绪帝说：久闻贵爵大名，今得延见，深感满意。

伊藤说：今日召见，得见龙颜咫尺，蒙褒奖，荣幸之至。

光绪帝问道：贵爵于何日由日本启程？

伊藤答道：于一月前就道。曾在朝鲜勾留十余日，再来贵国。

光绪帝又问道：一路平安否？

伊藤曰：托大皇帝洪福，一路平安。

光绪帝又问：贵国大皇帝想必玉体康健？

伊藤说：此次漫游，陛辞前，敝国皇帝甚为康健。

光绪帝说：贵国自维新后，庶绩咸熙，皆出自贵侯手定，各国无不钦仰，无不赞美，朕亦时佩于心。

伊藤说：过分褒奖，何以克当？敝国政务，皆由朝廷擘画，外臣惟靖供守职，为所当为而已。

伊藤说到这里，光绪帝与庆亲王奕劻耳语移时。后来的许多研究者都觉得这个动作可疑，以为此时的光绪帝已经没有充分的自由，政变在此之前就已经发生。其实这个怀疑并没有多少根据，从后面的对话中，我们感觉不到光绪帝已无法自由表达意志。

光绪帝接着说：贵国与我国同洲，相距较近。我中国近日正当维新之时，贵爵曾手创大业，必知其中利弊，请为朕详晰言之，并望与总署王大臣会晤时，将改革顺序、方法告之。

如果说光绪帝已经不能自由表达自己的意志，那么这句关键意义的问话恐怕就很难说出来。

对于光绪帝的请求，伊藤欣然应命：敬遵谕旨。他日如承王大臣下问，当竭其所知以告。

在谈到两国关系时，光绪帝说道：愿今后两国邦交从此益敦。

伊藤附和道：我国天皇陛下圣意实亦在此。比来两国臣民交谊日益加密，故邦交必能因之益固。

光绪帝又问道：贵爵拟在中国盘桓几时？

伊藤答道：原拟勾留两礼拜，据目下情况，尚须多留七八日。

光绪帝又问道：前时贵爵至我国系在何年？

伊藤答曰：十四年前初诣京师，嗣后曾至上海及南方各处。

光绪帝又问道：现拟再游历何处？

伊藤答称：现拟至上海一行，再往长江游历。

光绪帝曰：朕愿贵爵一路平安。

伊藤曰：敬谢大皇帝厚恩①。

---

① ［日］森泰二郎：《清国皇帝陛下谒见之次序》；见汤志钧《乘桴新获》，17—19页。

会晤至此全部结束。从谈话记录看，丝毫感觉不到中国政府方面发生了什么意外，日本方面对这次短暂但却富有内容的会晤表示满意，这在日本驻华代理公使林权助致日本外相的报告中有相当真切的反映。林氏说："清国皇帝允准觐见伊藤侯爵，由我本人和郑陪同。同时允准觐见的还有侯爵之随行人员。接待是热情的，特别值得一提的是，皇帝向我们指出了日、清之间建立密切关系之必要，并向我们介绍了清国的维新。皇帝说，他将通过其大臣们来向侯爵询问几个问题。觐见约进行了一刻钟。"①这似乎也表明伊藤的访华日程正按原计划继续进行。

就中国方面而言，这次会晤在中国的政治高层并没有引起什么不良反应。第二天（9月21日），宋伯鲁向清廷呈递了一份奏折，建议清廷"速简通达外务、名震地球之重臣如大学士李鸿章者"，往见英国传教士李提摩太及伊藤博文，咨询他们对中国问题的看法，并与之商酌解决的办法；任用工部主事康有为为参赞予以协助，以解决中国目前所面临的危机。这一建议的背景便是伊藤来华访问并将与闻中国事务以及刚刚发生的国际危机，奏折称，昨闻英国传教士李提摩太来京，往见工部主事康有为，道其来意，并出示分割图。渠之来也，拟联合中国、日本、美国及英国为合邦，共选通达时务、晓畅各国掌故者百人，专理四国兵政、税则及一切外交等事，别练新军若干营以资御侮②。

不论这份奏折是否是康有为所拟或其授意，但至少有一点可以清楚地看到，清政府政治高层对伊藤来华及拜谒光绪帝并没有产生什么不良的看法，尽管当时的京城谣言四起，人心惶惶。康有为已经离开北京，光绪帝甚至于这一天发布上谕，"再三吁恳慈恩训政"，有意将政权还给慈禧太后。

---

① 《伊藤侯爵清国漫游》，《戊戌变法文献资料系日》，1054 页。

② 《掌山东道监察御史宋伯鲁折》，《戊戌变法档案史料》，170—171 页。

统观伊藤来华后的全部政治活动，我们可以看到，他既赞成中国进行合乎当时国际政治规范的政治改革，对于康有为等年轻一代政治新锐也给予相当期待和道义上的同情。但是，他并不赞成康等人激进的政治改革做法，甚至不主张将清政府的政治权力交给这批年轻的政治新锐去掌管，而是建议重用经验丰富的老一代政治家，启用具有道德心的政治新锐作为辅助的力量。

对于伊藤的政治态度，清政府方面非常清楚。所以当清政府于9月21日发生重大的人事变动之后，甚至在康有为被清政府宣布为谋反的大逆不道者之后，伊藤依然是受欢迎的尊贵客人。

按照伊藤手记《清国旅行日记》的记载，他在拜谒光绪帝之后的第二天（9月21日）、第三天（9月22日）并没有什么活动，不过按照外交惯例和当时中日之间的外交关系，伊藤应该在9月21日当天就知道了清政府高层的人事变动[①]。《国闻报》9月24日的报道称，9月21日薄暮，传闻北京提督府差来官役数十名，至天津密拿工部主事康有为，疑其尚在紫竹林一带，四处大索，迄未缉获。斯时已闻有皇太后训政之诏，然知者不多，大约官场中当要差者数人，并外国领事府中人而已。由此可知，伊藤在当天一定通过外交渠道及时了解了中国政府正在发生的事情，所以那天具有维新倾向的张元济拜访伊藤时，伊藤相当谨慎地暗示张："一个国家要变法，不是一件容易的事，一定要经过许多挫折，才能成功。诸位有志爱国，望善自保重。"[②]

伊藤的告诫启发了张元济，再加上当时京城的流言蜚语及一些特殊举措，张敏感地意识到所谓"宫闱之变"可能已经成为事实[③]。他的第一

---

① 《国闻报》光绪二十四年八月初九日。

② 张树年：《张元济年谱》，28页。

③ 《国闻报》光绪二十四年八月初九日。

275

个反应就是赶赴贤良寺请求表面上已经赋闲而实际上仍拥有相当重要的政治权力并深受慈禧太后信任的李鸿章出面保护光绪帝不要受到无辜伤害。他对李鸿章说："设将变法之事遽行停罢，甚或对皇上别有举动，恐非社稷之福。中堂一身系天下之重，如能剀切敷陈，或有转移之望。"

久经风云的老政治家李鸿章并没有答应张的请求，他只是对张叹息道："小孩子懂什么。"[1] 这既表明李鸿章对已经发生和将要发生的一切有足够的认知，甚或预示着他在其中可能也起到过某种重要的作用。经过大约两天的变动，慈禧太后很快稳住了局势，高层人事的调整也在极短的时间里予以完成。李鸿章应该是政变的受益者，因为这之后他很快就恢复了先前失去的权力。

列强斗法与宠臣失宠

与光绪帝会晤结束后的当天下午（9 月 20 日），陪同会见的庆亲王奕劻出面开了一个以伊藤博文为主宾的午餐会。令伊藤与林权助感到奇怪的是，最近几天一直传说可能失势甚或被逮捕的中国官员张荫桓不仅参加了会晤，而且出席了这次午餐会。他们推测，这一安排的用意似乎是为了平息这些谣传[2]。

张荫桓号樵野，1837 年生于广东南海，与康有为同里。捐班出身。同治初年入丁宝桢幕，投身于洋务运动。1884 年总理衙门大规模改组时，一度入署供职。1885 年奉命出使美国、秘鲁等国。五年后任满回国，继续在总理衙门大臣上行走，数年间迁至户部左侍郎，结援户部尚

---

① 《张元济年谱》，28 页。

② 林权助：《戊戌政变的当时》，《戊戌变法》（3），575 页。

书翁同龢，并渐受光绪帝重视，逐渐成为影响政局的"幕后大人物"[1]。甚至在翁被逐后，张也没有失势，依然受到光绪帝的依赖，在新政中担负重要角色。8月2日，张荫桓受命与王文韶一起筹设矿务铁路总局；8月10日，二人又一同受命筹办路矿学堂；9月5日，张荫桓奏请增修内政以戢民志，光绪帝破例将此折批转各将军督抚，要求他们参照张的建议，认真考核，实力奉行，以期政平讼理。同一天，张荫桓还奏请实行团练，以为举办民兵（征兵）根本（练洋操、裁绿营），光绪帝亦破例批转各省督抚，要求参照所请切实筹办。这似乎表明张荫桓不仅在政治上高度活跃，已将自己的触角伸到户部所辖领域之外，在内政及团练上表达自己的看法；而且从光绪帝"破例批转"的姿态看，张荫桓的政治地位急剧上升。在光绪帝心目中，他不仅是外交领域的优秀人才，而且可能因为其与康有为相互影响，具有非常强烈的维新思想，在内政方面具有卓越见解。

张荫桓影响力的急剧上升，除了光绪帝有意扶植外，也与当时中国外交困境特别是政府内部亲英、亲俄等派别的斗争有关。甲午战争后，西方列强加紧了对中国的资本输出，他们在争夺中国利权的同时，特别着意于规模巨大的铁路建设的投资机会，因为他们深知，只要能够获得铁路的投资权，就意味着将更有效地控制住已得到的势力范围。在这方面，法、德及俄都下手比较早，他们在1898年前就已获得了在各自范围内修筑铁路的权力。而英国相对较迟，直到1898年5月方才获得修筑沪宁铁路的权力。不过，英国素来将长江领域视作自己的势力范围，特别是他们凭借与清政府中一大批亲英官员的特殊关系，并不过于担心其他列强的觊觎。

英国太过于自信了。事实上，不论德、法，还是俄，他们虽然拥有

---

[1]　黄濬：《花随人圣庵摭忆》，464页，上海书店出版社1998年。

自己的势力范围，但更觊觎中国最富庶的长江领域，如果能够在这里获得一定的利益，当然会竭力争取。所以他们从来不承认英国独占长江领域的权力，一直期待中国政府允许他们与英国共同开发长江领域。

当英国获得沪宁铁路修筑权的消息传出后，德、法及俄纷纷反对，他们一方面向清政府施加压力，一方面与英国政府直接谈判，要求分享。面对各国的争夺，英国态度坚决，它甚至反攻为守，利用特殊的机会于 1898 年 6 月 7 日获得了《关内外铁路借款草合同》，在俄国传统势力范围内寻求突破，以便增加与俄国谈判的筹码。

对于英国的进攻姿态，俄、法乃至德都很清楚，他们也采取了针锋相对的措施向清政府施压，迫使英国就范。俄法集团通过比利时银团与清政府谈判修订去年签订的卢汉铁路借款合同，企图达到完全控制卢汉铁路借以渗透到长江流域的目的。迫于压力，清政府只能让步。1898 年 6 月 26 日，清政府与比利时银团就卢汉铁路的借款合同及行车合同进行了修订，满足了俄法集团的要求。

清政府的做法毫无疑问将极大地惹怒素来傲慢的英国人。早在 6 月 9 日，英国政府训令其驻华公使窦纳乐向总理衙门提出警告，声称中国如果在把东北地区及山东地区的特殊利益分别给予俄国和德国的同时，又给予他们在长江地区的特别机会或特权，那么英国政府便不可能与中国在有关问题上继续以友好姿态进行合作。当清政府最终没有顾及英国政府的反对而同意与俄法集团修订卢汉铁路的合同后，英国政府自然恼羞成怒，于 8 月 21 日向总理衙门提出要求承造天津至镇江，河南、山西至长江，九江至广州，浦口至信阳，苏州至杭州五条铁路的权力，作为报复。窦纳乐告诉总理衙门大臣说，除非立即同意英国的要求，否则英国政府将认为中国政府关于卢汉铁路合同的修改行为是对英国的背信，是故意敌视英国的一种行动。与此同时，为了向中国政府施加压力，英国政府命令其停泊在大沽口的舰队做好战争准备，表示一旦谈判

278

破裂，就将采取军事行动。

在英国驻华外交官及政治观察家们看来，中国政府之所以敢于无视英国的利益，转而依靠俄、德和法，主要是因为中国政府内部形成了一个以李鸿章为主导的亲俄势力集团。所以英国政府在向中国政府施加外交压力的同时，也在施加政治压力，迫使清政府设法解除李鸿章的职务。

面对英国的外交及军事压力，清政府政治高层进行了紧急磋商。他们在全面评估了英国的要求及其背景后，肯定也检讨了几年来的外交政策得失。或许在这一检讨过程中，张荫桓最为积极，他不是对英国蛮横的外交压力感到不满，而是认为中国几年来的外交政策可能在李鸿章主导的所谓亲俄路线全面失败，李鸿章主导的亲俄外交不仅没有如《中俄密约》所许诺的那样保中国二十年相安无事，恰恰相反，俄国政府却利用与中国的特殊外交关系不断索取额外好处。1897 年底的胶州湾事件不难引起这些高官的沉痛回忆，于是政治高层将李鸿章的外交主张视为彻底失败，应该是当时对外交政策反省的必然结果。

既然李鸿章的亲俄外交路线不合乎中国的利益，那么中国外交政策就必须因英国不断施加的外交、政治压力而发生转变。事实上，自胶州湾事件发生以来，已有相当一部分人主张抛弃亲俄政策转而采取联合英、日，甚至与英、日结盟。张之洞、刘坤一等地方大员持这种立场；张荫桓更是坚定地认为只能走联合英、日的外交路线；至于光绪帝，先前虽曾一度赞成李鸿章的外交主张，但康有为等政治新锐对联合英、日的不断鼓吹，特别是与中国国情基本相近的日本通过短短数十年的新政就摆脱了落后地位，走向成功，凡此不能不使光绪帝的外交主张发生变化。

光绪帝倾向性的变化必然导致中国外交政策的转向。1898 年 8 月底或 9 月初，光绪帝手拟朱笔谕条面交张荫桓，委派张前往日本驻华

公使馆，与日使讨论中国拟派头等钦差驻日本，以及委派康有为赴日"坐探"日本变法经验以供中国参考。显然光绪帝在继续参照日本改革经验的同时，有意进一步密切中日关系，最终走向中日结盟对付俄国。

对于光绪帝的建议，张荫桓最初觉得日本在没有弄清楚中国政府的真实意图之前决不可能贸然答应，然而皇上的谕旨又迫使他不能不执行。于是他只好带着皇上的朱笔谕旨来到总署与首席大臣王文韶及廖寿恒等商量。正在谈论间，光绪帝又差人送来墨笔谕旨一件，内言告知日本，此后往来公牍，可将日本天皇的徽号全行书写[①]。

根据光绪帝的指示，总署大臣进行慎密的研究，决定委派张荫桓陪同汉军机首席王文韶一同拜访日使，寻求进一步密切中日外交的可行性。

9月4日，日本驻中国公使馆代理公使林权助因公访问总理衙门，张荫桓先出来应接，即探询道："明日拟与首席大臣王文韶同道赴贵公使馆访问阁下，可无妨碍？"林权助此时并不清楚张的用意，但告以可在明日下午三时到公使馆面谈。

翌日下午三时许，王文韶、张荫桓如约抵达日本驻华公使馆，稍事寒暄后，林权助觉察到他们可能有机密要务，遂告知可令使馆工作人员退出。于是，剩下他们三人密谈。

张荫桓首先介绍道：汉首席军机大臣王文韶奉大清国皇帝之命，亲自带来皇帝谕旨访问贵官，故而本大臣与王文韶大臣同道而来。

接着，张荫桓向林权助表述了三个意思：

一、光绪帝希望将头等第一勋章赠送给贵国大皇帝陛下；

二、即将就职的新任驻日公使黄遵宪携带的国书将以"大清国大皇帝敬问我同洲至亲至近友邦诞膺天佑践万世一系帝祚之大日本大皇帝好"之字句开头，不知是否合适；

---

① 《驿舍探幽录》，《戊戌变法》（1），503 页。

三、中国政府希望与贵国提升外交关系，互派特命全权大使，不知贵国是否同意。

林权助听懂了中方的意思，当场答复，对于第一、第二点大致同意，至于互派大使问题，林权助表示日本政府历来有此愿望，只是鉴于国际关系的复杂性，在与中国政府提升外交关系的同时，不得不先确认英、俄两国是否有同样的希望。林权助估计，从长远的观点看，这一问题毫无疑问将获得解决，只是目前或许难以速定互派大使，正式答复稍后将由东京方面做出。

送走客人，林权助迅即向外相大畏重信做了报告，表示他个人希望利用此次机会，促使日中关系获得根本改善。他相信这将有助于中国正在进行的改良运动，又可增进日本的国家利益，增大日本的权利，为巩固日本在东亚地位的一大良剂。因此，林权助建议日本政府即速给中国皇帝赠送勋章，以作回礼。虽然互换大使很难立即进行，但可进行相关安排，争取在两三年内有计划地向中国派遣大使。

林权助还根据自己的观察对清政府内部的人事格局进行了分析。他认为，近两个月来，中国皇帝似乎锐意改良庶政而缺乏得力的大臣，因此如果日本政府"教导"得当，将不无效果。李鸿章已失权于北京政府，王文韶、张荫桓两大臣也许会占有重要地位；在地方政府，张之洞的权威日益加重。因此他认为，王文韶、张荫桓、张之洞等依靠日本的志向比李鸿章要大得多，均是大可结盟的人物。林希望趁着中国皇帝有意亲近日本，他们逐渐得到势力的机会，增加日本驻华公使馆的力量，从而使日本成为支持中国诸般改良事业的一大势力，培植日本在中国的实力[①]。这些是林权助内心真诚的期待，当然他不会把这

---

① 林权助：《王文韶、张荫桓两大臣来访，转达重要使命之报告》；见孔祥吉、村田雄二郎：《罕为人知的中日结盟及其他——晚清中日关系史新探》，69—70 页。

些意思透露给王文韶、张荫桓两位中国大臣。

林权助的谈话与承诺坚定了中国政治高层抛弃亲俄外交路线，转而依靠英、日，甚至确立联合英、日的外交路线。于是我们看到王、张拜访林权助后的第二天（9月6日），清政府经慈禧太后同意照复英国驻华公使窦纳乐，表示除天津至镇江的铁路外，中国政府接受英国8月21日的全部要求。又过了一天（9月7日），清政府宣布将李鸿章及敬信逐出总理各国事务衙门，这就回应了英国要求解除李鸿章职务的请求。

解除李鸿章的职务应该是慈禧太后的最终决定，但是这件事在当时不论是官场一般舆论，还是李鸿章本人都将责任归之于所谓的亲英派大臣张荫桓。英国驻华公使窦纳乐获知李鸿章被解除职务后致电英国首相报告了这一消息，并称李鸿章近来特别反对英国人的利益。窦纳乐还告诉林权助：他曾不得不对抗李鸿章的反英态度；俄国驻华代理公使也并不向林权助掩饰对李鸿章失势所表现的不快。林的判断是：毫无疑问，李的失势确实是对俄国外交政策的巨大打击。而金登干在致赫德的信中更强调李被赶出总理衙门是英国外交的巨大胜利。俄国方面对李被逐出总理衙门也确实认为是俄国外交的一大挫折，他们在这一事件发生后曾奉命前往总理衙门提出强烈抗议，对李鸿章的出局表示遗憾。而对中国政情有相当体会的英国人赫德在得知张荫桓后来被逮捕的消息后，第一反应就是俄国人在后面搞鬼，并将之与李鸿章被罢黜联系起来，他担心的是亲俄派取得了胜利，光绪帝差不多被废黜是俄国公使巴甫洛夫对李鸿章被赶出衙门的报复[1]。

国内舆论一般认为，李鸿章被赶出总理衙门至少有如下原因：

其一，恭亲王奕訢在生命最后时刻定策。总署各堂与外人交接，均在衙门，无私宅延见外人者。而李鸿章在北洋时间太长，养成独自处理

---

[1] 《中国海关密档》（6），891页。

外交的习惯。且曾奉命游历欧美，有着更直接的外交体验。所以，凡西人之来，多有至其私宅拜谒者，事为京朝士大夫所罕见，奕䜣恐有机密泄露，故预定此策，以正人臣无外交之义。

其二，李鸿章在比利时承借卢汉铁路款项中，暗藏俄款，英人抗议，认为大臣言国之大事，不应如此欺人。

其三，指责李鸿章实行联俄政策误国。中国士大夫惩于1897年底外交危机，均大悟往者联俄之非计，而思结好英、日，以为互相抵制之法。适日本前首相伊藤博文来华游历，欲此结纳之，恐李鸿章坚守联俄之说，或致阻挠大计①。

如果这些分析可以成立的话，那么伴随着李鸿章出局，亲俄派失势，所谓亲英派张荫桓等人就必然从中获益。而且还可以判断，张荫桓不仅继续受到光绪帝的高度信赖，而且也必然能够获得慈禧太后的肯定。

事实上，张荫桓在清政府中的地位确实在上升。因为李与张斗法由来已久，其被赶出总理衙门也是咎由自取。早在李鸿章访问欧美归来之后，据许多外交官观察，其与先前判若两人。日本驻华代理公使内田康哉1897年2月8日致日本外相大隈重信的报告称，在北京的各国外交官对李鸿章的印象很坏，尤其是各公使馆的翻译官感到十分为难，李经常故作尊大姿态，不知是向其他总署大臣显示才干，还是证明自己对外毫不软弱。每于谈判之际，竭力提出异议，必为一二事伤人感情。德国公使海靖称李是让人谈话最不愉快的人。与李相比较，各国公使及翻译官对张荫桓的印象较好，他不仅对翻译官比较客气，而且是总署大臣中了解外交上友谊为何物的唯一大臣。随着李鸿章出局，张荫桓不仅继续负责协调清政府外交事务，而且在内政方面也发挥着作用。

---

① 《合肥相国出总署述闻》，《国闻报》光绪二十四年八月初二日。

在外交政策上，张荫桓确实是主张联合英、日，他与伊藤博文有过直接且友好的接触。一年前他又奉命出使英国，与英国的一些政治家建立了直接联系。而当时由于外事活动的安排以及英、日方面不断做工作，在清政府内部也确实形成了主张联合英、日以维护中国利益的共识。地方大员张之洞、刘坤一的辖地就是英国人的势力范围，而日本人至少在甲午战争后不久就对他们做了大量工作，所以张之洞、刘坤一与中央大员张荫桓遥相呼应，都比较倾向于联合英、日。

这种主张也深刻地影响了光绪帝，所以当他有意创设懋勤殿时，首先想到的就是怎样获得英国传教士李提摩太的帮助，甚至考虑过聘请李氏为顾问大臣。9月9日，李氏离开上海赶赴北京，似乎也有意对中国发展有所建言。而李氏过去曾与张荫桓多次会面，也是张的一位老朋友。

在李提摩太赶赴北京的同时，伊藤博文也正好来中国游历观光。伊藤也是张荫桓的老朋友，多年前张氏出使美洲途经日本时，就曾受到过伊藤的热情款待，所以当他抵达北京的时候，张荫桓当天就赶去拜访，之后又专门设宴款待。9月20日，光绪帝接见伊藤的时候，也是张引见。据张后来回忆，他之所以得罪慈禧太后并获罪，未尝不与伊藤访华尤其是由他陪同觐见光绪帝有关。或问曰："伊藤久已罢相，此次来华，系伊藤自来游历乎，抑中朝召来议事？"张答曰："噫！我之祸亦由于此。此次伊藤系自来游历，我因与彼有旧，至京师时来见我，我遂款以酒筵。伊藤觐见，又系我带领，时太后在帘内，到班时，我向伊藤拉手，乃外国礼，而太后不知。上殿时我挽伊之袖，对答词毕，又挽伊袖令出，就赐坐，太后皆见之，遂疑我与彼有私。及后有康结日本谋劫太后之说，太后愈疑我矣，夫复何言？"[1]

---

① 《驿舍探幽录》，《戊戌变法》（1），493 页。

如上分析只是他的个人体会，但实际上过于小看了慈禧太后的判断力。作为当时中国实际上的最高领导人，慈禧太后虽然不曾到国外游历，但她对外交礼仪的认知绝对不会如张所猜想的那样幼稚。不过张所说的有一点非常正确，即他之获罪与后来传出的康有为勾结日本人谋围颐和园、劫持慈禧太后的消息有关。

伊藤博文觐见光绪帝的第二天（9月21日），中国政局发生了极大的变化。早上大约十点钟的时候，步军统领崇礼率领三百武装人员奉谕旨包围了南海会馆和张荫桓的寓所。这一消息很快传到了日本驻华公使馆，并引起伊藤及林权助的高度关切。他们迅速派出翻译官策马打探这一消息的真实性，由于此时的北京城内一片慌乱，谣言纷纷，翻译官回来报告说张被捕的消息基本可以确认。伊藤及林权助对此进行了分析，由于他们对其被捕的真实原因并不清楚，所以能够认定是发生了政变或是什么，但具体的细节一时也没有办法打探清楚[①]。

其实，张荫桓在9月21日并没有被逮捕。步军统领崇礼确实封锁了张荫桓官邸所在的锡拉胡同东西两头。张以为几个月来多次传言的查抄终于成为现实，于是在家被动地等待而未敢出门。崇礼的武装人员带走了张的一位亲戚区震，区震为刑部主事，多少见过一些世面，至步军统领衙门时，群呼区震为"康有为"，这使区震稍有警醒，知步军统领要抓的人既不是他，也不是张荫桓，而是康有为。区震遂差人至张宅送信，张荫桓始知这只是为了搜捕康有为。张虚惊一场，然后出门继续上班[②]。

当晚，张荫桓应邀参加京朝官的一个筵宴。在座的有庆亲王奕劻及总理衙门大臣廖寿恒等。庆亲王见到张荫桓时显得格外高兴，他拍着

---

① 林权助：《戊戌政变的当时》，《戊戌变法》（3），575页。

② 《康南海自编年谱》，62页。

285

张荫桓的胸说："汝放心，与汝无干，汝勿畏。"廖寿恒也劝慰张，张不禁对廖恼怒道："汝亦无良，事不涉汝，自不畏。参我者重，我能勿畏乎？"[①]从这一简短的对话可知，他们对当天的查抄了如指掌，张荫桓显然已失去光绪帝的信任。

走，还是留？

或许因为一连串密谋不断受挫，梁启超在康有为离京出走之后就有一种不祥的预感。21日上午，梁启超往访谭嗣同，二人正在谈话时传来南海会馆及张宅被查抄以及慈禧太后再次垂帘听政的消息。谭嗣同劝梁赶快到日本驻华公使馆拜访伊藤，请求他设法保护康有为，并通报张被捕的情况。而梁本人也担心被捕，遂于当天午后二时许匆忙赶到日本使馆[②]。

面色苍白的梁启超到来时，伊藤与林权助正在谈话，梁向他们通报了所获知的消息。根据梁的说法，张荫桓之被捕，主要是因为他对于康、梁等人有所策动，有秘密寄予同情的嫌疑。

梁的主要目的是请求伊藤设法保护光绪帝和康有为以及其他可能将会被捕的维新志士，还有他个人的生命安全。六神无主的梁启超反复恳求道：清政府已断然镇压改革派，与康有为一起从事改革的人，均不能免遭逮捕与刑戮，若我能够得到日本公使馆保护的话，实乃再生之德。

梁此时虽有相当的危险，但毕竟尚未受到任何指控，还不是清政府点名的政治犯。日本公使馆如果就此予以保护，并不会受到清政府的指责，也无破坏与邻邦友谊之嫌。于是林权助经伊藤同意，默许他在使馆

---

① 《驿舍探幽录》，《戊戌变法》（1），488页。

② 《戊戌政变记》，《饮冰室合集》专集之一，109页。

住一个晚上，并劝他在清政府下达正式逮捕令之前离开北京。

作为与清政府保持着密切关系的日本公使馆，即便林权助深怜梁启超而予以方便，但也不会让他待上很长时间，否则就会引起不必要的外交麻烦。基于这种考虑，林权助立即将让梁离开北京的想法向日本外务省做了报告。在获得东京方面的同意后，林权助于翌日令梁启超剪掉辫子，穿上欧式服装，于下午三时乘火车前往天津，令日本驻天津领事郑永昌设法予以保护，并相机将其送往日本避难。

在天津领事馆，梁启超度过了几天心惊胆颤的日子。9 月 25 日晚九时许，郑永昌与另外两名日本人伴同梁，四人均换上猎装，从紫竹林法租界悄悄登上一艘跨子船，循海河而下。不幸北洋大臣的小蒸汽船"快马号"随后跟踪而来，是夜凌晨二时半在军粮城一带终被追上。"快马号"上的军人声称日本人乘坐的这条船藏有中国政府正在通缉的罪犯康有为，要求搜捕。郑永昌等再三解释他们四人只是前往新河一带打鸟，除了他外，另外三人分别是三井行主人吴姓，学生高姓、林姓。但"快马号"的中国军人置之不理，即用绳索将梁启超一行乘坐的船只缠住，强行向天津方向拖去。并有两名武弁登船检查，即指郑永昌所说的林姓学生为中国要犯康有为，指责作为日本领事不应该庇护匪人。

由于所谓林姓学生并不是康有为，所以面对中国方面的指控，郑永昌毫不客气地予以抗争，怒斥中国军队的非法。经过两个小时的争辩，双方达成妥协。中国军队以警护为由，该武弁并十余名水手携带武器转至郑永昌、梁启超等人乘坐的跨子船上，同去塘沽，同意到那里再商量如何解决。而"快马号"则为向天津方面报告，先向塘沽疾驶而去。

26 日晨 7 时，梁启超、郑永昌乘坐的船只快到塘沽时，从日本军舰"大岛号"旁边经过。这时，郑向军舰挥舞帽子，求其出迎。军舰上的日本人遂将舰载快艇放下，准备迎接。而中国武弁见此情形便即呼舢板欲去，打算各自逃走。而郑则要求中国武弁按照先前达成的协议展开

充分的辩论，并与日本军舰上的军人互认明白。然中国武弁似乎觉得有伤体面，表示此时已无谈判的必要，随即登上另一条船仓皇而去。郑永昌、梁启超等四人遂转乘快艇登上日本军舰"大岛号"稍事休息。

稍后，郑永昌将梁启超置留在军舰上，他与另外两名日本人赶往塘沽车站。此时，可能是得到"快马号"急报的缘故，荣禄为捕获要犯康有为，特派武毅军提督聂士成、亲兵总教习王得胜、天津县知县吕增祥等率武装士兵 30 余名于上午 9 时半赶到车站。当聂士成听到要犯康有为已逃到"大岛号"军舰的消息后，不禁勃然大怒，执意要求到"大岛号"军舰上抓人。但王、吕二人忠告聂不可如此，于是打消了抓人的念头。

梁启超躲在"大岛号"上并不是真的安全，中国军队如果执意登舰抓人也不是不可能。于是日本军方一度将其转移至一条商船上，然而考虑到商船更加危险，所以又将其留置在"大岛号"上。26 日，直隶总督荣禄更派招商局总办黄建筅会同新建陆军参谋长、雇用武官比利时人某来到"大岛号"军舰，要求引渡中国政府通缉的要犯。"大岛号"舰长说舰上并没有康有为，于是黄建筅等人立即离舰而去。

中国方面没有搜查到康有为，但"大岛号"显然已经受到严密监视，梁启超也就无法按照原先的安排，与曾经陪同伊藤访华的随员大冈育造于 27 日换乘日本商船"玄海丸"从大沽口起锚前往日本避难。大约拖至 10 月 2 日，林权助建议外务省同意梁启超以及后来赶到的王照搭乘的"大岛号"必须尽快前往日本。为保密起见，林还建议日本政府派出另一艘军舰替换"大岛号"。外务省很快同意，由日本海军大臣发出"大岛号"迅即返航及派遣常备舰队军舰"须磨号"急航大沽，替代"大岛号"的命令。当"须磨号"尚未抵达的时候，林权助担心引起中国方面的怀疑，于 10 月 6 日请求"大岛号"舰长如有可能，推迟离开，以待"须磨号"抵达替换。

解铃还须系铃人

梁启超 9 月 21 日给日本公使馆带来的消息是不确切的，伊藤等人的担心也没有必要。张荫桓那天平安无恙，第二天也一切如故。

9 月 22 日一大早，张荫桓依然随班朝见，慈禧太后在帘内，光绪帝在炕侧坐。慈禧太后命令廖寿恒草拟拿办康有为党羽的谕旨。廖拟就，呈光绪帝，光绪帝稍事浏览即转呈太后，太后阅毕仍递交皇上。皇上持此旨目视军机诸大臣，踌躇久之，始发下。是日并无其他不好的消息，张荫桓又安然度过一日。这一天，清廷下令逮捕的只是康有为的弟弟康广仁，下令革职的只是"滥保匪人"的御史宋伯鲁，而康本人则于前一天悄然离京出走，这一天为康定的罪名仅是"结党营私，诱言乱政"八个字。

张荫桓真正遇到麻烦是 9 月 23 日。早上八时左右，步军统领崇礼派遣翼尉率缇骑数人至张宅，"邀请"张到提督衙门接旨。张心知有变，然因尚未吃饭，遂令翼尉稍待片刻。准备走的时候，翼尉不忍张如此离开，忽然好心劝其入内室与夫人告别。此时张终于证实自己已经获罪，心中难平，竟不入内与其夫人告别而行。

至提督衙门，各官均未至。坐数时，天色渐晚，仍无确切的消息，张荫桓遂令人回家取行李在提督衙门住了一个晚上。翌日（24 日），方有旨拿张荫桓交刑部审讯，正式收监。而这一天同时被革职拿办的还有侍读学士徐致靖、御史杨深秀、军机章京上行走杨锐、林旭、谭嗣同、刘光第等。

自捉拿康有为未果而将康广仁逮捕下狱至张荫桓正式被收监前后有三天的时间，在这三天中究竟发生了什么事情使清政府最高层扩大了逮捕范围呢？据当时传言，康广仁被逮之后立即受到了审讯，他不仅交代了所参与的谋围颐和园阴谋，还交代、"诬攀"百数十人。由此推测，

清廷政治最高层先前未必真的知道这些阴谋，因为如果知道，那么在下令捉拿康有为的当天也一定会将后来抓捕的这几个人一起逮捕。

还值得注意的是，在这三天中，据说对光绪帝一片忠心的王照曾与日本人合谋武力拯救传言中被幽禁的皇上，而尚未被逮捕的谭嗣同也与著名侠客大刀王五准备采取非常手段劫持光绪帝。凡此种种动向不难被清廷所获悉，因为至少在9月22日清廷已命令步军统领衙门增强对皇宫、颐和园及整个京城的警卫与巡逻，所以这一系列的非常行动不仅无法达到预期效果，反而加重了清廷政治最高层的忧虑，使他们更觉得康有为等人可能真有一个大的武装阴谋。

正如前面已反复强调的那样，张荫桓是有名的英日联盟派的代表人物，他的被捕自然引起英日两国的高度关注。大约在张荫桓被正式收监的当天（9月24日），英国驻华公使窦纳乐就已经通过渠道获知，清政府考虑到张荫桓是当时中国有名的外交家，在西方世界尤其是在英国、日本都有相当不错的声誉，为了避免引起干预，清政府中的相当一部分人主张以最快的速度于25日晚上或26日早晨将张处死。窦纳乐与张荫桓也有比较良好的个人关系，所以当他得知这一消息后，立即开始了营救，与中国政府进行直接交涉，建议清政府慎重考虑对张的惩罚。

窦纳乐是在25日下午很晚才得到这个消息，他暗自考虑慈禧太后在如何处罚张的问题上一定会与李鸿章商量，因此李的态度将在很大程度上影响张荫桓的命运。而李鸿章与张荫桓是人所皆知的政治对手，据传言，张之所以被逮捕，在很大程度上是被李陷害的。所以要挽救张的性命，必须说服李鸿章不要落井下石，清政府可以处置张，但最好不要伤害他的性命，至少不能如此突然地处死。从当时清廷的人事布局看，随着张荫桓的出局，李鸿章的权力开始恢复，当荣禄尚未离开天津调至中央的时候，清政府主事的大员似乎也只有李鸿章、庆亲王奕劻等数人。基于这种考虑，窦纳乐于25日下午比较晚的时候给李鸿章写了

一封信，强调中国政府如此匆忙地决定处死张荫桓，在西方各国看来无疑带有极端恐怖的色彩；同时匆忙秘密地处决像张荫桓这样一位在西方各国很闻名的高级官吏，势必引起很坏的结果。窦纳乐诚恳请求李在自己权力所及范围内阻止这种行动。信的末尾，窦纳乐不忘恭维李氏：我之所以向阁下请求，是因为阁下是目前北京唯一懂得洋务的政治家，因此阁下定能看出这种迅即行刑将给西方人士留下一种凶暴的印象。

这个建议引起了李鸿章的重视，李氏在当天回复窦纳乐的信中表示，他个人极端尊重他宽厚而人道的意见，并保证，中国政府决不会匆忙行事处死张荫桓[①]。

李的态度极大地鼓舞了窦纳乐，为了进一步增加安全系数，他请求将于当天晚上与李鸿章见面的林权助能够从正面劝说不要伤害张的性命。

按照中日外交计划日程，正在中国游历的日本前首相将于9月25日晚在日本驻华公使馆举办一个以答谢中国官员为主的招待会，李鸿章以及中国政府许多重要官员都将出席。窦纳乐期待林权助能够在这次宴会上为张荫桓说情，于是他派英国公使馆的书记官带着他的亲笔信在宴会开始前面见林权助，希望林能够与他一起迫使李鸿章让步，挽救张。窦纳乐在信中说：

> 甚知君处今晚有餐会，但因有事态严重的事件，所以要书记官把这信带给你。只要你一点点时间就成了，请会见，把答复给书记官带回。此事件即张明日将被处死刑。此乃确实的报道。又，伊藤先生也在那儿，如果可能请教伊藤先生的意见，即请向他请教。希望你特别尽力，看有没有什么救张的办法。

---

① 《窦纳乐致英国外交大臣的信》，《戊戌变法》（3），541页。

林权助已于张荫桓被捕之后不到一个小时就获得了准确消息。按照林的说法，步军统领衙门于 21 日包围了张荫桓的住宅，22 日八时许将张正式逮捕。上午九时，林权助致电日本外务省报告这一消息。他也知道张可能会被处死，连日来他与伊藤都在想办法，但他觉得如果按照窦纳乐的提示在这个招待中国官员的会上向中国方面特别是向李鸿章等要员提出，可能并非聪明之举。林决定在招待会结束之后去找李鸿章，他相信除了李之外，恐怕很难有人能够帮上忙。林权助在稍后（9 月 25 日）致日本外相大隈重信的电报中对此做了解释，他以为张荫桓也深受皇帝的信任，而他猜测，恰是此层原委，张的倒台应归因于嫉妒与诡计。至少，李鸿章对他的倒台起了一定作用。

就政治立场特别是外交立场的分野来说，林权助当然知道李鸿章是张荫桓的政敌，张的被捕乃至很快被处决，对李来说肯定是一件最高兴不过的事。但他和窦纳乐一样相信解铃还需系铃人，只要能够说服张荫桓的政敌出面保护张，挽救张的性命就有希望。

当晚九时许，参加宴会的中国宾客包括李鸿章逐渐散去。林权助将窦纳乐的建议及他的设想向伊藤做了汇报，他希望现在立刻赶到李的官邸，同时为了说话方便，他请求伊藤同意他必要时打着伊藤博文的招牌。

伊藤当然同意，于是林迅速乘坐马车出发，大约当晚十一点半抵达。李鸿章出来迎见，深感惊讶，因为他刚刚从日本公使馆回来，不知何事又劳林公使亲临拜访。

林权助简单说明来意，并解释何以不在公使馆谈。他说："呀，今天晚上，你还在我们公使馆时就已经知道了的，但是因为在公使馆谈话有点儿不是地方，所以有意等你回来的时候到贵邸来。这事就是张荫桓被处死刑的报道，由英吉利公使馆传达到我这里来。不知有什么救他的方法没有？"

听了林权助的话，李鸿章做出不在乎的样子，他甚至不提已经给窦

纳乐的保证，他说："你是知道的，那小子原是我的部属。他背叛了我，现在变成了我的敌人。明天那么早的事，我一点儿办法也没有。"李的恨恨之情表露无遗。

林权助当然知道他们之间的关系以及后来的恶化，但是现在救人要紧，他只能软硬兼施告诉李："那样的事就是没听你说也是很清楚的。不过如果把张杀了，那不仅是一件野蛮行为，而且会立即成为一件不得了的突发事件啊！"

李鸿章听到这里很注意，忙问什么事件。

"列强的干涉。"林权助毫不客气地答道。

林的决断口气引起李的注意，他不无怀疑地问道："杀一个张荫桓竟能惹出那么麻烦的事件？"

李的动摇被林看得一清二楚，林装着非常知己告诉李："不能断言不惹出事件。要是不给帮忙，是问题啊！伊藤公也非常关心。"

"明天那么早，你要我怎么办呢？"李终于正面回应了林的请求。

对于怎么办，林早已有了计划，他不忘恭维地说："您是唯一知道该怎么办的人。"不过为了慎重起见，他也提示李鸿章："军机大臣荣禄早晨四五点钟朝参，你是应该知道的。如果你给该大臣写信，在破晓前不就可以转达到皇太后的耳朵了吗？"

对于林的建议，李鸿章想了一会儿，觉得也只有这样一个办法，于是他说："好。就这样吧。"[①]

李鸿章是否如约致信荣禄，我们不得而知。但可以肯定的是，他既然已经答应窦纳乐、林权助的请求，那么一定会通过自己的渠道建议清政府不要将张匆忙处死，以免引起英、日等国家的干涉。李鸿章是有国际视野的政治家，虽然他痛恨张的背叛，虽然他对张的下狱幸灾乐

---

① 林权助：《戊戌政变的当时》，《戊戌变法》（3），576—578 页。

祸。李鸿章一直怀疑他 9 月 7 日被罢免总理衙门的职务是张荫桓从中捣鬼，所以在张被逮捕之后他曾幸灾乐祸地说过："不料张樵野也有今日！我月前出总署，几遭不测，闻系彼从中作祟。此人若不遭严谴，是无天理。"但他毕竟要考虑国家的稳定与安全，无论如何他也不会将个人的恩怨置于国家利益之上[①]。

墙倒众人推

凡主张不要急于处死张荫桓，甚至保留张的性命的中外人士都是出于避免英、日干涉的考虑。然而或许因为张当政时自恃获得两宫尤其是光绪帝的高度信任而过于张扬，屡被人参，名声甚劣，所以当张被捕后，清政府内部有相当一部分人主张从速将张处死，他们的理由是只有这样，才能有效避免张与康有为一起勾结洋人以乱国政。

9 月 26 日，兵部掌印给事中高燮曾等向清廷呈递奏折，称昨阅天津《国闻报》有西人定将干预之语，臣等且骇且惧。查康有为至今尚未拿获，其死党梁启超亦改洋装逃遁。若辈党羽众多，难保不捏造谣言，诬谤宫廷，致西人藉口平难，震惊辇毂。高燮曾建议将已拿获的张荫桓、徐致靖、康广仁、谭嗣同、林旭等五人速行惩办：若稽延时日，万一张荫桓勾串西人，变生意外，悔将无及[②]。

迅速处死张荫桓的理由当然相当充分，只是此判断建立在假设的基础上，然而来自英国、日本公使的压力毕竟是现实的。9 月 27 日，日本外相电示林权助代理公使，称在此关键时刻，如果认为合适的话，应向总理衙门就下列方面提出朋友式的劝告：对于目前的危机，清国政府不

---

① 苑书义：《李鸿章传》，363 页，北京：人民出版社 1991 年。
② 《兵部掌印给事中高燮曾等折》，《戊戌变法档案史料》，466 页。

仅应抑制那些你所报告的过分举动，而且应当全面地实行温和政策。你若提出上述劝告，可以是单独地，也可以参加其他外交代表希望你加入的共同行动。

根据大畏重信的指示，林权助向清政府提出交涉，并很快获得肯定的正式答复：张荫桓将不会受到严厉的处理。

林权助"朋友式的劝告"，特别是窦纳乐"宽厚人道"的意见，显然是考虑到中国的国际形象，这对清政府最高决策层不能不产生重要影响。而且从清政府内部说，即便李鸿章与张荫桓是政治上的死对头，那么也不是所有的高级官员都站在李鸿章一边，都是张荫桓的政治对手。事实上，在地方大员中，如湖广总督张之洞、两江总督刘坤一在大的政治立场上与张荫桓比较接近，而对李鸿章的亲俄政策不以为然。直隶总督荣禄与张荫桓似乎也没有根本冲突，他们都不会落井下石。

而且，还有两个细节值得重视，即：

一、当张荫桓被正式逮捕的第二天，对清廷政治甚有影响的盛宣怀致电张之洞，建议由他出面建议清廷最高当局不可再有进一步的行动，因为康有为既然已被英国政府出面保护下来，那么中英外交肯定会在一段时间里出现困难。如果中国政府此时处死张荫桓这样的亲英派，那么在英国看来，肯定会影响英国在中国的利益，以为中国政府完全倒向了俄国，这样英国政府总要寻找借口干预中国的内政[1]。

二、盛宣怀在致电张之洞时，又致电荣禄表达类似意思，希望他劝阻朝廷不要借机扩大清查、打击的范围，拿问诸人连类查办，似宜从宽，一面以懿旨明谕中外，一切新政持平办理，力求自强，以消乘间伺隙之心，以慰薄海臣民之望[2]。

---

[1] 《张文襄公全集》（3），759页，北京：中国书店1990年。

[2] 《戊戌变法史述论稿》，896页。

这就不仅是建议清廷对张荫桓等人要从宽发落，而且建议最高当局尽快郑重向中外宣示，即便将康有为等人缉拿归案，也不会影响中国的改革与新政。清政府办理新政，从事改革的决心并不会因为康有为、张荫桓等人的出局而改变，中国政府决心在新政的道路上持续地走下去。

盛宣怀是当时中国少数通晓国际事务的重要实业界人士，与清廷政治高层的关系也是其他人没有办法相比的。他曾是李鸿章的直接部属，按照林权助的说法，即使认为李鸿章的意见曾经全是盛宣怀的意见也可以[①]。至于与张之洞、刘坤一、荣禄乃至当时中央政府政治高层如庆亲王奕劻、王文韶等，此时前后都有相当密切的来往。所以，盛宣怀的意见一定引起了清廷政治高层的高度注意。9月26日，尽管有高燮曾等速斩张荫桓的建议，但清廷并没有予以采纳，而是宣布"张荫桓屡经被人参奏，声名甚劣，惟尚非康有为之党，著刑部暂行看管，听候谕旨"。这当然是为了回应英日公使的外交压力，也是清政府内部所能够达成的共识，终于将张荫桓从康有为谋反的案件中摘了出来，张的性命暂时总算可以保留下来了，看管条件随之改善。据他回忆，这一天，狱卒叩喜，谓奉旨出狱看管，须臾司官至，随带赴看管所。所在狱门西屋三间，住二日，并未提讯[②]。

两天没有被提讯当然不能意味着一切定局，事实上这两天围绕着张荫桓的命运依然展开了激烈的争论。9月27日，福建道监察御史黄桂鋆向清廷呈递了一道奏折，根据外界传闻称康有为兄弟所犯案情重大，其党之同谋者，在内则以张荫桓、徐致靖、谭嗣同、林旭为渠魁，而杨深秀、宋伯鲁等扶助之；在外则以黄遵宪、熊希龄为心腹，而陈宝箴、徐

---

①　林权助：《戊戌政变的当时》，《戊戌变法》（3），578页。

②　《驿舍探幽录》，《戊戌变法》（1），488页。

仁铸等附和之。此外尚有梁启超、麦孟华等数十百人，蔓延固结，党羽遍布。甚至有徐勤等赴日本，与"叛贼"孙文设立大同会。他们的真正用心，就是内则巧夺政权，外则私通敌国，谋为不轨，推翻清廷。现在康有为等人尚未被拿获，深恐其铤而走险，勾结外洋，致生他变。且天津《国闻报》妄造谣言，谓外人意颇不平，此必其党欲为挟制之计，而该报复张其说。黄桂鋆建议宜早决断，将已获主犯，速行处治，以绝其望。至案内牵连人员，应拿者拿，应黜者黜，应宥者宥。果如此，即外人欲来干预而事已大定，无所施其术。黄桂鋆表示，他素知康有为居心诡谲，故望朝廷先发制人，庶免奸党煽乱。甚至对清廷已宣布不属于康党的张荫桓，黄桂鋆依然要求清廷将其迅速处死。

尤其值得注意的是，黄桂鋆继续当年早些时候对康梁乃至湖南新政的指控，将参与湖南新政的陈宝箴、黄遵宪、熊希龄等人一一牵涉进来。他试图借助于清洗康有为党羽的机会，将湖南新政中的参加者一律清洗出去。他揭露道：臣闻康有为之党羽以广西、湖南为最多。去年，康有为在广西立圣学会，以孔子降生纪年，不用大清国号，识者已知其有异志。湖南巡抚陈宝箴惑于黄遵宪、熊希龄之言，聘请康有为门人梁启超等充时务学堂总教习。其所著学约及批答之件，语多悖逆。湖广总督张之洞曾致电湖南学政徐仁铸，指摘其谬；湘人复具公呈，请斥邪说。陈宝箴依违其间，实有袒护之意。在籍绅士叶德辉，因素与熊希龄有隙，腾书相诋。而熊希龄却狂妄表示：将约日本之维新党，剿灭湖南之守旧党。新旧相攻，不止杀人流血不止。似此肆无忌惮，与反叛何异？因此建议速将陈宝箴、徐仁铸等罢斥，将黄遵宪、熊希龄、梁启超、徐勤、麦孟华等一律拿问[1]。不知黄桂鋆转述的这段话有多少真实性，但这一指控具有非常大的杀伤力。至于请求从重惩处张荫桓，按照

---

① 《福建道监察御史黄桂鋆片》，《戊戌变法档案史料》，469页。

现在形势的变化，清廷即便接受这一建议，也不可能在如此敏感的时候将张处死了。

第二天（9月28日），国子监司业贻谷又专折指控张荫桓与康有为往来最密，通国皆知：康有为时宿其家，无异家人父子。数月来种种悖逆，张荫桓实与康有为同恶相济，况张荫桓与各国勾结为日最久，动辄假借外国势力挟制朝廷。今因逆案被逮，必将与徐致靖等共求外国使臣为之缓颊。倘外国使臣出而居间排解，从之则无益彰国法，不从又无以顾邦交，依违迁就，转使怨归于我，而恩归于人。若于已获各犯再为延缓推敲，虽属欲得其真情以当其罪，转恐少宽时日，反中其谋，西人一出，将听其要挟，从此纪纲废坠，无以为国[1]。从大局及大清王朝安危考虑，建议迅速定案，早正其罪。

10月1日，工科给事中张仲炘奏请将康、梁等党人的家属连坐，将康、梁等人著作集中销毁；揭露黄遵宪贪劣荒谬，湘人疾之如仇，此次来京，沿途需索州县各数百金；举报熊希龄素性狂悖，其与同乡叶德辉书，有"必率日本人来攻中国旧党，不至于流血成河不止"等语。声称黄、熊二人与康有为、孙文，同为日本兴亚会总董，现皆将来京，不可不防；还检举总署章京李岳瑞、候补京堂王照、刑部主事洪汝冲及革员宋伯鲁，均先后逃匿，建议对这几个人严加查拿，予以惩处[2]。

这一系列要求将张荫桓正法的建议对清廷政治高层构成了一定压力，但出于对全局的考量，政治高层终于在9月28日做出最终处理，称已革户部左侍郎张荫桓居心巧诈，行踪诡秘，趋炎附势，反复无常。

---

① 《国子监司业贻谷折》，《戊戌变法档案史料》，469页。

② 《工科给事中张仲炘折》，《戊戌变法档案史料》，470页。

298

处分决定为发往新疆，交该巡抚严加管束①。至此，张荫桓案终于暂时告一段落。

此案至此原本可以结束，然而他在流放途中太过招摇，据说被递解途经山西时，该省竟为之预备公馆，张灯结彩，省中谒客，出境入境，皆乘坐大轿，馈送络绎，一若供应钦差大臣者。特别是外国人先后出都随行保护等行为，又使一些言官甚为不满。这些外国人或许是担心清政府在张荫桓流亡途中予以杀害，然而这种根本不顾及中国司法主权的行为不能不使人生厌。中国政府无法对这些行为表示强硬的立场和手段，但是对付一个张荫桓还足足有余。江西道监察御史熙鳞在获知这些情况后向清政府做了报告，以为朝廷原以为张尚非康党而免其一死，实乃明慎用刑罪疑惟轻之至意。天下辄纷然传播，传为外洋胁我以免其死之讹言，是诛之庶可释天下之疑，未诛已大滋天下之惑。建议在张荫桓被递解到新疆奏入之日，再降严旨暴厥罪恶，立正典刑②。不过，清政府并没有听从这一建议。

---

① 《光绪朝东华录》(4)，4206 页。

② 《江西道监察御史熙鳞折》，《戊戌变法档案史料》，495—496 页。

第九章　失望的结尾

清政府宣布对张荫桓最终处理决定时，公布了康有为等人的"罪状"：

主事康有为首倡邪说，惑世诬民，而宵小之徒群相附和，乘变法之际隐行其乱法之谋，包藏祸心，潜图不轨，前日竟有纠约乱党谋围颐和园劫制皇太后陷害朕躬之事。幸经察觉，立破奸谋。又闻该乱党私立保国会，言保中国不保大清。其悖逆情形实堪发指。朕恭奉慈闱，力崇孝治，此中外臣民之所共知。康有为学术乖僻，其平日著述无非离经叛道非圣无法之言，前因讲求时务，令在总理各国事务衙门章京上行走，旋令赴上海办理官报局，乃竟逗留辇下，构煽阴谋。若非仰赖祖宗默佑，洞烛几先，其事何堪设想？康有为实为叛逆之首，现已在逃，著各省督抚一体严密查拿，极刑惩治。[①]

----

① 《光绪朝东华录》（4），4205—4206 页。

比照案发当日上谕所宣布的"结党营私、诱言乱政"的罪状，可以很容易看出对康的指控明显增加了"纠约乱党谋围颐和园劫制皇太后"的内容。这项新罪名的增加，使张荫桓从康案中解脱出来，也使康案的性质发生了根本变化，因为"纠约乱党谋围颐和园劫制皇太后"的罪名已远非"结党营私、诱言乱政"的性质。在中国传统政治体制下，结党营私是比较普遍的政治现象，诱言乱政也只是政治对手的攻击性语言，这一问题大体可以定性在"错误"、"失误"的范围，充其量罢官撤职，一般不会受到极刑处罚，因为这毕竟还是属于统治集团的"内部矛盾"。而"纠约乱党"，特别是"谋围颐和园劫制皇太后"则不然，这不是一般意义上的"内部矛盾"，而是带有明显的敌对性质，是以暴力的、武装的手段推翻现政权。说白了，就是谋反，如果这个罪名能够坐实，那么康有为也就确实是"叛逆之首"了。

"钦差大臣"悄然出走

不过康有为从来不承认这一罪名，他在谈到这一问题时都是强调这一罪名是清廷强加给他的"莫须有"，并称清廷认定这一罪名的唯一根据是袁世凯的捏造。

其实，根据历年来所发现的资料并揆诸情理，就不难发现康、梁之所以不愿承认这一罪名，还是认同于中国传统价值观。因为这一罪名实在不太好听，何况光绪帝如此不顾各方面的反对高度信任他们，而他们却"陷害朕躬"，将其置于不仁不义的地步。此其一。

第二，康、梁政变之后毕竟都在外国势力的帮助下侥幸逃脱了清廷的追捕，他们的历史并没有如谭嗣同等六君子一样终结，此后还一直在政治领域活跃，为了现实政治的考虑，他们便利用手中的"话语强势"编造有利于自己的新的政治活动的历史故事。诚如梁启超后来所承认的

那样,《戊戌政变记》之类的著作,虽然是亲历亲闻,但毕竟感情大于理性,只可作为现实政治的宣传读物,无法成为信史。

事实上,即便从康、梁等人的著作中,也不难看出他们企图依靠武装力量劫制慈禧太后,夺取大清王朝政治权力的计划。只是他们在主观意图上并没有想伤害光绪帝,相反是期望通过废黜慈禧太后,加强光绪帝的权力。或许也正因为此,光绪帝在后来对康、梁等人也不理解,所以才指责康的做法是"陷害朕躬"。

康、梁试图通过暴力手段劫制慈禧太后,就主观意图而言或许是鉴于所谓保守势力的强大、新政推行的困难而采取的不得已手段,这在谭嗣同夜访袁世凯的时候就有足够的说明。不过也正如袁世凯所说,这种手段虽然能够解决部分问题,但给中国带来的伤害也实在太大,甚至是得不偿失。所以尽管在谭嗣同步步紧逼下,袁世凯也没有贸然答应谭氏的要求。

袁世凯模棱两可的态度肯定影响了康有为后来的决策。从积极的方面说,康等人觉得袁世凯有可能会出兵,帮助光绪帝掌握大清王朝的全部权力,这样的分析合乎他们所认知的袁的性格;从消极方面而言,他们既然已经将计划告知了袁,那么即便袁不同意,甚至向清廷"告密",已经启动的武力计划也很难戛然停止。他们只能一往无前,继续走下去,而劝说袁"反正投诚"只不过是全部计划中的一个环节而已。

谭嗣同夜访袁世凯的两种结果康有为等人早已料到,所以当谭前往袁的住所详谈的时候,康有为已经做好了最坏的准备。这天晚上,他在南海会馆"尽却客",收拾自己的行装及书籍文稿,一旦消息证实,即按照光绪帝谕旨所指示的那样赶赴上海。

得知康有为将离京的一批朋友根本不顾及他"却客"的意思,杨深秀、宋伯鲁、李岳瑞、王照等纷纷来到南海会馆与之话别,并通报京城的最新情况。杨深秀告诉康,现在京城上下都传言中国政局将有大的政

治变动，市场上物价腾贵，并有传言称董福祥的军队已从北边移驻内城，居民震恐，乃有纷纷迁避者；而李岳瑞则告诉康，听说英国已派出七艘战舰停泊在大沽口，将与俄国在中国本土或领海开展一场恶战。这些消息都不外乎局势越来越危急。

或许是因为康有为担心人多嘴杂，容易泄密，他并没有将两份密诏的事情告诉他们，而是接着他们对局势危急的担心，将李提摩太交给他的"列强瓜分图"供各位传看，进一步强化危机意识，并明确建议他们应该多联络一些人向清廷上书，建议清廷尽快调袁世凯的军队入京勤王。显然，尽管康没有告诉他们密诏的事情，但还是通报了他已经派人与袁世凯联络，准备动员袁"弃暗投明"、出兵勤王的计划[1]。这样一来，先后知道康欲以武力解决时局困境的人越来越多，已经超出了他那亲密的小圈子。

康有为与杨等人的谈话大约进行到当天夜里十二时左右，内城门开，他遂与杨深秀等人分手，入城至东华门外烧酒胡同（今韶九胡同）金顶庙容闳寓所，与当晚早些时候就已到达这里等候谭嗣同消息的梁启超会面。

等了大约三个小时左右，深夜三时许（实际上应该说是 9 月 19 日凌晨三时许），与袁世凯长谈而并没有获得实际结果的谭嗣同来到向他们通报情况。谭的判断肯定不太乐观，他们得出的共同结论是袁不可能"举兵扶上，清君侧"。虽然这一结果也在预料之中，然而一旦被证实还是不免令人失望，"无如何"。康有为决计按计划尽早离开京城，赶赴上海，另想办法。

在容闳寓所谈话的时候，康、梁、谭等人的深深失望似乎也深深感动了容闳，他建议由自己出面请求美国驻华公使进行外交干预，以避免

---

① 《康南海自编年谱》，59 页。

慈禧太后真的如康有为所预测的那样将光绪帝废黜。然而康有为等人认为，美国并没有在中国驻有军队，没有军事上的压力，仅仅凭借外交手段根本无济于事，于是他们谢绝了容闳的好意。

容闳的好意无法执行，但这一思路无疑又启发了康有为，使他觉得既然美国公使手中无兵，干预无力，那么手中拥有相当军事力量的英、日或许有办法干预此事。于是他在稍事休息了两三个钟头之后，即于9月19日上午九时许拜访李提摩太，希望在说服英国公使出面干预方面能够获得他的支持。

对于康有为所描述的光绪帝的可能处境以及中国黯淡的未来，李提摩太深表同情。然而他不过是一个传教士，虽然与英国公使窦纳乐有相当多交往，但毕竟他此时正在北戴河避暑。远水解不了近渴，康有为只好转而寻求伊藤博文及日本的支持。

9月19日下午三时许，康有为来到伊藤寓所进行拜访，两人进行了长达三个小时的谈话，这在前面有详尽的分析，这里不再重复。关于这次谈话的主旨，正如康后来所说的那样，由于他担心清政府可能会指责他"假权外人"，故而改变了谈话的策略，请求伊藤在觐见慈禧太后的时候，尽最大可能为光绪帝及康有为等人说情，尽量以客观公正的姿态向慈禧太后说明他们并没有其他的用心，一切都是为了大清王朝的根本利益，为了中国的未来。

按照这个策略，康有为确实说服了伊藤，他几乎全部答应了康的请求。可惜的是，伊藤最终并没有见到慈禧太后，他的承诺实际上并没有发挥作用。

几个小时的紧张谈话结束之后，暮色已晚，待他出城回到南海会馆的时候，突然发现"屋室墙倾覆"，这不同寻常的变化增加了康的疑虑，也更坚定了他离京出走的决心。

是日晚，翰林院侍读黄绍箕为康有为设宴饯行。席间，他们互相通

报了相关情况。黄告诉康，据他所得到的消息（其实都不过是传言），现在局势非常危险，荣禄对你非常恼火，估计可能会采取非常措施加害于你。为了康的安全，黄建议他改穿西服出京，直奔山东，不要经过荣禄的辖地天津；或易僧服避入蒙古。黄似乎相信，康只要躲过了荣禄的捕杀，就没有大的危险。黄绍箕的建议当然引起了康的重视，这更促使他必须尽快离开。

辞别了黄绍箕，康有为郁郁不乐地回到了南海会馆。不一时，林旭来谈，据他所知，英国与俄国今天已经开仗，今天晚上慈禧太后也突然提前从颐和园返回宫中。这一新的变化自然引起康的注意，他侥幸地认为，外交危机的突然到来，或许能够缓解国内的政治冲突。他觉得慈禧太后等那些守旧势力无论怎样痛恨他们这些维新派，也不会在外交危机的严重关头发动政变，于是稍微安心，对于已经确定的离京出走计划又表示了犹豫[1]。

康的犹豫在其门生弟子中引起了激烈的反响。他们判断，只要康能够顺利逃脱，即便他们留在京城有什么危险，那么凭借康与西方各国的关系，也一定会被救助。于是谭嗣同拔刀以救皇上自任，促康有为快点成行；梁启超、康广仁等甚至下跪恳求他尽快微服出行。然而康此时似乎觉得既然已经发生了外交危机，他个人的危险可能不会很快就发生，所以不想立刻逃走。他说："死生命也，过去我在广州归德门之华德里行走的时候，有飞砖突然坠地，掠面而下，若移寸许，必死无疑。"[2]以生死有命的姿态面对或许真的将要到来的危机。

康有为的这种坚持无法获得其弟子门生的认同，他们都感觉到计划可能已经暴露，康如果坚持不走，清政府就有可能一网打尽，这样他们

---

[1] 《康南海自编年谱》，58—60页。

[2] 《康南海先生墨迹》，《戊戌变法》（1），418页。

就毫无反抗的可能，而且罪名也将是非常难听的谋反、犯上等之类。

在弟子门生的强烈要求下，康有为同意留下梁启超、康广仁等人继续在京城"谋救"皇上，他携仆人李唐于9月20日天未明时凄凉离京，丝毫没有奉谕旨赴上海督办官报的"钦差大臣"感觉。

最危险的地方也是最安全的地方。遵循这一原则，离京之后的康有为并没有接受朋友的建议绕开荣禄的辖地天津，更没有易僧服远走内蒙，而是直奔天津。

在天津，他先是搭乘"新济号"轮船，旋即离去，改乘英国太古公司的"重庆号"直奔上海。在赴上海的途中，北京的情况发生急剧变化，清廷下令通缉康有为，而他的行踪也为清政府所获知。上海道台曾照会英国领事，要求其答应在船上逮捕康。该照会被退回，要求成了泡影。道台不得已遂于24日早晨起督率众多捕吏兵卒前往上海码头严密警戒，等待着天津的来船，搜查一二轮船而未获。

停泊在上海港的英国军舰"Esk"号，预先得知康有为将乘坐"重庆号"抵达，天未明即悄悄从上海港出发，到吴淞口外等候。至当日下午，果然看见"重庆号"向吴淞口开来，"Esk"号立即派出一只小蒸汽船逆流开向"重庆号"，而不顾"重庆号"是否拒绝。两名下士官飞跃而登"重庆号"，先持照片向该船司务询问康有为之所在。两人先在第三号房与康见面，依照英国领事之命将其逮捕。由于语言不通，遂将康有为带至大餐间，通过翻译，康有为才领会其意思。于是匆匆收拾行李，在英国士官的引导下，与其他三名像是康党的广东人乘小蒸汽船转到"Esk"号上。稍后，康有为一行换乘皮奥轮船公司的"Bollarat"号，在英国军舰"Bonaventure"号的护送下离开上海，于9月29日夜里十一时左右抵达香港。当轮船行驶到口啊里湾时，水上警察立即派小蒸汽船将康护送到中环警察总署。为了防止刺客，港英政府实行了严密的戒备。

在康有为逃亡香港的同时，在广东原籍的康氏族人，如康的母亲及异母弟等也先后逃至澳门。康氏门人约二十人在康抵达香港的前三四日也分别来到香港避难。

康抵达香港的第二天，即9月30日，法、德等国家驻香港领事迅即拜访了他，而康最想取得联系的是日本驻香港领事上野季三郎，他在这一天迅即秘密委派心腹弟子前往日本驻香港领事馆，转达他的意思。当天下午三时许，上野季三郎以个人的名义访问康有为，然而由于警察署长不在未能如愿。因为未经署长本人的许可，任何人不得与康见面。上野季三郎与康有为未能见上面，康又委派心腹弟子王觉任、何树龄二人前往日本驻香港领事馆，秘密请求上野季三郎将康有为致日本驻华公使矢野文雄的电报代为发出。电报称："上废国危奉密诏求救敬诣贵国若见容望电复并赐保护有为"；另有一封电报致日本横滨大同学校徐勤，云"欲东来告大畏若见容乞电复并赐保护若"。

上野季三郎答应了这个请求，但考虑到将这封电报发给矢野文雄的手续太繁杂，遂直接发往东京日本外务省，请求由外相大隈重信处理。

康有为电报中宣称他在离开北京前曾亲奉皇帝的密诏，对于这一说法，上野季三郎并不表示怀疑。不过对于康的电报以及其弟子所表达的希望到日本避难的请求，上野季三郎感到踌躇。他认为，康逃亡途中一直受到英国方面的保护，如果此时遽然前往日本，肯定会伤害英国政府的感情。这不仅对康本人不利，而且也势必将牵涉日英两国的关系。

日本方面的犹豫导致康有为的想法在改变。10月8日，他向上野季三郎表示，他有意于赴美、英途中访问日本，询问在日本期间能否获得日本政府的保护。对于这一请求，日本方面没有丝毫的犹豫，第二天（10月9日），日本外相大隈重信致电上野季三郎，请他转告康有为，他在日本期间将获得"适当的保护"。康有为遂转赴日本，开始了他的流亡生涯。

吁请太后出园训政

康有为凄凉出逃当天，清廷内部也发生了一连串大事。

这一天，袁世凯第三次觐见光绪帝谢恩请旨，这也是他被迫接受谭嗣同来访并得知他们的阴谋之后第一次离开他在京寓所。经过一番痛苦思索，他没有向光绪帝透露康有为的任何阴谋。但也正如他后来所说的那样，出于对皇上的真情，他请求皇上最好调老成持重的张之洞来京，请求皇上对那些政治新锐的激进政治主张可以听取，不过不要轻易实行，以免引起不必要的恐慌，贻误富国强兵之大计。

袁世凯的暗示是否使光绪帝有所明白，我们不得而知，但这种暗示肯定对清廷那一天的政治决策起到过某种促进作用。

这一天的另外一件大事是光绪帝按照先前的计划接见伊藤博文，他们二人的谈话虽然仅仅局限在外交方面，没有多少实质性的内容，但这一事件本身至少向世人表明清廷内部的政治运作一如既往。

光绪帝接见伊藤博文的活动在中午一时左右结束，紧接着庆亲王奕劻为伊藤举行了一个午餐会，三时左右结束。大约傍晚时分，光绪帝向昨日回到宫中的慈禧太后例行请安，或者是回到宫中的慈禧太后本来就有话要找光绪帝说说。总之，这一天傍晚至夜间他们肯定见过面，而且二人就最近一段时间发生的一系列事件进一步交谈。因为大约一周前（9月14日），光绪帝为了在内廷开设懋勤殿的事情曾经专门到颐和园咨询过慈禧太后的意见，那时可能是由于刚刚将礼部六堂官罢黜，而其中的领军人物怀塔布不仅有荣禄在背后支持，而且其妻子又很受太后的宠爱，故而太后可能就此事说过光绪帝，二人为此很不愉快。然而事情过后，光绪帝也有所反省，他在稍后发给杨锐的密诏实际上是要杨等人考虑，怎样才能找到一个既能推进中国的政治改革，又不使太后及那些所谓的守旧势力或既得利益者反对的策略。然而不管怎么说，9月14日

帝后二人的不欢而散是事实。至于太后 9 月 19 日突然提前回宫，也肯定是有些新的情况要与光绪帝沟通。所以，9 月 20 日傍晚及夜间，帝后二人或许还有庆亲王奕劻肯定在一起商量过最近发生的一些事情。包括康有为当天不正常地逃离北京。

应该说，康有为既然作为清廷任命的钦差去上海督办官报，就应该正大光明地离开北京，然而他的出走实在给人们留下了想象的空间。康有为的出走在当天就被最高当局所获知，慈禧太后也肯定就此询问过光绪帝。光绪帝当然可以给予比较圆满的答复，那就是他曾经通过内阁向康"明降谕旨"，希望他离开京城前往上海督办官报。不过光绪帝无法解释的是，他既然是奉旨前往上海，何以偷偷摸摸？这或许是帝后二人之间要谈的第一件事。

慈禧太后要向光绪帝通报的另一件事应该是 9 月 18 日御史杨崇伊专赴颐和园向慈禧太后呈递的一份请求太后出园训政的奏折。杨崇伊鉴于两月以来变更成法斥逐老成，藉口言路之开以位置党羽，京城秩序持续恶化，风闻东洋故相伊藤博文将专政柄等，仰恳皇太后即日训政，以正人心，天下可以转危为安[①]。

杨崇伊虽然请求慈禧太后出而训政，但并没有就此建议剥夺光绪帝的权力。他只是建议如同先前一样，请慈禧太后从幕后走上台前，用自己的政治经验和政治智慧帮助光绪帝，使中国能够尽快走上正轨。至于为什么目前没有走上正轨，他在奏折中说得也很明白，那就是皇上自甲午战前开始听信革员文廷式的建议力主开战，此后又听信文廷式、康有为等人的煽惑，力主进行什么政治革新，结果却是斥逐老成，扰乱天下，使大清王朝的政治脱离正常发展轨道。

至于奏折中所说康有为、文廷式勾结"叛民"孙文，以及康有为建

---

① 《掌广西道监察御史杨崇伊折》，《戊戌变法档案史料》，461 页。

议清政府聘请伊藤博文为客卿等，杨崇伊也表示这是听自"传闻"，只是他强调最近的一些所谓"政治谣言"每每"其应如响"，总是有所根据。所以在这种情况下，唯一的可行办法是请慈禧太后出面纠正过去三个月所谓新政中的问题。因为道理很简单，指望光绪帝自己去纠正先前的问题，是比较困难的。

在1898年中国故事中，杨崇伊是一个非常关键的人物。如果说他的这份奏折触动了慈禧太后的敏感神经，那是因为他反复提及孙文，孙文的暴力活动确实已成为清政府的一块心病。杨崇伊在事件发生之后还有一份密折专送慈禧太后，并嘱慈禧太后连军机大臣都不要告诉。在这份密折中，杨崇伊分析了戊戌变法及其全部过程，并将之归为孙文的阴谋，称康有为谋逆只是其三策中的第二策，只是孙文全部计划中的一个环节而已。

在杨崇伊呈递奏折的第二天，翰林院编修记名御史黄曾源也向清廷递交了一份奏折，对于传闻中的聘请伊藤博文为客卿持坚决反对的态度，他的理由有四点，较杨崇伊的分析更理智、更系统：

第一，黄曾源认为，伊藤的个人人格决定其不能为我所用：伊藤贤也，必不为我尽力；伊藤而不贤也，我又何所取而用之？伊藤非他，即据辽左、割台湾、索我二万万兵费之日相伊藤博文也。

第二，从国际特别是远东政治格局看，日本为中国未来大患，今再借用伊藤，不仅为日本留下"簧鼓之端"，而且将迫使俄国加深对中国的怀疑，所以中日同盟不可取，有百害而无一利；伊藤不可用，是伊藤之益于新政者不可知，而其为害于邦交者已有不可胜言者矣。

第三，中国事务其不为人所干预者，只剩下内政一端。船厂不遵循法国的方案，法国有意见；新军训练变更德国教习，德国有怨言。今以新政而用日人，日人可用，他国之人独不可用乎？倘援以为请，何以拒之？在黄曾源看来，保持中国内政的独立与行政主权，可能远远大于伊

310

藤博文的个人智慧，更不至于因此而引起其他国家的纷争。

第四，黄曾源通过对甲午战争后日本人对中国的种种可疑迹象的分析，觉得聘请伊藤为客卿，无异于引狼入室。

黄曾源的上书应该很容易地送达光绪帝的面前，而杨崇伊上给慈禧太后的奏折，对光绪帝来说也没有什么值得保密的。至于光绪帝是否会请伊藤为中国政府的顾问或客卿，在慈禧太后看来根本不构成问题。因为她知道即便请伊藤为客卿也会经过她的同意，而这一点她绝对相信光绪帝在重大问题上不会背着她搞什么阴谋诡计。基于这种判断，我们可以相信慈禧太后在 9 月 20 日晚间与光绪帝谈话时或许出示了杨崇伊的奏折，或许当面讲了杨的意思。

杨崇伊的奏折即便不是慈禧太后出园训政的直接原因，但确实由此引起后来的一系列变故，特别是杨作为言官不断检举揭发他人的言行，致使政局因此而不断改变，愈趋复杂。

一个值得注意的细节

杨崇伊的奏折、慈禧太后的谈话，特别是康有为鬼鬼祟祟的出走、袁世凯在召对时的暗示等一连串的反常事情，应该使光绪帝有所警醒。经过一番讨论，光绪帝在这一天晚上大概接受了慈禧太后的建议，同意调整已进行多日的新政政策，并捉拿康有为归案，以便进一步弄清真实情况[①]。

与此相关联的是，光绪帝同意或者说是主动提出那些新提升的军机章京此后所签诸件一律呈慈禧太后阅知后再发出[②]。这一方面表明正在进

---

① 《光绪朝东华录》（4），4200 页。

② 《郑孝胥日记》（2），681 页。

行的新政并不会就此中止，另一方面也表明清廷最高政治层至少到目前为止并不认为康已经在清政府内部形成了一个势力强大的政治圈子，否则就不是仅仅限制这些政治新锐的政治权力，而是应该将他们与康同时抓捕。

有了这一谕旨，不仅光绪帝以为大事已了，危机化解，即便是慈禧太后也觉得事情可能就在将康有为捉拿归案后而告结束，大清王朝已经度过了一个小小的危机，一切都会照常进行下去，当然肯定会进行必要的政策调整，这一点光绪帝也已经答应[1]。所以，捉拿康有为兄弟的谕旨拟就并发布出去后，慈禧太后心情轻松地"驾幸"颐和园，似乎又要安心地在那里颐养天年了，而光绪帝也一如既往地"诣瀛秀园门恭送"[2]。这已是第二天即 9 月 21 日的早晨了。

当天一大早，步军统领衙门奉"密旨"派缇骑数百人分别包围了南海会馆及张荫桓的官邸严拿康有为兄弟，然而他们只是抓到了康广仁及康的门人程式谷（子良）、钱维骥（君白），并仆人王升、王贵、田叔等，并查获康有为收到的书函百余封、门簿一本等文件[3]。康有为已早一天悄然离京出走。

康广仁等人的被捕使事情发生了意想不到的变化。当数百名武装缇骑将康广仁押往步军统领衙门后，他们立即提审康广仁，追查康有为的行踪和下落。康广仁从容对答，称康有为已出天津前往上海。而在此后这一天的审讯中，有传言称他竟"诬攀百数十人"[4]。言下之意，康广仁有变节求荣或出卖同志的嫌疑。

由于这一说法牵涉对康广仁等一大批维新志士的历史评价，所以多

---

① 《驿舍探幽录》，《戊戌变法》（1），488 页。

② 《光绪朝东华录》（4），4200 页。

③ 叶昌炽：《缘督庐日记钞》，《戊戌变法》（1），531 页。

④ 《戊戌变法史述论稿》，889 页。

少年来从没有人怀疑他这一天究竟说了什么或做了什么，及其对后来的政治发展产生过怎样的影响。

我们不必设想康广仁会出卖同志，更不必猜测他会变节求荣。但可以相信的是，在一系列审讯中，康广仁作为维新志士一定是侃侃而谈，甚至以毫不畏死的精神滔滔不绝，带有几分炫耀也带有几分遗憾地谈到了他们的计划，他也许会说，如果不是你们这些该死的动手早了一步，那么他们就可以获得成功，可能已经劫制了那个守旧的、保守的老太后，并将政权移交到了光绪帝这样圣明的君主手里。可惜的是，你们这些家伙早了一步，所以他们的计划就没有实现。

康广仁被审讯的情形虽然出于大胆的假设，但有传言说他"诬攀百数十人"，那么合理的解释应该是这并不是康的真实意思，更不是他的主观企图，但在这一系列的审讯中他肯定讲了全部计划或者是计划中的一部分，至少更可以肯定的是他的交待不论出于什么目的，都使清廷最高政治层感到吃惊，因为这些事情至少有相当一部分是清廷原本并不知道或并不掌握的。于是我们看到，康广仁被捕后形势急剧变化，清廷的打击范围开始有目的地扩大。

康广仁的交代引起了清政府政治高层的高度恐慌，如果康所言都是事实，那么毫无疑问光绪帝必然负有不可推卸的失察责任。当光绪帝获知康广仁交待的内容时，特别是当他得知康有为等人竟然背开他而又以他的名义搞什么谋围颐和园劫制皇太后的阴谋后，光绪帝真是跳到黄河也洗不清，因为他也确实与康有为这些人有过单独接触，确实不顾许多大臣的反对而格外青睐这些政治新锐。现在，他出于最本能的自我保护，也只能像杨崇伊奏折提醒的那样，恭请慈禧太后再次出而训政，既能由此稳定大局，也可由此减少自己的失察责任。因此我们看到，尽管慈禧太后在这一天已轻松愉快地"驾幸颐和园"，然而光绪帝却在此时因念宗社为重，公开再三吁恳慈恩训政，并表示自己由今日

始在便殿办事①。

光绪帝这个谕旨或许是他主动提出的，或许是与诸如庆亲王奕劻等诸王大臣一起商量决定的。从谕旨的口气看，这是一个已经决定了的谕旨，之所以公布是要告知天下臣民。而且从稳定社会的角度看，由于当时京城乃至整个中国的政治场都已对康有为促动的所谓新政有所厌倦，人们从这一系列改革中并没有得到多少真正的实惠。那时要求慈禧太后再次垂帘听政的声音应该说正像杨崇伊所说的那样已有不少，许多人似乎都觉得如果像慈禧太后这样具有丰富政治经验的政治家不出来收拾局面，大清王朝极有可能很快玩完，更何况光绪帝恭请慈禧太后出而训政也是一种勇于负责任的表现呢②。

不论光绪帝是否出于主动，但有一个明显的现象是，从那一天开始，光绪帝已接受那些老臣们的建议与康有为这些所谓维新志士疏远。这一天，尚不知情的御史宋伯鲁继续向清廷上了一个保荐奏折，建议利用伊藤博文访问时机，速简重臣，结联与国，以安社稷而救危亡，并推荐李鸿章负责与李提摩太及伊藤博文进行联络，并推荐康有为为参赞③。这个建议如果在一天前呈递，肯定会获得光绪帝首肯，至少会批转总理衙门大臣或军机处研究可行性。但是今天，光绪帝的心情实在不同了。他在奏折上愤怒地批道："御史宋伯鲁滥保匪人，平素名声恶劣，著即行革职永不叙用。"④光绪帝的立场正在发生急剧性转变。

但是这并没有立即平息慈禧太后的愤怒，在审讯康广仁及当天被捕的那几个门人的时候，他们的那些阴谋尤其是谋围颐和园劫制皇太后不仅使慈禧太后极端震怒，而且很可能将光绪帝也牵连了进去。他虽然不

---

① 《康南海自编年谱》，61—62 页。

② 苏继祖：《清廷戊戌朝变记》，《戊戌变法》（1），351 页。

③ 《掌山东道监察御史宋伯鲁折》，《戊戌变法档案史料》，170 页。

④ 《光绪朝东华录》（4），4200 页。

知道这些阴谋，但康有为等人的用意不还是为了保护光绪帝的地位而除去慈禧太后吗？符合情理的推理应该是，当一切真相都没有弄明白的时候，光绪帝只能是设法摆脱康有为这一系列政治阴谋的干系。所以，不管光绪帝出于主动还是被动恭请慈禧太后出而训政，慈禧太后的最初反应只能是痛恨他不争气，竟然与别人一起谋害她。只有从这个角度进行理解，先前那些比较矛盾的资料才能获得比较圆满的解释。

事情正在起变化

心情原本轻松愉快的慈禧太后于 9 月 21 日返回颐和园，但当她得知审讯康广仁等人的结果后火速赶回宫中，据说抵达宫中的时候已在 21 日深夜或 22 日凌晨时分[①]。

慈禧太后立即在便殿召集紧急会议，庆亲王奕劻、端王载漪以及其他军机御前大臣跪于案右，光绪帝跪于案左。慈禧太后设朱杖于座前，疾声厉色问皇上："天下者，祖宗之天下也，汝何敢任意妄为？诸臣者，皆我多年历选，留以辅汝，汝何敢任意不用？乃竟敢听信叛逆蛊惑，变乱典型。何物康有为，能胜于我选用之人？康有为之法，能胜于祖宗所立之法？汝何昏聩，不肖乃尔！"

慈禧太后也没有忘记训斥诸王大臣："皇帝无知，汝等何不力谏？以为我真不管，听他亡国败家乎？我早已知他不足以承大业，不过时事多艰，不宜轻举妄动，只得留心稽查管束；我虽人在颐和园，而心时时在朝中也。我惟恐有奸人蛊惑，所以常嘱汝等不可因他不肖，便不肯尽心国事；现幸我还康健，必不负汝等也。今春奕劻再四说，皇上既肯励精图治，谓我亦可省心，我因想外臣不知其详，并有不学无术之人，反以为

---

① 陈声暨：《陈衍年谱》，《戊戌变法》（4），208 页。

我把持，不许他放手办事，今日可知其不行矣。他是我拥立者，他若亡国，其罪在我，我能不问乎？汝等不力诤，是汝等罪也。"

或许是慈禧太后的指责太过明显，刚毅马上出来辩解称："屡次苦谏，每加谴斥，其余众臣，亦有言谏过者，亦有不语者。"

慈禧太后的愤怒使她无心于刚毅的辩解，她继续指责光绪帝说："变乱祖宗，臣下犯者，汝知何罪？试问汝祖宗重，康有为重？背祖宗而行康法，何昏聩至此？"

光绪帝颤栗对曰："固是自己糊涂，洋人逼迫太急，欲保存国脉，通融试用西法，并不敢听信康有为之法也。"

太后闻言厉声怒曰："难道祖宗不如西法，鬼子反重于祖宗乎？康有为叛逆，图谋于我，汝不知乎？尚敢回护也！"

光绪帝早已吓得魂飞齿震，面对太后的愤怒，根本不知如何应对。太后复厉声问："汝知之乎，抑同谋乎？"

光绪帝颤栗对曰："知道。"

太后曰："既知道还不正法，反要放走？"

皇上即云："拿杀。"[1]

这段记载虽有不少"小说家言"，时间似乎也比实际上提前了一天，但这段记载大体反映了慈禧太后获知康有为谋围颐和园情报后的心态，由此也就容易理解此后清廷的一系列部署及善后。

大约在慈禧太后审讯光绪帝的同时，清廷最高政治层就事态的发展做出几项重要决定：一是电寄直隶总督兼北洋大臣荣禄及上海道蔡钧等，称据步军统领衙门审讯康广仁等人所获知，康有为已经离京出走，难免不由天津航海逃脱，命荣禄于天津火车站及塘沽一带严密查拿；若康从天津逃走，命李希杰、蔡钧等在康抵达上海时立即抓捕，务必不要

---

[1] 苏继祖：《清廷戊戌朝变记》，《戊戌变法》（1），346—347页。

让其避匿租界；二是责成步军统领衙门加强对紫禁城、西苑及颐和园三处的警卫力量，严防康党门徒狗急跳墙，借机生事。此均为9月21日夜里决策22日执行的几件事情。

与此同时，步军统领衙门及刑部对康广仁等人的审讯也继续进行，随着审讯的深入，暴露出的问题似乎也越来越多。

9月23日一大早，慈禧太后在勤政殿举行重新出山训政的正式典礼，接受光绪帝及百官的恭贺。典礼毕，慈禧太后复于便殿召集群臣继续质询光绪帝，并将所抄皇上书房中及康有为寓中奏章说帖等件，逐条审讯，以诸臣质之。内有杨锐、林旭述上意催康有为迅速出京之函，慈禧太后大怒，问皇上，皇上不敢认，推托为杨锐的意思。其实，慈禧太后此时已从荣禄那里获知袁世凯的报告，对康有为、谭嗣同的密谋已有大概了解，但她似乎还不确定光绪帝与此事是否真的有牵连，所以她问皇上康的这一计划究竟是什么意思。康的计划其实根本就没有明白告诉过光绪帝，因此光绪帝也就很难说出康的真实企图，只得将责任推到康一人头上。

这个计划确实震惊了慈禧太后，而且此一事件很显然不可能是康有为和几个身边的人物所能完成，而综合荣禄的报告及步军统领衙门、刑部的审讯结果，清廷最高政治层决定立即逮捕与康有为关系密切的张荫桓及杨深秀。这天上午八时左右，步军统领崇礼派遣翼尉率缇骑数人至张宅，"邀请"张荫桓到提督衙门接旨，实际上已将张软禁起来[①]。

至于杨深秀的被捕，可能因其与康有为关系过于密切，康在百日维新期间的重要奏折有相当一部分是由杨深秀呈递，而且在康离京出走的前夕，杨深秀曾向康有为话别，通报过相关情况。至于平时，杨深秀从不隐瞒对慈禧太后不放权的不满，他甚至当着文悌的面声称"得三千杆

---

① 《驿舍探幽录》，《戊戌变法》（1），489页。

毛瑟枪围颐和园有余也"①。待慈禧太后重新垂帘听政后，杨深秀不仅诘问光绪帝被废之故，请求太后迅速撤帘归政，而且计划亲自前往董福祥处，劝以忠义，俾救主上②。

杨深秀是一个坦诚的人，他对这些计划并不隐瞒，究竟是哪一个渠道将他的计划泄露给清廷最高层，我们并不清楚，只是可以肯定的是，由于他是一个坚定的光绪帝的支持者，又是一个坚定的慈禧太后的反对者，甚至不惜煽动军队进行所谓勤王，甚至自诩为骆宾王第二，期待满洲八旗中有徐敬业者出来推翻慈禧太后③。凡此，都导致他于9月23日与张荫桓一起成为第二批被逮捕的人物。

张荫桓被软禁后并没有很快接受审讯，杨深秀被逮捕后的情况目前尚不太清楚。不过在他们被逮捕的第二天（9月24日），清廷收到了改归知县庶吉士、前户部主事缪润绂的一封举报信，重申他在9月22日一份奏折中揭露康、梁与张荫桓相互勾结的阴谋，进而指控康有为、张荫桓、杨深秀及谭嗣同、刘光第、林旭、杨锐等人的罪行，建议清廷悬赏缉拿康有为，并宣谕中外，暴其"欺君祸国，惑世诬民，盗权谋逆"诸罪状。在稍后的另一份奏折中，缪润绂更指责翁同龢在引荐康有为的问题上负有不可推卸的责任，应该予以揭露并清查。这就将清查范围扩大到了翁同龢。

关于梁启超，缪润绂在检举信中指控其推衍平等民权之说，嚣然号为"康学"，狂悖略同于乃师，建议清廷下令将梁缉捕归案，治以重典。在稍后的另一份奏折中，缪润绂暗示梁启超在主持译书局的时候可能还有经济问题："今京师大学堂举办四阅月矣，领译书之梁启超，首以叛

---

① 陈声暨：《陈衍年谱》，《戊戌变法》（4），208页。

② 汤志钧：《杨深秀》，《戊戌变法人物传稿》（增订本）上，118页。

③ 胡思敬：《戊戌履霜录》卷四；参见《戊戌变法》（4），61页。

逆败，付二万金于东流。此外虚靡，殆难悉数。"

至于康、梁以下，缪润绂指控王照、杨深秀皆"该逆丑类"，与张荫桓结交尤密，常相往来，勾伊藤入华，计由二人密定。其植党营私，招权纳贿，声名恶劣，行路皆知；徐致靖滥保匪人，朋比阿附，并请严谕问罪，以为人臣不忠者戒。

对谭嗣同、刘光第、林旭、杨锐，缪润绂指控他们实皆逆党，称自己先后两次上封事，由督察院代递，均为四军机凭藉权势，抑格不报；且四军机群小蜂起，致变法之令日下日急，浮言骚动，民不聊生，盖使直言不得闻于皇上，皆四人蒙蔽之罪，并请罢斥[①]。

或许是缪润绂的指控启发了清廷，或许是清廷已通过其他渠道掌握了情报。总之，在缪呈递举报奏折的同一天（9 月 24 日），步军统领衙门续奉上谕：张荫桓、徐致靖、杨深秀、杨锐、林旭、谭嗣同、刘光第，均著先行革职，交步军统领衙门拿解刑部审讯。步军统领衙门当天即将张荫桓等七人拿获，稍经审讯，于第二天（9 月 25 日）一并解送刑部，分别收监[②]。至此，以康有为谋反罪名而受牵连人员已增至十人左右，而康有为、梁启超、王照等人则通过各种渠道逃离京师，开始了流亡生涯。

对于清政府政治高层来说，康有为是一块最大的心病，只要康不被缉拿归案，这一案件就仍然存在很多的变数。然而康毕竟以政治犯的身份受到了外国人的保护，清政府要想从外国人那里将其引渡回来也委实不易。9 月 24 日，尚未恢复总理衙门职务，但似乎又已经成为重要角色的李鸿章，以大学士身份设宴款待伊藤博文及其随员，双方就康有为一案尤其是康引渡的可能性比较深入地交换了看法。李鸿章问伊藤：康有

---

① 《改归知县庶吉士缪润绂折》，《戊戌变法档案史料》，464—465 页。

② 《光绪朝东华录》（4），4201 页。

319

为恐怕已经逃亡贵国，倘若果有其事，不知贵侯能否协助抓获并将之遣送或引渡给中国进行惩办。显然，李鸿章在某种程度上是代表中国政府在有意试探。

对此，伊藤并没有给予明确的答复。他表示，如果康所犯无关政治，换言之，如果康仅仅是个刑事犯，日本政府或可答应贵国政府的请求，将其拿获并引渡给中国。但是，康如果被中国政府定罪为政治犯，那么按照万国公法及通行的国际惯例，日本政府必不能如阁下所请。这一点希望贵爵相能够理解。

伊藤的答复显然不合乎李鸿章的期待。李鸿章表示，若是则敝国之不幸也。不久前那个叫孙中山的人犯事后逃亡伦敦，为中国驻英公使拿获，但却无法送回国内，反而被英国外交部出而索回。真不知此次康有为逃亡日本是否也会出现这样的结果。

针对李鸿章的迷惑，伊藤的随员大冈育造试图予以解释。他问李鸿章：请问康有为究犯何罪？

李鸿章说：论其罪状，无非是煽惑人心，致干众怒。请问君在贵国居何职守？李鸿章似乎觉得他在与伊藤博文谈话，像这样的随员没有资格插话，所以在简略回答了大冈育造的提问之后，不太友好地反问。

大冈育造当然很难理解李鸿章此时的心情，他答道：忝为上议院议员。

李鸿章又问道：君与伊藤侯爵为同党乎？

大冈育造此时似乎已觉察出李的不友好态度，于是强硬地回答：不必其为同党，如伊藤侯爵所为未妥，仆亦当力争。

对于大冈育造的态度，李鸿章肯定已经明了，但他仍然给予一次反击，尽量贬低大冈育造的地位：然则君不过偕伊侯同游耳。

大冈育造对于李的这种态度不愿太过计较，他还是将谈话拉回到有关康有为的主题上。他说：仆与伊侯忝为同乡，此次随同游历，系属交

情，与国事毫无干涉。据仆之愚见，与其将康有为搜拿惩办，不如加以培植，以为振兴中国。最近一些年，中国创行新法，大都出自贵爵相之手，但历久不见成效，何以故？恐怕一个重要的原因就是缺少左右襄理之人。

对大冈育造通情达理的分析及适度的吹捧，李鸿章当然高兴；对于他的说法，李当然也表示认同。

有了李鸿章的认同，大冈育造接着说：近来康有为所为之事，无非是扩充贵爵相未竟之功，是在继续贵爵相的事业，所以贵爵相与其执意将其拿获承办，不如让康有为在将来条件许可的时候将这些事情继续下去。

这段话肯定对李鸿章有所触动，但他也不愿意完全赞成，他说：洵如君言，康有为日后可大有作为。惟据目下观之，了无异能耳[①]。

李鸿章并非受权代表清政府与日本方面进行交涉，如果真的要交涉，清政府也清楚地知道应该通过正式的外交途径。10月5日，京畿道监察御史胡孚宸上书建议通过外交渠道将康、梁引渡回国。他说，康、梁等人罪状现已公布，但尚未将他们缉拿归案，他们逃亡国外，不过借外洋做护符，以阴行其死灰复燃之计。不过他认为，天下之恶是一致的，乱臣贼子，覆载难容，不独我中华礼教之邦不容这些乱臣贼子，即各民主、君主之国，亦断不容此悖逆之徒。如有外国叛党潜逃内地，一经该国照会，我中华帝国岂肯稍为庇护？以彼例此，事同一律。

胡孚宸的说法在理论上是对的，问题在于中国的政治体制只会导致叛党逃亡国外，一般不会发生外国叛逆潜往中国内地，所以这种交换、引渡在近代中国一般是不存在的。稍后，江南道监察御史徐道焜

---

① 《李傅相与日本伊藤侯问答》，《昌言报》（影印本），472—474 页。

于 10 月 11 日上了一份奏折，建议以"刑事犯"引渡康、梁。徐道焜指出，康、梁为中国所不容，必以外国为逋薮。据披露，康有为在香港已被英国警察收监，或拟以为英国方面欲查康有为所犯是否有刑事罪，便于将来引渡回国；或拟以为恐中国人在香港将康谋杀，故收监予以保护。徐道焜强调，根据外国通例，此国之犯逃于他国者，刑事犯交出，政治犯例得保护。所以要想将康、梁引渡回国，就不要再说他们犯有政治罪，而是要刻意搜集、整理他们的刑事犯罪，以刑事犯的罪名要求引渡。这一建议相当恶毒，此后清政府在对付那些逃亡国外的政治犯时几乎从来不放弃这一手段。

徐道焜等人的建议还是后话，而李鸿章对伊藤的试探也并非毫无意义，这实际上反映了清政府内部一部分相对开明的官僚对康有为一案的真实想法，那就是康可能有政治激进、干犯众怒的问题。然就其本质而言，也无非是为了大清王朝的未来，为了中国的强盛。所以，康有为等人既然已经逃脱，那就让他们逃吧。不过对已被抓获的那些康有为同党如何处理却也是清廷政治高层最为头痛的问题。

归复旧制

军机四章京的被捕，特别是光绪帝最为信赖的宠臣张荫桓的下狱，实际上势必追究光绪帝的责任。在这种情况下，光绪帝在事实上也已经无法正常工作，然而传统中国的政治体制是国不可一日无主，在没有确凿的证据证明光绪帝领导或指使康有为等人谋反弑后的情况下，慈禧太后即便权威再大，光绪帝的反对者势力再强，也无法从根本上动摇光绪帝的地位，即无法很快找到一个能够替代光绪帝的皇权中心。在这种情况下，光绪帝既不能引咎辞职，也无法在第一线坚持工作、处理朝政，于是一个变通的办法应运而出。9 月 25 日，皇帝诏曰：

朕躬自四月以来，屡有不适，调治日久，尚无大效。京外如有精通医理之人，即著内外臣工切实保荐候旨。其现在外省者，即日驰送来京，勿稍延缓。[1]

光绪帝的身体不好，在当时也是一个公开的秘密，至少在相当层面的大臣那里，这一点并不刻意保密。张荫桓后来在流放途中曾描述说，皇上病势渐成虚损，已入膏肓，服药无效，惟贴庆邸所进膏药稍可，庆邸已将呈进情节奏知太后[2]。显然，光绪帝的病情并不太保密，不过在这急剧的政治变化敏感关头，光绪帝公开声称自己自四月以来实际上就是自新政开始以来屡有不适，调治日久，尚无大效，其政治方面的含义显然大于真实的病情。这道谕旨自然引起各方面的猜测，比较一致的看法可能是慈禧太后有意于废黜光绪帝，另立新帝。

在光绪帝公开征求精通医理之人的同一天（9月25日），清廷内部发生的另一件大事就是调荣禄来京，直隶总督兼北洋大臣一职由袁世凯暂行护理。这表明，慈禧太后训政后开始有意调整政府人事，将荣禄调任中央要职，显然有助于康有为一案的善后处理及稳定大局。

荣禄的到来为清廷此后的政治发展注入了新的因素。过去的研究几乎完全听信康、梁一派事后基于政治现实的考虑而对荣禄的无端攻击，以为荣禄对光绪帝有着很多的看法，将荣禄归入慈禧太后一派的所谓后党阵营。其实，平心静气地探讨荣禄的作为及其政治态度，我们可以看到，清廷自恭亲王奕䜣去世后，一直没有找到一个能够在帝后之间充当调停、平衡角色的重量级人物，庆亲王奕劻不具有这方面的素养甚至心情，而荣禄则显然具有这方面的素质。

---

① 《光绪朝东华录》（4），4202 页。

② 《驿舍探幽录》，《戊戌变法》（1），504 页。

当袁世凯将谭嗣同夜访的全部情况告知荣禄后，袁最大的担心似乎是因为转述谭嗣同等人执意杀荣禄的密谋会激起荣的反感，由这种反感延伸，荣禄可能怀疑是光绪帝的指使，进而至少会采取默认慈禧太后某些对光绪帝不利的举措。而荣禄在得知谭等人执意要杀他的原因是他有废黜皇上或者说将对皇上不利的消息后，他大惊失色，大呼冤枉，并信誓旦旦地表白："荣某若有丝毫犯上心，天必诛我。"袁世凯闻言也表示："此事与皇上毫无干涉，如累及皇上，我惟有仰药而死耳。"

待荣禄接到清廷召其入京主持朝政的命令后，代理荣禄遗缺的袁世凯仍与荣禄相约，誓以死保全皇上。袁世凯对荣禄说："赵盾弑其君，并非赵盾，中堂世笃忠贞，现居要津，而皇上万一不安，天下后世，其谓中堂何？我亦世受国恩，倘上有不安，惟有以死报之。"荣禄正色曰："此事在我与庆邸，决不累及皇上，勿虑也。良以慈圣祖母也，皇上父亲也，处祖母父亲之间，为子孙者惟有出死力以调和，至伦常之变，非子孙所忍言，亦非子孙所敢闻。"[1] 正是带着这样一种信念，荣禄奉命入主枢廷。

荣禄面对的主要任务是尽快稳定局势，所以在他入主枢廷的第二天（9月26日），就宣布将新政期间下令裁撤的詹事府、通政司、大理寺、光禄寺、太仆寺、鸿胪寺等衙门照常予以恢复，以此稳定人心；宣布停止创办《时务官报》，因为该报无裨治体，徒惑人心；宣布此后不应奏事人员，概不准擅递封章，以符定制。至于新政期间创办的大学堂，仍然予以保留，因为大学堂为培植人才之地[2]。两天后（9月28日），清政府下令将康广仁、杨深秀、杨锐、林旭、谭嗣同、刘光第等"六君子"从速处决，以此宣示维新时代的终结，另一个新时代的开始。

原本充满希望的1898年中国故事终于在极度失望中落下帷幕。

---

[1] 袁世凯：《戊戌日记》，《戊戌变法》（1），553—554页。

[2] 《光绪朝东华录》（4），4203—4204页。

附　录　晚清的魅力 [①]

自 1986 年毕业入所至 1991 年，五年间，我基本上都在看书，补近代史的课，读了许多过去没有接触过的资料，特别是过去不易看到的港台书、旧报刊。我那时根本没有写文章发表的冲突，因为我一直信奉老一代"五十岁之前不要写东西"的教诲。张德信老师无意中的提醒、讥讽让我如触电然。此后数月，我集中精力连续写出《辛亥后帝制复辟思潮平析》（香港中文大学《二十一世纪》1991 年第 7 期）、《辛亥后尊孔思潮评议》（《安徽史学》1992 年第 2 期）、《黄老学与汉初社会》（《中国史研究》1992 年第 4 期）、《严复晚年思想演变之重估》（《哲学研究》1992 年第 4 期）、《辛亥革命后复辟思潮的文化审视》（《南京社会科学》1992 年第 5 期）、《李斯的思想品格与秦文化政策的得失》（《齐鲁学刊》1992 年第 5 期）、《公孙弘与儒学中兴》（台北《大陆杂志》第 85 卷第

---

① 马勇撰 2017 年版"晚清四书"自序之二。

3 期，1992 年 9 月）、《清政府对百日维新的检讨与反省》（《人文杂志》1993 年第 1 期）、《民族主义与戊戌维新》（《江汉学刊》1993 年第 6 期）等几篇文章，每篇均在一万五千字左右。写完后，请专门为我们所很多人抄稿的一位老先生誊清，复印一份留存，将抄件通过邮局寄出。这是我平生第一次投稿，为避免不录用的尴尬，我回避了熟人。我后来一直劝说我的学生，投稿被退并不是一件丢人的事，只有自己知道，相信自己只要是用心写出来的，有新意、有材料的，相信编辑的眼光，任何编辑都期待好稿子，都希望自己编发的稿子能够引起关注，最好轰动。

也许是我的幸运，也许是我处于一个从业者偏少的时代。我投出去的这九篇稿子，第一篇《辛亥后帝制复辟思潮平析》当年就被香港中文大学《二十一世纪》刊用，或许因为我算比较早重新思考辛亥后帝制复辟历史文化背景，因而这篇论文在知识界引起了一点小小的反响。记得那时《二十一世纪》编辑与我有过几次通信，但我这个来自小地方的人实在怯于交往，渐渐与他们失去联系，只是免费看了几年刊物。

另外几篇稍后也被各个刊物刊用。这真是我的幸运。不过从那之后，我好像再也没有主动向任何刊物投寄过稿件，一是因为自己写得越来越少，二是总会有编辑朋友不时询问在做什么，我又是一个知无不言的人，总是如实介绍自己的工作情形，因而不论书稿，还是文章，总是在写作时就被预定。我非常感谢出版社、杂志社这些朋友的厚爱，几十年走下来，没有他们的帮助，我不可能做这么多事情。

在一年稍多的时间里我连续发表如此多的文章，应该说引起了一点小小的轰动。这一点我个人当年也有一些明显感觉，有一种飘飘然的味道。此时，还应该感谢张德信先生及时提醒。他在一次喝酒时语重心长地对我说，每年保持一两篇有分量的就足够了，书也不要出那么多，有节制，有进步，否则得不偿失，会引起许多不必要的麻烦，甚至会引起争执。张老师的及时提醒又一次让我猛醒。此后，直至我的职称系列全

部评完，在发文章、出书方面，我都很克制，有的书稿在出版社久已完成技术编辑，但我依然很坚决地阻止出版，我不希望节外生枝，不希望惹来无妄的麻烦。直至 1999 年评完研究员，我才稍微放开了一点，渐渐回复到一种自然的平衡状态，而不是人为调控。

从民初看晚清

《黄老学与汉初社会》《李斯的思想品格与秦文化政策的得失》《公孙弘与儒学中兴》三篇属于延续我读书时的研究，由于均属于古代学术史，与我现在叙述主题无关，就不在这里细说了。但说另外几篇文章，显然期待从后来的视角回望近代史，回望晚清。也毫无疑问，在我的意识中，有对传统叙事的疑惑。

按照传统叙事，辛亥后帝制复辟思潮就是对共和的反动，没有任何可以讨论的空间。但我在《辛亥后帝制复辟思潮平析》《辛亥后尊孔思潮评议》《辛亥革命后复辟思潮的文化审视》诸文中，探究这些思潮之所以发生的社会原因、偶然性及必然性，由此回望晚清历史进程，总觉得先前研究与描述还有修正空间。

我那时认为，辛亥后帝制复辟思潮与实践，均来自先前中国人对西方思想的接受，对中国国情的把握。在辛亥前几十年，随着西方思潮不断输入，中国民族国家渐次形成，外国势力的进入，西方资本的进入，加剧了民族危机意识。一部分中国人在救亡图存过程中开始对自身传统的重新审视，对以君主政体为象征意义的中国传统政治秩序产生了根本怀疑。如果说魏源"师夷之长技以制夷"方略还仅仅是出于救亡自强、保国保种极端功利主义目的，那么，19 世纪 60 年代开始的洋务新政就不仅仅主张引进西方政体中的某些内核以改善中国旧有政治秩序，而是从根本上怀疑中国旧秩序的合理性。据冯桂芬《校邠庐抗议·制洋

器议》归纳，中国至少在四个方面不如西方："人无弃才不如夷，地无遗利不如夷，君民不隔不如夷，名实必符不如夷。"所谓"君民不隔"，就是指西方近代以来所建构的议院制度、虚君制度。这样的讨论，必然引向对中国旧秩序的怀疑。这是晚清政治史在思想层面非常值得关注的一件事。

洋务新政打开了对中国旧秩序怀疑的缺口，甲午战争后变法维新思潮进一步思索中国君主政体的正当性、合理性及内在缺陷。维新思想家开始意识到，在中国，君主政体只能改善，而不能骤然推翻。中国进步发展，在相当程度上有赖于中国是否能有一个圣明君主在上领导，推动中国改革。他们清楚知道，君主政体并非仅仅关涉君主个人，也不仅仅关涉某些利益集团。在中国绝大多数人心目中，君主是中国秩序和谐与持续稳定的保障、象征，君主体制的功能不仅有助于确定政治秩序，而且有助于社会公众理解人生和世界的整体意义、秩序。

推翻帝制，建立共和，在 20 世纪初年的中国确实不失为一重要选择。然而问题在于，中国毕竟有几千年君主专制的历史，当时绝大多数中国人毕竟尚不具备民主共和知识、经验，因此，天子一旦从人们心目中消失，中国政治生活不可避免乱了套。这时的国家元首没有获得通常那种思想意识上的公认，来行使最终权力。由一个朝代体现出来的统治权，比自己宣布代表人民的统治权更为具体，更为明确。特别是因为民国初年很长时期，还没有一个大家可以接受的选举过程，将权力的某种形式赋予人民的时候，情况更是如此。如果从这个意义上来理解辛亥后帝制复辟思潮，我们就不能不承认复辟主张尽管荒谬，尽管不尽合理，但并非无的放矢。这是中国人"意义世界"总体瓦解后的本能反应，只是他们以复辟旧秩序来回应这种危机，未免显得智慧资源贫乏乃至枯竭。

辛亥后"意义危机"并不仅仅表现在对君主体制的呼唤、重建上。

事实上，"意义丢失"只是中国人信仰危机的一个部分，是中国人信仰危机在政治层面的凸现。这种现象之所以发生和如此严重，除了现实政治不尽如人意，"民国不如大清"一般言说外，最主要的在于中国人旧有价值体系崩溃。大约从民国二年开始，朝野各界不时出现对共和政体的怀疑声音，一方面基于政治上的考量，即怎样才能重建一个有力量的政府，重建领导人权威，重建社会秩序；另一方面出于旧意识形态崩溃，新意识形态尚未成为共识的非常时期，朝野各界都觉得秩序混乱，除各种政治势力的破坏，主要还是因为中国人信仰体系崩解。这就像大总统袁世凯在《复学校祀孔命令》中说的那样："今日大患，尚不在国势而在人心。苟人心有向善之机，即国本有底安之理"。只有重建每一个中国人大体都能接受的价值体系，中国发展的政治方向才能真正拨正。

中国人大体能够接受的价值观究竟是什么？在当时，西方自由、民主等思潮虽然大量输入，并逐步在中国知识人中赢得了相当多的信仰者，但对绝大多数人特别是下层民众来说，自由、民主尚是一个十分陌生的东西，中国人不仅没有这方面的经验，甚至没有这方面的常识。因为即使在此后若干年，连《新青年》一班人和晚年孙中山都一再抱怨中国人民智力低下，期望以"改造国民性"作为解决中国问题的突破口，孙中山甚至为此专门写了《民权初步》小册子，教中国人如何集会、如何选举等常识，"而以教国民行民权之第一步"，遑论民国初建时呢？

自由、民主在民初无法成为中国人的主流价值参照，因而那时的思想家、政治家，不约而同想到改造传统，让传统的儒家思想、孔子道理继续为社会转型服务。我那时的一个提法是，"国体虽更而纲常是否必要"？这个疑惑本身无疑蕴含着肯定的答复，由此并不是要肯定民国初年尊孔思潮、尊孔运动的合理性、正当性、必要性，而是试图检讨近代以来思想家将中国落后归因于传统的理据。20世纪90年代，学术界也比较热衷于讨论"亚洲四小龙"成功之道，亚洲经验一个最重要的方面

就是儒家伦理的新解释，按照当时普遍认同的说法，儒家伦理对于"亚洲四小龙"的成功至关重要。我当时也比较热心于这些讨论，但在我看来，东亚的成功对于儒学而言确实具有重要意义，即儒学精神并不是一个凝固不变的东西，它随着社会的进步与发展，必然要不断地吸纳新内容，改变自身，以求生存。从这个意义上说，儒学对于现代化并不构成根本窒碍。但很明显，不是儒学促进了现代化，而是儒学自身选择了现代化。[①]

晚清以降，差不多从谭嗣同开始，思想家就将中国落后的原罪归于孔子，归于儒家。现在亚洲的经验，民国初年的讨论，又都在证明儒家伦理、孔子思想，并不构成社会进步、经济增长的窒碍。那么我们由此重新讨论晚清思想史上的一些重大节点，比如几波激烈反传统思潮，几波国粹主义、传统主义思潮，不是很值得重新检讨吗？政治变革并不必然导致意识形态、价值观的彻底变革，共和国并不一定要彻底废弃帝制时代的价值理念，重写一个全新的"共和教科书"。政治发展、经济发展，本来就不一定与思想意识同步，我在复旦跟随李华兴老师读《德意志意识形态》时，李老师津津乐道的一句话，就是"经济上落后的德国，依然能够在哲学上演奏第一小提琴"，思想意识、价值伦理，有其独立发展的理由，政治变革并不必然要求纲常伦理的全面更新。

严复思想的启示

由民初回望晚清，可分析的案例很多，我那时选择了严复作为一个切入点。

---

① 《儒学传统在现代化过程中的有限作用》，《东亚经济社会思想与现代化》，太原：山西经济出版社 1994 年。

1986 年，中华书局出版了王栻先生主编的《严复集》，这是我到北京后买的第一部书，那时刚刚参加工作，价格显得并不低。这部书让我看到了一个与教科书中很不一样的严复，因而我尝试着写了一些有关严复的文章，稍后整理成《严复晚年思想演变之重估》一文，寄给《哲学研究》。《哲学研究》很快发表，记得因为版面，必须删除几十个字，《哲学研究》编辑部主任刘奔先生约我去了他们杂志社，现场处理。

由于这篇文章，我后来获得许多意想不到的机会。我们一位老所长因与严家后人合作，希望重新整理严复全部遗作，老所长让我跟随他做点事务性工作，借此机会，我去辽宁博物馆、中国革命博物馆，看了许多严复未刊稿。当然，也看到不少冒名严复的伪作。我一方面跟随几位长者编辑严复资料，另一方面尝试着凭借资料写点严复。因此之故，后来国内研究严复的圈子里，我也算是一个常客。再后来启动的两套严复全集，我都是一个参加者，当然后来因为诸多原因，只能参加其中一套。

在过去二十几年，我写了一本《严复学术思想研究》①。这是一套丛书中的一种，后来我对这本书并不是很满意，因为我并没有真正消化严复那么多的资料。我一直期待有机会重写严复传，我觉得他是近代中国最值得仔细研究的几个重要人物之一。除了《哲学研究》那篇文章，过去二十多年，我还写了一些关于严复的论文。

研究严复，对我来说，充满着意外，但在后来几十年的学术生活中，严复就像影子一样，始终伴随着我，给我机会、收获。我对严复始终抱有一种敬畏，我在写作严复时，总喜欢将他的照片放大悬挂起来，总在写出得意的句子时，不忘与冥冥中的严复进行心灵上的沟通，请严复就我的评判做出评价。这当然是不可能的，但我研究严复，或其他

---

① 北京图书馆出版社 2001 年出版；北京：东方出版社 2015 年再版，改题《盗火者：严复传》。

人物时确实喜欢这样做。我们无法起前人于九泉之下，但我们绝对不能利用后死者的话语霸权任意褒贬。虔诚的研究者一定能够与研究对象建立心灵上的沟通，一定能设身处地替古人着想，不溢美、不隐恶。

对于严复，先前的研究已相当充分，研究者普遍注意到了严复在政治上属于君主立宪主义者，对于共和主义几乎始终不赞成。在文化上，严复曾经向中国人传播过真理，"做"《天演论》，鼓吹"丛林法则"，"物竞天择，适者生存"。就早期而言，研究者普遍相信严复曾经有过一个"全盘西化"阶段，但到后来，逐渐过渡到"中西折中"，进而"反本复古"，以发扬光大中国儒家哲学、孔孟思想为主，对于西方文化几乎完全否定，走完了一个否定之否定的全过程。传统研究以周振甫 20 世纪 30 年代出版的《严复思想述评》为代表；王栻先生在 20 世纪 50 年代的论著，也大体认同这样的看法，肯定严复早年思想的进步意义，否定其晚年昌言复辟，鼓吹帝制，蜕化为"顽固反动的瘤蛰老人"。

就政治思想的演进而言，严复的思想进路在近代中国最具典范意义。他全程走完晚清最后几十年的政治演进历程，而且是重要的参与者、推动者。进入民国，严复没有像梁启超那样与时俱进，"以今日之我非昨日之我"，而是以遗老心态面对变局，比较多地保留了晚清历史的现场感、即时感、原生态。所以我对严复的研究，与其说是研究严复，不如说是以严复对晚清历史的述说，复原、还原、重构晚清历史细节。

作为早期留学英国学习海军的严复，他经历过洋务新政带给中国的繁华。作为北洋水师学堂教习，严复看到中国现代化从无到有、从弱到强全过程。在甲午战争前，我们还看不到严复更多资料，但我们可以根据其经历推测，他是一个奋发向上，对大清国未来充满憧憬、期待的人，他不顾自己在北洋的身份，不顾年龄，几次返回原籍参加科举考试，此举足以证明严复对体制的信心。洋务新政所获进步，是那个时

332

代多数中国人的自豪，只有极少数先知如郑观应从洋务新政中看出问题。严复、康有为、梁启超、孙中山，此时都还没有这样的认识。这是历史事实。至于康有为、梁启超后来说他们很早就有了维新意识，孙中山说，或者是研究者说孙中山很早就有了反叛意识，这都超越了历史实际，不太符合历史逻辑。

洋务新政的繁华，就是一个典型的"小时代"。那样的时代，除了极少数先知先觉，大家都在过着平庸的日子。直至甲午战争不期而至，大清国竟然像一只纸糊的灯笼，瞬间破灭。知识人、政治精英由此开始反省，维新思潮方才渐次展开。

毫无疑问，严复是维新时代最具影响力的"公共知识人"。他的西学功底，他为了科举考试而专门熟读的古典文字尤其是最典雅的六朝文字，特别是，严复对这场战争具有任何人无法相似、相近的切肤之痛——在大东沟海战中牺牲的海军将士，不是他在福州船政学堂、英国海军皇家学院的同学，就是他过去二十年苦心栽培的水师学堂学生。过去二十年专注于教学本职的严复拍案而起，他那几篇充满批判色彩的檄文，不仅发表得早，而且对这场战争总结得最深刻、最真切、最合乎实际。根据严复的文字，我们就可以重新建构甲午战争前后的历史。可以看到清朝的辉煌、自豪，也可以体会清帝国何以衰落。

严复在甲午战争后的思想启蒙对近代中国贡献极大，《天演论》风靡一时，影响了不止一代人，过去一百多年"寻求富强"，呼唤复兴，或多或少都有严复思想影响的因素。当然，严复思想影响并不都具有正面意义，其"弱肉强食"、具有社会达尔文主义的思想主张，其实也给后世中国带来很大困扰。中国人很长时期被打的委屈心态、复仇心态，都可以从严复的思想中找到其因子。

近代中国启蒙运动的高涨，让默默无闻的严复暴得大名。特别是他参与主持的《国闻报》与梁启超主持的《时务报》，一南一北深度引领

当时的舆论，受到朝野各界普遍关注。1898年政治变革发生，严复也被体制内推举，准备予以重用，获得了光绪帝接见。但因为政变迅即发生，严复没有就此步入政治高层，仍然回到了其服务很久的北洋水师学堂。两年后，义和团战争发生，各国联军占天津，进北京，北洋水师学堂毁于战火，严复就在这个时期离开了北洋，成为一个自由职业者。那一年夏，严复在上海参与容闳等人发起的中国国会，一度又另立政府，以抗衡以端王载漪、刚毅等为首的"伪中央"。

义和团战争结束后，新政重启。北洋水师学堂已成往事，严复受命担任京师大学堂译书局总办。为时不久，又参与复旦公学、安徽高等学堂等教育机构的创办与管理。预备立宪运动开始后，严复被派充宪政编查馆二等咨议官，直接参与了宪政改革实践。资政院成立后，严复被指定为议员，属于清末政治变革的直接参与者。因而读严复的资料，在谈到晚清政治变革时，往往充满同情、期待，以为清末十年中国人探索并认同的君主立宪道路是合乎国情、需要的一条正确选择。中国不应该以任何理由阻断这项改革，不论革命，还是共和。

出于对英国君宪体制的理解，严复始终不认为中国可以超越历史阶段，从君主专制体制一步进入共和体制。他与孙中山当面有过讨论，而且当武昌起义发生后，严复以袁世凯密友、黎元洪老师多重身份前往武昌进行疏通，直至辛亥革命最后时刻，严复依然建言中国不应该推翻满洲人，更不要废黜皇帝。1911年11月7日，严复通过《泰晤士报》记者莫理循，公开表达了这层意思："坦率地说，中国目前的状况完全不适宜建立像美利坚合众国那样的新型国家。人民的素质和周遭的环境至少还需要三十年的改进与同化，才能达到那样的水平。共和思想受到一些轻率的革命党如孙中山之流的大力提倡，但被所有稍有常识的人所反对。依照文明进化之法则，最好的政府形式是向较高一级发展。因此，中国应保留专制，但应是具备符合宪法的有限政体。要使其结构比以前

更好，从而使之更适合中国并有所进步。可以废黜摄政王，如果需要，可以迫使幼帝退位，从皇族中遴选一位成年人来接替他。"①

严复不仅严厉批评孙中山，而且视康梁师徒为搅乱天下，导致清亡的罪魁祸首："嗟嗟！吾国自甲午、戊戌以来，变故为不少矣。而海内所奉为导师，以为趋向标准者，首屈康、梁师弟。顾众人视之，则以为福首；而自仆视之，则以为祸魁。何则？政治变革之事，蓄变至多，往往见其是矣，而其效或非；群谓善矣，而收果转恶。是故深识远览之士，愀然恒以为难，不敢轻心掉之，而无予智之习。而彼康、梁则何如？于道徒见其一偏，而由言甚易。南海高年，已成固性。至于任公，妙才下笔，不能自休，自《时务报》发生以来，前后所主任杂志，几十余种，而所持宗旨，则前后易观者甚众，然此犹有良知进行之说，为之护符。顾而至于主暗杀、主破坏，其笔端又有魔力，足以动人。主暗杀，则人因之儃然暗杀矣；主破坏，则人又群然争为破坏矣。敢为非常可喜之论，而不知其种祸无穷。往者唐伯虎诗云：'闲来写得青山卖，不使人间造业钱。'以仆观之，梁任公所得于杂志者，大抵皆造业钱耳。今夫亡有清二百六十年社稷者，非他，康、梁也。何以言之？德宗固有意向之人君，向使无康、梁，其母子固未必生衅，西太后天年易尽，俟其百年，政权独揽，徐起更张，此不独其祖宗之所式凭，而亦四百兆人民之洪福。而康乃踵商君故智，卒然得君，不察其所处之地位为何如，所当之沮力为何等，卤莽灭裂，轻易猖狂，驯至于幽其君而杀其友，己则逍遥海外，立名目以敛人财，恬然不以为耻。夫曰保皇，试问其所保者今安在耶？必谓其有意误君，固为太过，而狂谬妄发，自许太过，祸人家国而不自知非，则虽百仪、秦不能为南海作辩护也。"② 我并不是完

---

① 窦坤译：《直击辛亥革命》，141 页，福州：福建教育出版社 2011 年。
② 《与熊育锡书》之三十，《严复全集》卷八，311 页，福州：福建教育出版社 2014 年。

335

全认同严复对孙中山、康有为、梁启超等人的批评，但是很显然，我对晚清史的一些看法，受到严复论述的深刻影响。不论是讨论甲午、戊戌、庚子，还是讨论清帝国最后岁月，我总觉得深度介入其中而又能抽身旁观的严复，观察最细密，评价较公允，值得后来研究者参考。

以民国初年思潮、史事观照晚清历史，以"清遗民"严复视角回望晚清历史，至少可以平衡胜利者的话语强势，不致被胜利者完全牵着鼻子走。这是我在研究晚清史时一个小体会，一定要寻找不一样的观察，防止偏听偏信。

现代化视角

走过 20 世纪 80 年代思想解放全程的近代史学者，无不深受现代化叙事的影响。我个人更是如此。

我们这一代"生在新中国，长在红旗下"，我们没有见过民国，更不知道晚清。民国晚清的全部印象，都是教科书传递给我们的，那都是"万恶的旧社会""三座大山"，人民无法做主，统治者个个都是卖国贼，即便是最高统治者也概莫能外。这一套叙事，我们后来叫作"革命叙事"或"革命史叙事"，将革命视为正当、正义。近代中国的全部历史，就是中国人民在先进阶级、政党领导下，与反动阶级、落后阶级斗争的历史。

对于这些叙说，我们从来没有怀疑，因为我们根本不知道还会有另外一种说法。在我个人的记忆中，开始对传统叙事产生某些模糊意识的，还是十一届三中全会之后引发的思想解放运动。

三中全会决定终止"以阶级斗争为纲"的口号，提出将工作重点转移至"社会主义现代化建设事业"上来。这个口号终结了一个时代，改变了历史进程，开启一个全新的时代。重提现代化，就是要为中国寻找一条走向富强的路。这条路，在近代中国并非前无古人。粗疏地说，至

少有两次未完成的现代化可资借鉴。第一次是近代史上的洋务新政；另一次就是被中日战争打断了的"中国资本主义黄金十年"。

春江水暖鸭先知。现代化重启，就是中国现代化史研究的重启，三中全会之后不久，复旦大学教授汪熙在《历史学》1979 年第 1 期发表了一篇极具分量的长文《论晚清的官督商办》，一改"文革"前十七年、"文革"十年对洋务运动的教条主义评估，从现代化视角重估了官督商办的意义。这对于中国即将开始的经济建设应该说具有非常重要的启示，尽管这些启示并不是那么容易梳理出具体的路径。黎澍在《1979 年的中国历史学》一文中说："中国近代史的主流是什么？这个问题在'文化大革命'中搞得很混乱。那时对洋务运动是彻底否定的，对戊戌维新也是否定的，对辛亥革命虽然没有完全否定，但也提出了'立足于批'的基调。而太平天国起义和义和团，却作为两次革命高潮而给予完全的肯定，这实际上是把农民起义运动当成了近代史的主流。而无产阶级领导的新民主主义革命，则似乎是直接与农民运动相衔接，成了旧式农民运动的继续。有些作者认为，这也是简单化、绝对化的倾向，应当拨乱反正。这个看法有它的道理。在鸦片战争以后，太平天国起义已是旧式农民战争的尾声。洋务运动作为太平天国的反动，是统治集团的部分人企图采用西方技术挽救垂死的封建制度所做的努力，但是它在客观上却是资本主义发展的开端。其后，资本主义有了一定发展，才开始出现反映这种发展要求的资产阶级维新运动。资产阶级维新运动失败，导致资产阶级革命运动的兴起。在太平天国以后，洋务运动、戊戌维新、辛亥革命，前后相续，一个发展高于一个发展，最后归结为建立资产阶级共和国，是合乎逻辑的。"[①]

也正是在这样的政治学术气氛中，出版界适时介绍了学术史上久已

---

① 黎澍：《再思集》，129 页，北京：中国社会科学出版社 1985 年。

"失踪的"蒋廷黻和他的《中国近代史》。极负盛名的陈旭麓教授为这本小册子写了一篇序言，给予谨慎推荐："这是一本薄薄的才五万余字的书，论述却颇能融会贯通，以作者自己的认识，抓住重大事件和人物，以点带线，写了从鸦片战争到抗日战争前的历史，为近代中国画了个轮廓。它曾在知识界中流行，后因其政治倾向及论述上的偏颇，遭到非议，然而识者仍以这本小书不无可取之处。"①

这本绝版已久的小书非常好读。蒋廷黻的文字像梁启超那样极具魔力，我不仅一口气通读完毕，而且后来时常复习，不时从中汲取思路、视角，甚至讨论的理据。这是过去几十年对我影响最大的一本小书。其意义，对我个人来说，是让我知道在传统的"革命叙事"之外，还可以有另外的视角。

几年前，我曾发表过一篇题目《现代化叙事与革命叙事并行不悖》的文章②，以为两种叙事模式都是讨论近代中国历史的一种方法。叙事模式只有方法论意义，并没有高下之分。按照刘大年先生的看法，现代化叙事并不是要颠覆革命叙事，没有必要视现代化叙事为洪水猛兽，现代化叙事与革命叙事可以并存不悖，互为补充，目的都是历史研究更接近真实，更好地服务于现实。这种现代化与革命结合的"双重叙事"，显然是对范文澜、胡绳以来单一革命叙事的调整、补充，是对学术新成果的接纳。

与刘大年的情形类似，胡绳晚年也并不是顽强坚守固有思路，他同样与时俱进重新思考近代中国历史如何表述，如何研究。他认为，以现代化叙事重新描述近代中国历史进程是很有意义的尝试，长时期流行的革命叙事一家独尊，具有孤单感，也确实存在许多不周详、不严密的地

---

① 《重印前言》，《中国近代史》（外三种），长沙：岳麓书社 1987 年。

② 《团结报》2015 年 10 月 1 日。

方。革命叙事理论自洽讲出了一番道理，在阶级斗争为纲的年代里，革命叙事将许多问题推向了极端，因而其价值不得不打一个折扣。现代化叙事应该汲取革命叙事的教训，凡事不必极端化，温情、敬意、中庸、容忍，摈弃革命叙事的极端、武断、唯我独尊，都应成为现代化叙事坚守的原则。

现代化叙事给我的启示，就是重述近代中国历史的可能。事实上，早在我阅读蒋廷黻那本小册子的时候，我就写了一个比较细致的读书笔记。这个笔记经过简单整理，就是1992年出版的《近代中国文化诸问题》的主体部分[①]。

《近代中国文化诸问题》从明清之际西方因素进入中土开始探讨，以为此后五百年的变化，主要动因就是西方因素的刺激。假如不是西方近代突然出现那么多的新因素，假如这些因素没有在那个时代东来，中国极有可能在原来的样式中修补，在那种情形下"终结"中国历史，因为中国的政治架构、社会架构发展到利玛窦那代耶稣会士进入中土的时候，确实达到了一个很高境界。我们不能因为后来的落后而刻意贬低那之前的中国。

中国人很长时间没有弄清楚西方近代的意义，不明白中西之间到了近代的差异不是东西问题，而是时代问题，中国还处在先前的农业文明状态，而西方因各种机缘巧合已经进入了一个全新的工业时代。因此，在很长一个时期，中国放不下架子，总是习惯性以东方宗藩体制下的宗主国自居，不愿意与西方诸国建立平等的贸易关系，不愿开放市场。同时，中国很长时期不清楚世界已经随着新经济形态的出现，进入了一个全新的大殖民时代，先是固守东方旧的殖民模式——宗藩体制，既不能带着这些藩国小兄弟一起转身，学习西方，重建一个新殖民主义体制下

---

① 上海人民出版社1992年。

的大统一市场，又不能像殖民主义那样尊重殖民地的一些适当的权益，帮助他们发展，甚至帮助他们走向独立，与宗主国重建一个全新的现代国家关系。回望近代中国对宗藩关系的处理，简直没有一件出于主动，源于设计，更没有一个藩国在脱离中国后继续与中国保持友好的、相互依赖的平等国家关系。这是近代中国的悲剧，也是近代中国发展诸多不顺的一个外在原因。

从反省的角度，我在《近代中国文化诸问题》中重述了近代中国发展、变化的艰难历程，寻找近代中国现代化挫折的历史因素。我那时认为，现代化是中国绕不过的一道坎，中国如欲比较顺畅地步入现代，第一，必须确立现代价值立场；第二，应该像胡适一百年前就在其博士论文中所指出的那样，从中国传统中寻找与西方现代因素能够顺利嫁接的内部因素，最大限度减少现代化阻力。中国未来前途只有一个，就是蒋廷黻《中国近代史》的提示："近百年的中华民族只有一个问题，那就是：中国人能近代化吗？能赶上西洋人吗？能废除我们的家族和家乡观念而组织一个近代的民族国家吗？能的话，我们民族的前途是光明的；不能的话，我们这个民族是没有前途的。因为在世界上，一切的国家能接受近代文化者必能富强，不能者必遭致惨败，毫无例外。并且接受得愈早愈好，日本就是个好例子。日本的原有土地不过中国的一省，原有的文化几全是隋唐以来自中国学去的。近四十余年以来，日本居然能在国际上做一个头等的国家，就是因为日本接受近代文化很快。"[1]

现代化视角让我们看到了许多先前革命叙事模式看不到或看不清的事情。比如从"革命叙事"观点看，革命是推动社会进步的重要因素，因而近代中国发生的所有革命，诸如太平天国、义和团、辛亥革命、国民革命、土地革命等，都被赋予非常意义。但是如果从现代化视角重新

----

[1] 《中国近代史》（外三种），11页。

检视，就会发现"革命叙事"的讨论并不能完全自洽。在讨论太平天国时，我比较喜欢引冯友兰《中国哲学史新编》第六册这段话："洪秀全和太平天国是主张向西方学习的，但所要学的是西方的宗教，是西方中世纪的神权政治，这就与近代维新的总方向和中国近代史的主流背道而驰了。中国近代维新的总方向是工业化和学习西方的科学技术，洪秀全和太平天国的神权政治却要把中国中世纪化、宗教化。其实西方的近代化是在和中世纪的神权政治的斗争中发展起来的，西方的科技是在和宗教的斗争中发展起来的。"① 从这个视角去观察太平天国，我们一方面可以看到农民起义对政治统治的抗争，看到统治阶级政策问题；另一方面很容易感到洪秀全、太平天国并不代表近代中国社会发展方向，太平天国领袖缺少起码的世界意识，不知道世界大势，更不知道怎样与这样的世界大势接轨，因而太平天国只是传统中国旧制度中改朝换代的工具，而到了近代中国与世界关系如此紧密的时候，太平天国的领袖们昧于世界大势，并试图脱离世界，画地为牢，自成独立王国，这种情形不要说清政府不能容忍，急于向中国推销产品、急于扩大在中国市场份额的帝国主义列强更不可能答应。传统说法以为太平天国是"中外反动势力"联合绞杀的，就事实而言是可信的，因为太平天国除了其统治集团的私利，与世界潮流，与中国绝大多数人的幸福似乎都没有多大关系。②

从现代化视角研究辛亥革命，我在那时也有一篇长文章发表：《辛亥革命：现代化的主观意图与客观效果》。③ 如题所示，这篇文章就是要从现代化视角探究辛亥革命的主观意图为什么没有收到预想效果。我

---

① 《三松堂全集》卷十，347 页，郑州：河南人民出版社 2001 年。

② 《太平天国：一场未完的革命》，《百科知识》2013 年 7 月号。

③ 《近代史研究》1995 年第 1 期。

在这篇文章中说，辛亥革命是中国历史上伟大的事件之一，它的意义不仅在于推翻了皇帝，结束了中国二千余年专制统治，而是为中国传统社会画了一个句号，使 19 世纪中叶开始被迫进入近代的中国相对来说抛却了旧传统束缚，为中国现代化进程开辟了一条通路，斩断了中国社会任何后退的可能。不要说人民不愿意放弃共和国公民地位而去做专制皇帝的臣民，即便是统治者自身也深感毕竟时代不同了，"唯有遵守法律、巩固共和，期造成法治之国。"[①] 辛亥革命将中国全部历史截然划分成了两大段，帝制时代与"后帝制时代"。辛亥后虽然出现过几次帝制复辟，也出现过国家主义、党国体制，但是如果放在全球史背景中进行观察，我们必须承认，中国还是比较幸运避免了法国大革命后长达近两百多年的复辟、反复辟动荡。

辛亥革命为中国现代化开辟了一条通路，但是也必须看到，从现代化的视角观察，辛亥革命主观意图并没有完全实现。而且更蹊跷的是，辛亥革命客观结果与主观诉求严重背离，引起后来许多问题。在"民族主义误区"一节中，我分析了康有为与孙中山两个主要政治势力所体现的民族主义，以为康有为在戊戌变法时虽然也有民族主义的情绪，有保中国还是保大清的内在紧张，有对满洲贵族不识时务、阻挠变法、破坏变法的尖锐批评，但康有为的抱怨并没有涉及满洲人全体，而仅仅局限于他所认定的那些满洲贵族中的保守派。

与康有为心情明显不同，孙中山和他领导的革命党人，虽然在主观目的上是推动中国现代化进展，但他们在斗争策略上至少在一开始是以推翻满清为一必然阶段，期望在推翻满清的基础上或前提下，重新规范中国现代化道路，以汉民族民族解放为中国现代化必由之路。孙中山将

---

① 《黎元洪就任大总统申令》，《袁世凯天津档案史料选编》，311 页，天津古籍出版社 1990 年。

中国问题的所有责任全部归结为满洲人统治。在他看来，中国未来与希望完全有待于能否尽快推翻满洲人统治，恢复汉人统治地位，甚至提出使中国脱离殖民化危机，脱离满洲人统治，是保卫亚洲的第一步。不建立一个汉人主导的民族国家，在孙中山看来，现代化就没有希望。不消说，孙中山这些看法不仅具有浓郁的狭隘的大汉族主义或民族沙文主义色彩，而且在事实上将中国现代化运动转变成了民族独立与民族复仇运动，无视中国历史上各个族群不断融合，不断扩大中国文明边疆的历史事实。这种说法、做法，势必加重中国现代化阻力。从民国历史看，政治并没有随着满洲人退出而好转，满洲人，甚至是满洲贵族并不构成中国政治困境的唯一根源。以驱逐鞑虏为基本诉求的民族主义实际上是一个假问题，现代化与民族独立并不存在必然关联，更何况对于大中国历史而言，满洲人并不是一个"外来政权"？

在"皇权与民权"一节，我主要讨论了现代化背景中的政治权利、政治民主化等问题。我的基本看法是，一个国家如果一味实行专制独裁，人民无法享受起码的权利，那么这个国家即便实现了经济腾飞，但这种纯粹的经济上的成功并不意味着这个国家真的实现了现代化。经济是现代化一个很重要的衡量指标，但并不是唯一指标。而政治民主化，不仅是现代化的一个基本标志和必由之路，而且也是现代化这一综合要素中的一个重要部分。离开了政治民主化，现代化便无从谈起。

以此反观辛亥革命先驱者，他们对民主政治的向往、渴望、追求，都是真诚的。然而遗憾的是，由于他们无视中国国情特殊性，期望以外国既成模式强加给中国，更缺乏对政治民主化阶段性的深刻理解和认识，企图一步到位，在一夜之间完成需要几十年乃至上百年方能完成的事情。因而，辛亥革命虽然推翻了皇帝，建立了民国，但除了招牌已换，中国的政治民主化实际上并没有多大进展，中国现代化道路依然曲折漫长。

辛亥先驱将皇权与民权视为对立两级，执意要废黜皇帝，重建平民政治。这实际上打开了中国政治的"潘多拉盒子"，释放了最不该释放的贪欲。对于中国传统社会而言，皇权既是一种国家权力，更是中国人"意义世界"的象征。皇帝在行使国家权力时，虽然有时候因某种人为的因素而导致独裁、腐败，但在更多时候，皇权只是一种象征性的合法权威，是保证政府决策正常化、社会秩序稳定化的一种威慑力量。因而从这个意义上说，皇权的存在并不影响民主政治发展。如果协调得当，皇权也是民主政治发展的保证力量。世界上的君主制国家，并不都听任君主独裁、君主专制，更不都是由君主剥夺了民众的政治权利。君主的存在，君权的神秘性、不可侵犯性、不可僭越性，在很大程度上反而保证了最高权力不再成为政治野心家觊觎的对象，反而有助于稳定，有助于民权落实。

在"立宪与共和"一节，我主要分析了清末最后几年立宪主旨、意义、困境、问题，但必须承认立宪代表了中国政治发展方向，是中国政治民主化的必由之路。革命党对立宪持怀疑、否定立场，有其意义，从外部促进了中国政治的进步。我始终认为晚清革命的主要意义就是从外部施加压力，促使清廷改革。但是，革命党不仅怀疑清廷立宪诚意，而且不认为立宪是中国应该做的事。孙中山最典型的一个分析，将专制—立宪—共和看作一条线，是一个又一个台阶，后面的是对前面的进步。因而在革命党人看来，既然共和优于立宪，那么中国为什么一定要次序井然，拾阶而进，为什么不可以超越某些发展阶段，迎头赶上，蹦等进步呢？"若我们今日改革的思想不取法乎上，则不过徒救一时，是万不能永久太平"；"我们决不要随天演的变更，定要为人事的变更，其进步方速"。这就是孙中山、革命党，不愿按照严复的阶梯论渐进，而必欲迎头赶上，采用世界上最好体制的理由。结果，共和带给中国的是不共和。更值得注意的是，这种超越、蹦等思想此后深刻影响了中国进

程，即便在"后国民党时代"的中国，其致思路径在很大程度上受到孙中山超越思想的影响。

这篇从现代化视角观察辛亥革命的文章，给我带来了一些机会，也带来一些困扰。文章发表后不久，思想文化领域因"告别革命论"而有一场规模并不算小的清理运动。一位长者以批评《重新认识百年中国》为主的长篇批评文章中十多次引用我的文字作为靶子，好在这位老先生只是模糊注出这部论文集的出处，没有直接点出我的名字，这或许是对我的保护。但究竟出于什么原因，我始终没有去打听。一方面，毕竟那时院所领导相当开明，并没有将学术问题弄成政治问题；另一方面，我心中也有一丝胡适式的窃喜：反对就是注意的表示。我的文章能让这样的老先生寓目且有批判的兴趣，我应该感激人家才是，所以我从来对批评者抱有敬意，毕竟他们用心阅读了拙著。

那时还有一本影响不小的《走什么路——关于中国近代历史上的若干重大是非问题》一书，编选者也收集摘录了我的一些论述，涉及好多篇文章，仅这篇辛亥革命的文章就被摘录了好几段，但依然不愿给我署名。其中一位主编我还算比较熟悉，一次会议偶遇，我问起这件事，并玩笑说为什么不给我像李泽厚、刘再复那样署名啊？老先生迅即回答：主要是为了保护你。老先生说得很真诚，我也就不好再说知识产权什么了。当然，我自己心里很明白，不给我署名，有爱护的成分，也有我那时作为小字辈，名气不够的因素。而且，这应该是主要的因素。

345

图书在版编目（CIP）数据

维新：戊戌变法的尝试与失败 / 马勇著 . --2版 . --

北京：新星出版社，2020.4

（马勇讲史）

ISBN 978-7-5133-3698-7

Ⅰ.①维… Ⅱ.①马… Ⅲ.①戊戌变法-研究 Ⅳ.

①K256.507

中国版本图书馆 CIP 数据核字 (2019) 第 221174 号

维新：戊戌变法的尝试与失败

马勇 著

策　　划： 彭明哲
责任编辑： 李文彧
责任印制： 李珊珊
装帧设计： 冷暖儿

出版发行： 新星出版社
出 版 人： 马汝军
社　　址： 北京市西城区车公庄大街丙3号楼　　　100044
网　　址： www.newstarpress.com
电　　话： 010-88310888
传　　真： 010-65270449
法律顾问： 北京市岳成律师事务所

读者服务： 010-88310811　　service@newstarpress.com
邮购地址： 北京市西城区车公庄大街丙3号楼　　　100044

印　　刷： 北京天恒嘉业印刷有限公司
开　　本： 660mm×970mm　　1/16
印　　张： 22.5
字　　数： 283千字
版　　次： 2020年4月第二版　　2020年4月第一次印刷
书　　号： ISBN 978-7-5133-3698-7
定　　价： 65.00元

版权专有，侵权必究； 如有质量问题，请与印刷厂联系调换。